U0525077

# 普惠金融与家庭金融行为研究

The Research on Inclusive Finance and Household Financial Behavior

阿丽娅　王汀汀　陈志成　著

中国社会科学出版社

# 图书在版编目（CIP）数据

普惠金融与家庭金融行为研究/阿丽娅，王汀汀，陈志成著. —北京：中国社会科学出版社，2024.4
ISBN 978-7-5227-3437-8

Ⅰ.①普⋯ Ⅱ.①阿⋯ ②王⋯③陈 Ⅲ.①金融体系—研究—中国 ②家庭—金融资产—研究—中国 Ⅳ.①F832.1②TS976.15

中国国家版本馆 CIP 数据核字（2024）第 073854 号

| 出 版 人 | 赵剑英 |
|---|---|
| 责任编辑 | 党旺旺 |
| 责任校对 | 夏慧萍 |
| 责任印制 | 王 超 |

| 出 版 | 中国社会斜荸出版社 |
|---|---|
| 社 址 | 北京鼓楼西大街甲 158 号 |
| 邮 编 | 100720 |
| 网 址 | http://www.csspw.cn |
| 发 行 部 | 010-84083685 |
| 门 市 部 | 010-84029450 |
| 经 销 | 新华书店及其他书店 |
| 印 刷 | 北京明恒达印务有限公司 |
| 装 订 | 廊坊市广阳区广增装订厂 |
| 版 次 | 2024 年 4 月第 1 版 |
| 印 次 | 2024 年 4 月第 1 次印刷 |
| 开 本 | 710×1000 1/16 |
| 印 张 | 13.5 |
| 字 数 | 208 千字 |
| 定 价 | 69.00 元 |

凡购买中国社会科学出版社图书，如有质量问题请与本社营销中心联系调换
电话：010-84083683
版权所有 侵权必究

# 前　言

改革开放以来，在建设中国特色社会主义市场经济体系的探索中，中国的综合国力和国际竞争力取得了举世瞩目的提升。自2008年的国际金融危机以来，中国及其他主要经济体的复苏之路引人深思。中国成为全球第二大经济体以后，亟待经济转型和产业升级拉动内需。新的发展形势对中国微观主体的金融行为提出了新的要求。随着全球化的深入和中国改革开放不断推进，金融市场需要可以适应时代发展进步的微观主体，他们能够借助金融市场和金融机构的支持与服务形成良好的金融行为，从而增进金融福祉并提升整个社会的福利水平。

在本书写作的过程中，笔者遵循理论与实证相结合的原则，围绕居民家庭这一微观主体，探讨了中国普惠金融的发展对家庭金融行为的影响。在章节编排上，绪论涵盖了研究背景和意义、核心概念界定、内容安排、研究方法与技术路线以及本书的贡献和不足；接下来是理论基础及文献综述，同时度量了信贷支持与金融能力；实证分析部分包括信贷支持与金融能力作用于分类消费和资产配置的效应，家庭金融行为效应的地区间和城乡差异以及数字普惠金融在促进消费和优化资产配置中发挥的作用，最终给出结论并提出政策建议与研究展望。

创新点方面，首先，信贷支持和居民金融能力在优化家庭金融行为的过程中体现了协同性，同时金融机构的金融教育服务提升了居民的金融能力，丰富了金融普惠的内涵，扩展了普惠金融的外延。其次，为深入探讨居民金融能力作用于家庭消费的机制，别具一格地分析了居民金融能力对社会资本中的亲缘关系的影响。再次，从城乡和地区间差异的角度出发，分别探讨我国各个地区金融机构面向家庭的信贷支持和居民金融能力对分类消费和资产份额的影响，并进一步分析差异产生的可能原因。最后，在促进共同富裕的金融财富积累过程中，金融能力较低时，数字普惠金融发挥的积极作用更大，当普惠金融数字化程度发展到一定程度时，同时需要提高居民的金融能力来达成家庭多元化的资产配置目标。

本书在总结博士学位论文研究成果的基础上进行了理论与实证内容的扩充。本书受到扬州大学出版基金的资助，衷心感谢学校专著出版计划的支持。

回望过去，伴随中国经济和社会发展的日新月异，金融行为研究使我们不断产生新的理解与认知。无论是日常生活中的消费与投资实践，还是从事金融行为相关的教学研究，不断地学习思考、挑战认知的边界是我们充实自身的重要途径。在编写过程中，我们尽量改正书中的不足和错误，但难免存在不妥之处，欢迎读者提出宝贵的意见和建议。

# 目 录

## 第一章 绪论 ········· 1
- 第一节 研究背景和意义 ········· 1
- 第二节 研究的主要内容和方法 ········· 11
- 第三节 核心概念界定 ········· 14
- 第四节 结构安排 ········· 18
- 第五节 创新和不足 ········· 21

## 第二章 理论基础及文献综述 ········· 23
- 第一节 理论基础 ········· 23
- 第二节 文献综述及研究假设 ········· 42
- 第三节 本章小结 ········· 60

## 第三章 信贷支持、金融能力与数字普惠金融的度量 ········· 61
- 第一节 数据来源 ········· 61
- 第二节 信贷支持与金融能力的度量 ········· 62
- 第三节 信贷支持与金融能力的关系 ········· 72
- 第四节 中国数字普惠金融的度量 ········· 74
- 第五节 本章小结 ········· 78

## 第四章 信贷支持与金融能力对消费行为的效应 ········· 79
- 第一节 信贷支持与金融能力对分类消费的作用分析 ········· 79
- 第二节 信贷支持与金融能力影响分类消费的分样本分析 ········· 90
- 第三节 金融能力促进消费的机制分析 ········· 103

· 1 ·

第四节　本章小结 …………………………………………… 107

**第五章　信贷支持与金融能力对资产配置行为的效应** ………… 109
　　　第一节　家庭资产的划分及风险态度的作用分析 ………… 109
　　　第二节　信贷支持与金融能力对分类资产配置的作用分析 …… 112
　　　第三节　信贷支持与金融能力影响分类资产配置的分样本
　　　　　　　分析 …………………………………………………… 117
　　　第四节　本章小结 …………………………………………… 126

**第六章　家庭金融行为的地区间和城乡差异分析** ……………… 128
　　　第一节　地区间消费行为效应的差异 ……………………… 128
　　　第二节　地区间资产配置行为效应的差异 ………………… 131
　　　第三节　地区间家庭金融行为效应差异的原因 …………… 134
　　　第四节　消费行为效应的城乡差异 ………………………… 139
　　　第五节　资产配置行为效应的城乡差异 …………………… 141
　　　第六节　城乡家庭金融行为效应差异的原因 ……………… 144
　　　第七节　本章小结 …………………………………………… 148

**第七章　中国数字普惠金融发展对家庭金融行为的影响** ……… 149
　　　第一节　数字普惠金融的内涵及其在中国的发展 ………… 149
　　　第二节　数字普惠金融发展对消费的影响 ………………… 152
　　　第三节　数字普惠金融发展对家庭资产配置的影响 ……… 155
　　　第四节　本章小结 …………………………………………… 171

**第八章　结论、政策建议与研究展望** …………………………… 173
　　　第一节　研究结论 …………………………………………… 173
　　　第二节　政策建议 …………………………………………… 178
　　　第三节　研究展望 …………………………………………… 179

**参考文献** ………………………………………………………… 184

**后　记** …………………………………………………………… 209

# 第一章 绪论

## 第一节 研究背景和意义

### 一 研究背景

(一) 政策背景

1. 高质量发展要求

2017年,党的十九大首次提出"高质量发展",表明中国经济由高速增长阶段转向高质量发展阶段。高质量发展根本在于经济的活力、创新力和竞争力。有关高质量发展,党中央国务院等出台了一系列政策要求,见表1-1。

表1-1　　　　　　　　　高质量发展相关政策

| 时间 | 发布主体或部门 | 具体内容 |
| --- | --- | --- |
| 2018年3月 | 国务院 | 十三届全国人大一次会议上,总理李克强作2018年国务院政府工作报告提出,"按照高质量发展的要求,统筹推进'五位一体'总体布局和协调推进'四个全面'战略布局,坚持以供给侧结构性改革为主线,统筹推进稳增长、促改革、调结构、惠民生、防风险各项工作" |

续表

| 时间 | 发布主体或部门 | 具体内容 |
| --- | --- | --- |
| 2018年6月 | 国务院 | 发布《关于积极有效利用外资推动经济高质量发展若干措施的通知》，进一步促进外商投资稳定增长，实现以高水平开放推动经济高质量发展 |
| 2018年9月 | 国务院 | 为深入实施创新驱动发展战略，进一步激发市场活力和社会创造力，提出《关于推动创新创业高质量发展、打造"双创"升级版的意见》 |
| 2019年12月 | 国务院 | 坚持党中央对金融工作的集中统一领导，坚持以人民为中心的发展思想，落实"创新、协调、绿色、开放、共享"新发展理念，深化金融供给侧结构性改革，扩大金融业开放，健全具有高度适应性、竞争力、普惠性的现代金融体系，不断提升金融服务实体经济质效，有效防范化解金融风险 |
| 2020年10月 | 党的十九届五中全会 | "十四五"时期经济社会发展要以推动高质量发展为主题。以习近平新时代中国特色社会主义思想为指导，坚定不移贯彻新发展理念，以深化供给侧结构性改革为主线，坚持质量第一、效益优先，切实转变发展方式，推动质量变革、效率变革、动力变革，使发展成果更好惠及全体人民，不断实现人民对美好生活的向往 |
| 2021年1月 | 财政部、工业和信息化部 | 通过中央财政资金进一步支持中小企业"专精特新"发展。提出了《关于支持"专精特新"中小企业高质量发展的通知》 |
| 2021年3月 | 中共中央政治局 | 召开会议，审议《关于新时代推动中部地区高质量发展的指导意见》 |
| 2021年4月 | 国务院 | 总体目标为牢牢把握高质量发展主题，进一步提升小微企业金融服务整体效能。有力地支持小微企业在科技创新和产业结构升级中发挥作用，实现小微企业金融服务高质量发展与银行业保险业自身高质量发展的相互促进、有机统一 |
| 2021年9月 | 国务院 | 关于推进资源型地区高质量发展"十四五"实施方案的批复（国函〔2021〕93号）。原则同意国家发展改革委、财政部、自然资源部关于《推进资源型地区高质量发展"十四五"实施方案》 |

## 2. 新发展格局

2020年10月党的十九届五中全会通过的《中共中央关于制定国民经

济和社会发展第十四个五年规划和二〇三五年远景目标的建议》中提出，要加快构建以国内大循环为主体、国内国际双循环相互促进的新发展格局。2020年11月19日，习近平同志在北京以视频方式出席亚太经合组织工商领导人对话并发表题为《构建新发展格局 实现互利共赢》的主旨演讲，强调世界是不可分割的命运共同体……中国积极构建新发展格局，坚持对外开放，同世界各国实现互利共赢，共创亚太和世界更加美好的未来。2021年3月，《中华人民共和国国民经济和社会发展第十四个五年规划和2035年远景目标纲要（草案）》指出，坚持扩大内需这个战略基点，加快培育完整内需体系，把实施扩大内需战略同深化供给侧结构性改革有机结合起来，以创新驱动、高质量供给引领和创造新需求，加快构建以国内大循环为主体、国内国际双循环相互促进的新发展格局。

2022年8月，习近平总书记在《求是》杂志就贯彻落实十九届五中全会精神发表讲话，题为《新发展阶段贯彻新发展理念必然要求构建新发展格局》，就着力构建新发展格局，指出"构建以国内大循环为主体、国内国际双循环相互促进的新发展格局，是根据我国发展阶段、环境、条件变化，特别是基于我国比较优势变化，审时度势做出的重大决策。从根本上说，构建新发展格局是适应我国发展新阶段要求、塑造国际合作和竞争新优势的必然选择。"

3. 共同富裕目标

（1）共同富裕的首次完整提出

1953年12月16日，中央通过了《关于发展农业生产合作社的决议》，该决议第一条中指出："为进一步地提高农业生产力，党在农村中工作的最根本任务，就是要善于用明白易懂而为农民所能够接受的道理和办法去教育和促进农民群众逐步联合组织起来，迅步实行农业的社会主义改造，使农业能够由落后的小规模生产的个体经济变为先进的大规模生产的合作经济，以便逐步克服工业和农业这两个经济部门发展不相适应的矛盾，并使农民能够逐步完全摆脱贫困的状况而取得共同富裕和普遍繁荣的生活。"

之后，1955年7月31日由中共中央召集的省、市、自治区党委书记会议上，在《关于农业合作化问题》这一报告中，毛泽东同志提出："这就是在逐步地实现社会主义工业化和逐步地实现对于手工业、对于资本主义工商业的社会主义改造的同时，逐步地实现对于整个农业的社会主义的改造，即实行合作化，在农村中消灭富农经济制度和个体经济制度，使全体农村人民共同富裕起来。"[1]

(2) 共同富裕的发展完善

邓小平在1985年10月23日会见美国时代公司组织的美国高级企业家代表团时表示："一部分地区、一部分人可以先富起来，带动和帮助其他地区、其他的人，逐步达到共同富裕。"[2] 1986年8月19日至21日，在天津听取汇报和进行视察的过程中指出："我的一贯主张是，让一部分人、一部分地区先富起来，大原则是共同富裕。一部分地区发展快一点，带动大部分地区，这是加速发展、达到共同富裕的捷径。"[3] 1990年12月24日，在同几位中央负责人谈话时指出："共同致富，我们从改革一开始就讲，将来总有一天要成为中心课题。社会主义不是少数人富起来、大多数人穷，不是那个样子。社会主义最大的优越性就是共同富裕，这是体现社会主义本质的一个东西。如果搞两极分化，情况就不同了，民族矛盾、区域间矛盾、阶级矛盾都会发展，相应地中央和地方的矛盾也会发展，就可能出乱子。"[4]

(3) 共同富裕的加快实施

2020年10月26日至29日举行了党的十九届中央委员会第五次全体会议，决议公报提出：改善人民生活品质，提高社会建设水平。坚持把实现好、维护好、发展好最广大人民根本利益作为发展的出发点和落脚点，尽力而为、量力而行，健全基本公共服务体系，完善共建共治共享的社会治理制度，扎实推动共同富裕，不断增强人民群众获得感、幸福感、安全感，促进人的全面发展和社会全面进步。到2035年，人民生活更加美好，人的全面发展、全体人民共同富裕取得更为明显的实质性进展。

---

[1] 中共中央文献研究室编：《毛泽东文集》第6卷，人民出版社1999年版，第43页。
[2] 中共中央文献研究室编：《邓小平文选》第3卷，人民出版社2006年版，第149页。
[3] 中共中央文献研究室编：《邓小平文选》第3卷，人民出版社2006年版，第166页。
[4] 中共中央文献研究室编：《邓小平思想年编：1975—1997》，中央文献出版社2011年版，第697页。

2021年5月20日，中共中央通过了《关于支持浙江高质量发展建设共同富裕示范区的意见》，该意见提出：我国发展不平衡不充分问题仍然突出，城乡区域发展和收入分配差距较大，各地区推动共同富裕的基础和条件不尽相同。浙江要坚持按劳分配为主体、多种分配方式并存，着重保护劳动所得，完善要素参与分配政策制度，在不断提高城乡居民收入水平的同时，缩小收入分配差距，率先在优化收入分配格局上取得积极进展。到2025年，浙江省推动高质量发展建设共同富裕示范区取得明显实质性进展。到2035年，浙江省高质量发展取得更大成就，基本实现共同富裕。

2021年8月17日，中央财经委员会第十次会议召开，此次会议指出，共同富裕是社会主义的本质要求，是中国式现代化的重要特征。必须把促进全体人民共同富裕作为为人民谋幸福的着力点，不断夯实党长期执政基础。强调共同富裕是全体人民的富裕，是人民群众物质生活和精神生活都富裕，不是少数人的富裕，也不是整齐划一的平均主义。要坚持基本经济制度，立足社会主义初级阶段，坚持"两个毫不动摇"。要坚持循序渐进，对共同富裕的长期性、艰巨性、复杂性有充分估计。要加强对高收入的规范和调节，依法保护合法收入，合理调节过高收入，鼓励高收入人群和企业更多回报社会。要清理规范不合理收入，整顿收入分配秩序，坚决取缔非法收入。

**4. 高质量发展、新发展格局与共同富裕的关系**

（1）促进消费与投资有助于构建新发展格局

《中共中央关于制定国民经济和社会发展第十四个五年规划和二〇三五年远景目标的建议》中指出，我国转向高质量发展阶段后，发展环境仍面临深刻复杂变化。围绕到二〇三五年基本实现社会主义现代化远景目标提出：形成强大国内市场，构建新发展格局。包括：第一，全面促进消费。增强消费对经济发展的基础性作用，顺应消费升级趋势，提升传统消费，培育新型消费，适当增加公共消费。以质量品牌为重点，促进消费向绿色、健康、安全发展，鼓励消费新模式新业态发展。推动汽车等消费品由购买管理向使用管理转变，促进住房消费健康发展。促进线上线下消费融合发展，开拓城乡消费市场。发展服务消费，放宽服务消费领域市场准入。完善节假日制度，落实带薪休假制度，扩大节假日消费。培育国际消费中心城市。改善消费环境，强化消费者权益保护。第二，拓展投资空间。优化投资结构，保持投资合理增长，发挥投资对优化供给结构的关键作用。发挥政府投资撬动作用，激发民间投资活力，形成市场主导的投资内生增长机制。

（2）消费与投资助力经济高质量发展

2022年12月，中共中央、国务院印发了《扩大内需战略规划纲要（2022—2035年）》，提出坚定实施扩大内需战略、培育完整内需体系，是加快构建以国内大循环为主体、国内国际双循环相互促进的新发展格局的必然选择，是促进我国长远发展和长治久安的战略决策。坚持问题导向，围绕推动高质量发展，针对我国中长期扩大内需面临的主要问题，特别是消费体制机制不健全、投资结构仍需优化等堵点难点，部署实施扩大内需战略的重点任务。消费需求是内需的重要组成部分，有效扩大消费需求才能扩大内需。其中，最终消费是经济增长的持久动力。顺应消费升级趋势，提升传统消费，培育新型消费，扩大服务消费，适当增加公共消费，着力满足个性化、多样化、高品质消费需求。另外，善于把握投资方向，消除投资障碍，着力提高投资效率，促进投资规模合理增长、结构不断优化。

（3）新发展格局与高质量发展实现共同富裕

2020年10月召开的党的十九届五中全会第二次会议上提出了构建新发展格局的着力点在于：要加快培育完整内需体系，这是畅通国民经济循环、增强国内大循环主体地位的重要基础；同时要提高人民生活品质，这是畅通国内大循环的出发点和落脚点，也是国内国际双循环相互促进的关键联结点。党的二十大报告中指出，要坚持以推动高质量发展为主题，把实施扩大内需战略同深化供给侧结构性改革有机结合起来，增强国内大循环内生动力和可靠性，提升国际循环质量和水平，加快建设现代化经济体系，着力提高全要素生产率，着力提升产业链供应链韧性和安全水平，着力推进城乡融合和区域协调发展，推动经济实现质的有效提升和量的合理增长。

另外，高质量发展是全面建设社会主义现代化国家的首要任务。发展是党执政兴国的第一要务。没有坚实的物质技术基础，就不可能全面建成社会主义现代化强国。必须完整、准确、全面贯彻新发展理念，坚持社会主义市场经济改革方向，坚持高水平对外开放，加快构建以国内大循环为主体、国内国际双循环相互促进的新发展格局。同时指出，要实现好、维护好、发展好最广大人民根本利益，紧紧抓住人民最关心最直接最现实的利益问题，……增强均衡性和可及性，扎实推进共同富裕。其中，分配制度是促进共同富裕的基础性制度。坚持按劳分配为主体、多种分配方式并存，构建初次分配、再次分配、第三次分配协调配套的制度体系。

**（二）经济背景**

自 2013 年以来，随着支撑经济发展的生产要素的变化和国际经济环境的日益复杂，我国经济增速放缓，步入"三期叠加"阶段，需要转变发展方式、优化经济结构、转换增长动力，以此来寻找经济增长新动能，实现由高速增长向高质量发展的转变。而在"三驾马车"中的投资需求持续下滑，出口贸易形势极不稳定的背景下，消费将发挥重要作用，通过促进消费升级推动经济实现可持续增长。当前经济形势下，更高质量的消费升级正在孕育新的增长潜力。党的十九大报告明确要"深化供给侧结构性改革，在中高端消费等领域培育新增长点、形成新动能"，2020 年 2 月发改委联合各部委发布《关于促进消费扩容提质加快形成强大国内市场的实施意见》，提出"消费是经济增长的持久动力，要促进重点群体增收激发消费潜力、稳定和增加居民财产性收入等助推消费升级的措施"。从经济学的角度，增加家庭的收入意味着家庭预算约束的扩张，能够有效地促进消费；但在家庭收入增长有限的情况下，若能借助金融市场实现资源的跨期配置，同样能够起到促进消费，提升家庭福利的作用。习近平总书记在 2019 年初的中共中央政治局第十三次集体学习时强调，"深化金融供给侧结构性改革必须贯彻落实新发展理念，强化金融服务功能，找准金融服务重点，以服务实体经济、服务人民生活为本"。针对家庭这一微观主体，金融市场主要向其提供信贷支持，信贷支持在家庭的财务决策中形成家庭的负债，体现为家庭的杠杆率。Cecchetti et al.（2011）研究了 18 个 OECD 国家在 1980—2010 年期间经济部门杠杆率对经济增长的影响后发现，家庭部门杠杆率在85%以下时对经济增长有正向促进作用。2019年《中国金融稳定报告》显示，2018年末我国住户部门杠杆率为60.4%，家庭部门的杠杆率并不高，通过有针对性的信贷支持政策，能够发挥杠杆率对消费的积极作用，从而推动经济增长新动能的转换。

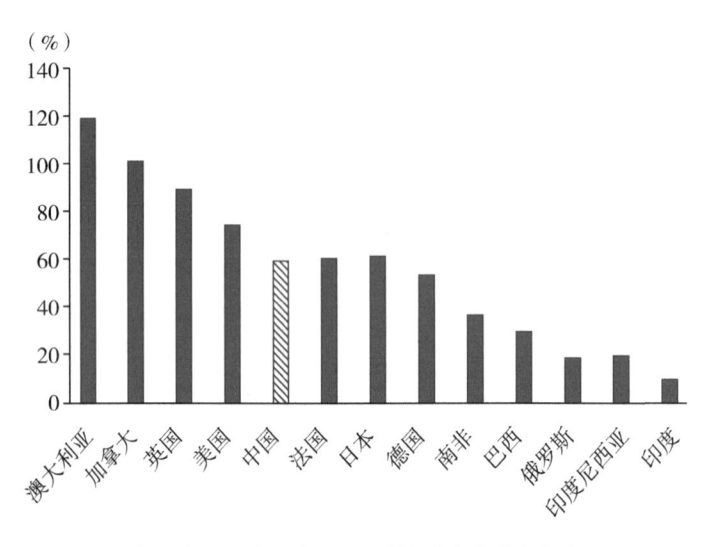

**图1-1　2018年末部分经济体住户部门的杠杆率**

资料来源：中国人民银行《中国金融稳定报告2019》。

根据生命周期理论和永久收入假说，经济主体想要最大化整个生命周期内的消费效用水平，须进行跨期资源配置，即动用未来的资源以满足当前的消费需求，这需要借助金融市场来实现。而在面向居民家庭的金融体系较不完善的情况下，信贷约束使得部分家庭无法获得最大化效用所需要的信贷支持。因此信贷约束成为影响家庭消费需求的关键因素，也由此成为金融供给侧结构性改革促进消费升级的重要切入点。另外，促进居民家庭的消费，取决于其消费意愿与能力，而这在较大程度上受居民金融能力的影响。在日益复杂的经济环境中，经济个体需要有效管理生命周期中的各种风险，那些金融能力水平较高，即能够做出良好金融决策并与金融服务提供者有效互动的个体，更有可能对冲金融风险和负面冲击，实现其金融目标，改善家庭福利，从而有效支持经济增长。金融能力正日益成为高收入国家和新兴经济体政策制定者优先考虑的因素，因为金融能力被认为有助于金融稳定、金融包容性和金融市场的有效运作（贝多广等，2019）。

随着我国金融市场的持续发展与演进，金融产品与服务不断更新，呈现多样化与复杂化并行的趋势。家庭为了实现自身的投资目标，积极地参与到金融市场中，基于个人研判做出投资决策，在自担风险的过程中获取收益。家庭的投资决策包含参与决策和资产配置两部分，这两部分内容及其影响因素是家庭金融研究的核心问题（Campbell，2006），同时考虑家庭的风险厌恶，在正的风险资产溢价下，所有家庭都应持有一部分风险资产。由于本书的研究重点在家庭的资产配置行为，所以目前仅关注这一投资决策。家庭的资产配置是一个复杂过程，需花费大量的时间和精力搜寻决策相关的信息并做出分析，在信息筛选和加工的过程中，个体的金融能力具有重要作用。但居民金融能力水平较低的现象颇为普遍，Rooij et al. (2011)发现荷兰的大多数受访者只了解基本的金融知识，对于略显专业的知识，如股票与基金的区别等并没有一定程度的认识。金融能力将从多方面影响家庭的资产选择：首先，丰富的金融知识有助于理解金融市场和金融产品的风险、收益等，减少个体在投资时的信息搜寻和处理成本（Gaudecker，2015）；其次，风险态度与投资者的投资决策密切相关（胡振、臧日宏，2016）；最后，金融技能如基本的财务计算能力将影响投资者的投资决策，如是否进行投资和具体的投资安排（Hastings 和 Tejada-Ashton，2008）。

## 二 研究意义

### （一）理论意义

家庭是国民经济的重要部门，家庭金融行为的影响因素与决策机制是相关领域研究的重点和热点。本书参照 Cocco et al（2005）的研究，在一个存在非可保劳动收入风险的消费和投资组合选择的现实校准生命周期模型的基础上，借鉴 Yao 和 Zhang（2004）的研究成果引入重要的房产资产及面向家庭的信贷约束，得出了在现实生命周期设定下更符合实际经济生活的消费和投资组合决策模型。此外，居民金融能力是家庭金融资源的重要体现，而金融资源是使得家庭金融资产由较低需求向较高需求变换的重要决定因素（Xiao 和 Anderson，1997），因此在上述模型中引入金融能力因素，对现有研究形成了重要补充。此外，本书借鉴世界银行的理论和方法，将金融知识、金融技能、金融态度等结合在一起，构建个体的金融能力指标，为家庭金融相关研究提供更多的理论要素，且为后续研究提供新的实践思路。最后，从家庭差异化的资产需求角度，探讨数字普惠金融对分类资产配置结构的效应，并进一步分析这种效应的可能原因及居民金融能力发挥的调节作用，对现有研究形成了重要补充。

**（二）现实意义**

第一，居民家庭对美好生活的向往和追求从金融角度表现为金融福祉水平的提升，而金融福祉成为人们整体幸福中的一个重要部分。金融福祉是消费者或家庭拥有充足的资源过舒适生活的一种金融状态（Easterlin，2006），它同样是衡量社会进步的重要标志之一。拥有良好的金融行为能够增进居民家庭的幸福感，因此针对家庭金融行为的研究变得非常有意义，使得金融支持优化家庭金融行为具有更加明确的目标和价值取向。直接的信贷资金支持提升了家庭的消费并优化了资产配置，此外，金融教育鼓励和倡导发挥人的理性，让家庭的各种"欲望"得到理性约束，在资源能力范围内的优化决策才可持续，是社会资源优化配置的落脚点。通过金融支持促进家庭良性金融行为决策并最终实现金融福祉是促进金融发展，更是实现整体社会福利的重要内容。

第二，本书探讨金融机构的信贷支持和金融教育形成的居民金融能力对家庭分类消费的影响程度及其作用机制，从而为促进消费的经济金融政策提供参考。对家庭来说，金融机构对家庭的信贷支持能够直接地缓解家庭的信贷约束，通过跨期的资源配置从而实现其最优消费，另外培养金融能力有助于指导家庭进一步优化其消费行为，满足对高品质生活的追求；对金融机构而言，帮助金融机构了解各类家庭的信贷需求，提高金融创新支持消费的匹配程度，同时通过加强对居民的金融教育，提高居民金融能力，使其充分了解金融产品与服务，从而提高各类金融工具的使用效率和金融服务的客户满意度；政府相关部门则可以通过制定针对城乡和各地区的金融支持政策和消费刺激政策，从而更有效地促进居民家庭的消费升级。

就家庭的资产配置行为而言，探究金融机构面向家庭的信贷支持和居民金融能力对资产配置的影响及其城乡和地区差异具有关键意义，即有助于居民从自身出发提高金融能力从而优化投资策略，也有助于深入认识居民金融能力影响家庭资产配置的城乡、地区差异及其原因，从而为优化资产配置的地区性金融政策制定提供更高效且具有针对性的建议。

## 第二节 研究的主要内容和方法

### 一 研究的主要内容

本书以全国具有代表性的家庭为研究对象，以金融机构面向家庭部门提供的信贷支持和居民金融能力培养为切入点，以家庭的消费行为和资产配置行为作为研究重点，在生命周期理论的框架下研究家庭的金融行为，结合我国二元经济结构以及地区间发展非均衡的现实状况，通过构建居民的金融能力指标，分析面向家庭的信贷支持和居民金融能力，以及数字普惠金融对家庭消费行为和资产配置行为的作用及其地区间和城乡差异。具体而言，本书的主要研究内容如下。

#### （一）信贷支持与居民金融能力对消费行为的效应

本书将金融机构面向家庭的普惠金融服务划分为信贷支持和金融教育，信贷支持形成了家庭的负债，金融教育培养了居民的金融能力。在此基础上探讨了家庭的负债结构，主要是杠杆率和居民金融能力对分类消费的影响。放松信贷约束下，基于构建的居民金融能力指标，首先运用面板数据的分位数回归方法，探讨了家庭杠杆率和居民金融能力对分类消费的影响，接下来在总家庭样本的基础上划分城乡和东部、中部及西部三个地区的家庭样本，分别对家庭杠杆率和居民金融能力作用于分类消费的效应进行了子样本分析，从而探讨城乡和不同地区家庭实现消费升级的可行路径,同时分析了居民金融能力促进消费的作用机制。

### (二) 信贷支持与居民金融能力对资产配置行为的效应

Xiao 和 Anderson (1997) 将金融需要划分为生存需要、安全需要和增长需要。本书据此将家庭的资产首先按照流动性划分为实物资产和金融资产,之后将金融资产按照前述金融需要划分为增长型金融资产和生存安全型金融资产。接下来采用面板数据的双向固定效应模型实证分析了家庭杠杆率和居民金融能力对分类资产份额的影响,同样分别对城乡和不同地区的分类资产配置效应进行了分析,从而揭示城乡和不同地区家庭优化资产配置的方式。

### (三) 消费和资产配置效应的地区间和城乡差异及其原因

我国的二元经济结构以及不同地区之间在经济发展水平、文化风俗习惯等方面存在的较大差异使得城乡以及不同地区家庭在消费及资产结构方面存在不同,因此城乡以及地区间的差异性分析非常必要。本书划分城乡和东、中、西部三个地区的家庭样本,在探讨城乡和不同地区家庭杠杆率和居民金融能力影响分类消费和资产份额的基础上,运用自助抽样方法的费舍尔组合检验呈现了东部与中部地区、中部与西部地区以及东部与西部地区之间显著的影响差异,同时分别探讨了三个地区城乡之间影响的差异及其显著性。接下来从针对家庭部门的房地产政策入手,同时结合家庭的异质性特征分析形成地区间及城乡差异的原因。最终依据可得的住宅销售数据及实际的家庭人口统计特征,探讨并验证了三个地区间以及城乡家庭信贷支持与居民金融能力影响消费和资产配置差异的原因。

### (四) 数字普惠金融对家庭金融行为的影响

选用固定效应的面板 Tobit 回归方法,探讨我国数字普惠金融发展对家庭消费和差异化资产配置结构的影响。我国数字普惠金融的发展将促进家庭的消费,另外探究了居民金融能力在数字普惠金融发展促进分类金融资产配置中发挥的调节作用,证实了对经济、金融信息的关注度和金融可得性(选择多样化的金融资产)解释了普惠金融数字化程度能够满足家庭差异化资产需求的原因。突出数字普惠金融发展助力实现家庭财富积累的贡献，政策含义在促进共同富裕的金融财富积累过程中，金融能力较低时，数字普惠金融发挥的积极作用更大，当普惠金融数字化程度发展到一定程度时，同时需要提高居民的金融能力来达成家庭多元化的资产配置目标。

## 二　研究方法

为全面、清晰地阐释所要研究的问题，使得研究成果有理论依据并能形成稳健的实证结果，本书采用理论与实证相结合的方式，以理论研究为基础依据，对关键问题进行实证研究，主要的研究方法如下。

### （一）文献研究法

首先梳理了普惠金融体系下金融机构面向家庭金融服务的具体形式，其次对家庭金融行为进行分类并分析了影响金融行为的因素，接下来在对已有研究形成整体了解的基础上，探究我国面向家庭的信贷支持和居民金融能力对家庭金融行为的影响及其地区和城乡差异，最后揭示了金融行为与金融福祉的关系。

### （二）描述性研究法

部分家庭面临信贷约束，与家庭能够顺利地借贷使每一期消费的边际效用相等这一前提相违背，此时观测到的消费并非总是等于最优消费水平。基于这一分析，模型中的因变量消费水平为受限因变量，同时考虑信贷约束可能会与消费之间相互影响而存在内生性问题，因此借鉴 Adamchik 和 Bedi（2000）的研究思路，运用内生转换模型分析信贷约束对家庭消费的影响，分析结果显示家庭信贷约束对消费产生了显著的负向影响，而信贷则正向作用于消费，对已有理论进行了验证和解释。

### （三）定量分析法

首先对我国家庭的杠杆率、居民金融能力、家庭消费水平及分类资产份额做了简单的描述性统计分析，从直观上对信贷支持和居民金融能力以及家庭的消费、资产配置分布状况有了初步了解。其次采用内生转换模型验证了家庭面临的信贷约束对分类消费的负向影响，并在缓解信贷约束后运用面板数据的分位数回归方法探讨了家庭杠杆率和居民金融能力对分类消费的影响，同时选用面板数据的双向固定效应模型揭示了家庭杠杆率和居民金融能力作用于分类资产份额的效应。接下来运用自助抽样方法的费舍尔组合检验呈现了杠杆率和金融能力对分类消费和资产份额影响的地区及城乡差异及其显著性。考虑到家庭杠杆率、居民金融能力与质量型消费、分类资产份额间可能存在的内生性问题，运用工具变量法进行处理并对实证结果进行了稳健性检验。最后选择固定效应的面板 Tobit 回归方法，探讨我国数字普惠金融发展对家庭差异化资产选择及其结构的影响。

# 第三节 核心概念界定

本书探讨普惠金融发展体系下金融机构的信贷支持和金融教育对家庭消费行为和资产配置行为的影响，为准确、清晰地阐释所要研究的内容，在具体的理论与实证分析之前，需要对相关核心概念进行界定，所涉及的主要概念包含以下方面。

## 一 家庭金融行为

金融行为在广义上指对资金的管理行为，主要包含从何处获得资金以及怎样运作好资金等。按照差异化的主体，金融行为可划分为企业金融行为和家庭金融行为。家庭金融行为指任何与家庭金融管理有关的人类行为，一般包括收入行为、支出行为、借贷行为和储蓄行为等（Xiao，2008）。此后，Dew 和 Xiao（2011）建立了一个符合个体特征的家庭金融行为量表，该量表测量了个体金融行为的四个方面：理财、借贷管理、储蓄和投资以及保险管理。贝多广等（2019）将金融行为细分为合理使用金融产品和服务、规律储蓄的习惯、合理风险的投资、理智借贷、购买保险、防范欺诈、获取建议和其他。一个完整的行为测量应包含四个要素：行动、目标、情景和时间。以消费行为为例，消费可以有不同目标（为满足日常生活或为精神追求）、不同情景（经济条件好或不好）和不同时间（消费频率）（肖经建，2011）。本书在家庭生命周期理论的框架下研究金融行为，主要包括消费行为和资产配置行为，并重点探讨消费升级和资产配置优化问题。

消费升级指在提高消费水平和消费质量的基础上消费结构不断合理优化，反映了居民对主流商品或服务的需求经历一个从低级到高级的变化，描述了消费结构的动态变化过程。消费升级是整体消费水平和消费质量的提高，不因某个方面消费的增加而抑制其他方面的消费需求，它最终依赖于消费结构的进一步合理和优化。理论上可将消费升级概括为：消费类别升级、消费类型结构升级、消费品质结构升级和消费品牌结构升级。本书主要探讨消费类别升级。

资产配置指根据投资者的个体特征和投资目标，把投资分配在不同种类的资产上，在获取理想回报之余，将风险降至最低。可概括为投资者根据其投资计划的时限及可承受的风险来配置资产组合。家庭的投资行为中普遍存在储蓄率高，实物资产中房产投资占比较大以及金融投资分散且短期化等的行为特征。为实现投资者的理性投资目标，本书中的资产配置优化主要指在家庭的整个生命周期内，迎合家庭不同金融需求的资产配置规划，尤其是长期的金融资产投资。

## 二 普惠金融

金融体系发展不均衡形成的金融排斥负面影响居民家庭经济金融生活的方方面面（吕学梁和吴卫星，2017；尹志超等，2019），因此要使微观主体参与到金融活动中并享受到金融市场改革发展的福利，须发展普惠金融。普惠金融发展不但存在国别差异，就国内的普惠金融发展状况而言，各个地区的发展程度并非同步，存在明显的地区差异，这将对我国各个地区的经济金融发展产生不同的影响，因此值得重点关注。普惠金融最早由联合国于 2005 年正式提出，指能有效和全方位为社会所有阶层和群体提供服务的金融体系（焦瑾璞等，2015）。据世界银行的定义，普惠金融是能够使社会各个阶层和群体广泛、无障碍地享受金融服务的一种金融体系（Allen et al.，2016）。2005年之后，普惠金融的概念引入我国并得到认可，2013年11月，党的十八届三中全会通过《中共中央关于全面深化改革若干重大问题的决定》，正式提出发展普惠金融。国务院2016年出台的《推进普惠金融发展规划（2016—2020年）》中指出，"普惠金融是指立足机会平等要求和商业可持续原则，以可负担的成本为有金融服务需求的社会各阶层和群体提供适当、有效的金融服务"。并明确小微企业、农民、城镇低收入人群、贫困人群和残疾人、老年人等特殊群体是当前我国普惠金融重点服务对象。同时在指导思想中强调，"……完善基础金融服务与改进重点领域金融服务相结合，不断提高金融服务的覆盖率、可得性和满意度，使最广大人民群众公平分享金融改革发展的成果"。普惠金融扩展了金融服务受益对象的范围，使得居民家庭的金融行为能够得到金融体系的支持。

一方面，普惠金融的发展提升了信贷服务的可得性，为平衡家庭当前与未来的资源提供了重要手段，因此缓解资金约束成为优化家庭金融行为的一种有效方法；另一方面，普惠金融加强对居民家庭的金融教育，包括金融知识普及以及对金融产品与服务进行宣传推介等，从而提升其金融素养。金融素养较低的家庭对金融产品和服务的了解相对不足，合理评估并使用金融产品和服务的能力都相对薄弱，这在很大程度上制约了居民家庭合理高效的金融行为决策。普惠金融通过提升居民的金融素养，使得居民家庭具备了优化金融行为所需的基本知识和技能，将被排斥的经济主体纳入到金融服务中，形成了缓解资金约束外重要的优化金融行为的方法。

### 三　正规金融机构的信贷支持

信贷是体现一定经济关系的不同所有者之间的借贷行为，是以偿本和付息为条件的价值运动形式，是债权人贷出货币，债务人按期偿还本金并支付利息的信用活动。通常包括银行存款、贷款等信用活动。信贷有广义和狭义之分，广义的信贷指以银行为中介、以存贷为主体的信用活动的总称，包括存款、贷款和结算业务。狭义的信贷通常指银行贷款，即以银行为主体的货币资金发放行为。信贷是社会主义国家用有偿方式动员和分配资金的重要形式，是发展经济的有力杠杆。

信贷支持是国家通过金融机构，主要是政策性金融机构，对其扶持的产业、部门、企业或具体项目给予贷款，帮助其发展的一种方式。信贷支持主要是通过发放优惠的政策性贷款或通过信贷担保、保险等方式进行，其目的是使被支持的对象能够筹集到发展所必需的、成本较低的资金。在诸多发展中国家，这一支持政策表现为资金短缺条件下的贷款可得性上。信贷支持属于金融有偿借贷方式，对借款人而言，到期必须还本付息，这有助于促进借款人加强自身管理。本书的信贷支持，主要是商业银行等正规金融机构向居民家庭发放的小额贷款，它是以个人或企业为核心的综合消费贷款，贷款金额一般为1万元以上20万元以下，一定程度上缓解了部分家庭的信贷约束，家庭拥有的信贷构成了其负债，主要表现为家庭的杠杆率。囿于数据可得性，本书研究的贷款主要为传统的线下贷款，不包括网上贷款和手机移动贷款。

## 四 居民金融能力

首先引入金融素养的含义，金融素养中的素养指一个人的修养。广义上，素养包括道德品质、外表形象、知识水平与能力等各个方面。随着经济社会的发展，个体素养的含义已经扩展到包括思想政治素养、文化素养、业务素养和身心素养等方面。素养不但包括理解相关知识（如掌握了文字、符号和运算的能力），也包括对这些知识的使用（如读、写、计算的能力）。目前关于金融素养的定义有很多，尽管各不相同，但基本包括对金融知识的理解或运用的能力或两者兼有。Kim（2001）阐述了对金融素养的理解，认为它是人们适应现代生活所需要的基本知识。美国金融素养和教育委员会（2007）指出金融素养是使用知识和技术有效管理金融资源、提升自身金融福利的能力。可见，金融素养是使用和管理资源的能力，这种能力促使居民家庭做出明智的判断和有效的决策。

金融能力与金融素养的概念较为相似，世界银行（2013）将金融能力定义为在一定的社会经济条件下，消费者作出符合自身最佳利益的金融决策的内在能力，包括用于管理自有资源和理解、选择、使用满足需求的金融服务的知识、技能、态度和行为。贝多广等（2019）分别定义了消费者和经营者的金融能力：消费者金融能力是指在面临一系列内部影响因素与外部约束的条件下，消费者作出合理判断所需要的金融知识、技能、生态和金融实践的行为；经营者除具备作为消费者所需的金融能力之外，还需要具备特殊的金融能力，包括项目价值评估、现金流管理、融资能力及运用多样化金融工具的能力。

同时金融能力与金融素养又存在较大区别。通常而言，金融素养强调知识层面，是对经济、财务、金融等事物的相关知识的理解和掌握。而金融能力的层次更高，除了金融知识，还有对金融知识的应用、对待金融问题的态度及最终所采取的金融行为。金融素养可以提升金融能力。Xiao 和 Huang（2021）将金融能力定义为消费者运用适当的金融知识，实施理想的金融行为以及为实现金融幸福把握适宜的金融机会的能力。并指出金融能力具有多种含义，可以指金融素养、金融行为、金融准入和/或金融结果，这依赖于不同的研究目标和概念理解。本书主要借鉴世界银行2013年对个体金融能力的定义进行后续的研究。消费者的金融能力在与一些环境因素诸如金融服务和公共政策相互作用才能提高消费者的福利（Hill 和 Sharma，2020；Sen，1993）。研究目标方面，意旨在探讨金融机构的信贷支持和金融教育形成的居民金融能力如何更好地优化家庭的金融行为，因此择选金融能力这一概念。

# 第四节 结构安排

本书研究了金融机构的信贷支持和居民金融能力对我国家庭金融行为的影响，将家庭金融行为划分为消费行为和资产配置行为，消费行为是家庭最基本的支出活动，而资产配置是为了积累家庭财富，为未来的支出做好储备，以满足未来差异化的需求。同时探讨了信贷支持和金融能力影响分类消费和资产配置的城乡及地区间差异化效应以及差异形成的可能原因，从而为地区经济金融政策的制定和家庭金融行为的优化提供理论和实证依据。全书的结构如图1-2所示，共分为八个章节，其中第四章到第七章为核心内容。具体的章节安排大致如下。

第一章介绍了研究背景、研究意义、核心概念界定、内容安排、研究方法与技术路线以及本书的贡献和不足。

第二章首先引入家庭消费和家庭资产配置相关的理论及其扩展。接下来文献综述部分考虑到家庭的异质性，因此从多个方面梳理了金融机构的信贷支持、金融能力、家庭消费行为和资产配置决策相关的文献，基于存在非可保劳动收入风险的消费和投资组合选择的现实校准生命周期模型，引入重要的房产和家庭面临的信贷约束，在梳理文献的基础上提出了研究假设。

第三章选用西南财经大学中国家庭金融调查与研究中心2013—2017年的中国家庭金融调查数据，首先结合我国家庭部门的资产负债表，对信贷支持的代表变量——家庭杠杆率进行了衡量，接下来借鉴世界银行的研究并基于对家庭金融事实的了解对居民金融能力进行度量。

第四章在合理划分家庭消费类型的基础上，运用面板数据的分位数回归方法研究了我国家庭杠杆率和居民金融能力对家庭分类消费的影响，同时划分地区和城乡子样本，探讨实现消费升级的可行路径。考虑到模型中变量互为因果等问题，采用工具变量法以解决内生性，并对实证结果进行了稳健性检验。

第五章在家庭资产负债表的基础上划分不同类型的资产，运用面板数据的双向固定效应模型分析了我国家庭的杠杆率和居民金融能力对分类资产份额的影响并划分地区和城乡子样本，探讨优化资产配置的方式。同样使用工具变量方法处理模型可能存在的内生性问题，并检验了实证结果的稳健性。

第六章运用自助抽样方法的费舍尔组合检验分析了东、中、西部地区家庭杠杆率和居民金融能力影响质量型消费和分类资产份额的地区间、城乡差异及其显著性，并从家庭的房产价值、户主的教育程度角度分别探讨了形成地区间以及不同地区的城乡间效应差异的原因。

第七章首先回顾了我国数字普惠金融对家庭消费的影响及其作用路径，接下来选用固定效应的面板 Tobit 回归方法，探讨数字普惠金融对家庭差异化资产选择及其结构的影响及其内在机理。

第八章主要归纳总结主要结论，以现有结论为依据，提出政策建议。同时探讨本书研究中存在的局限和未尽之处，对未来进一步的研究做出展望。

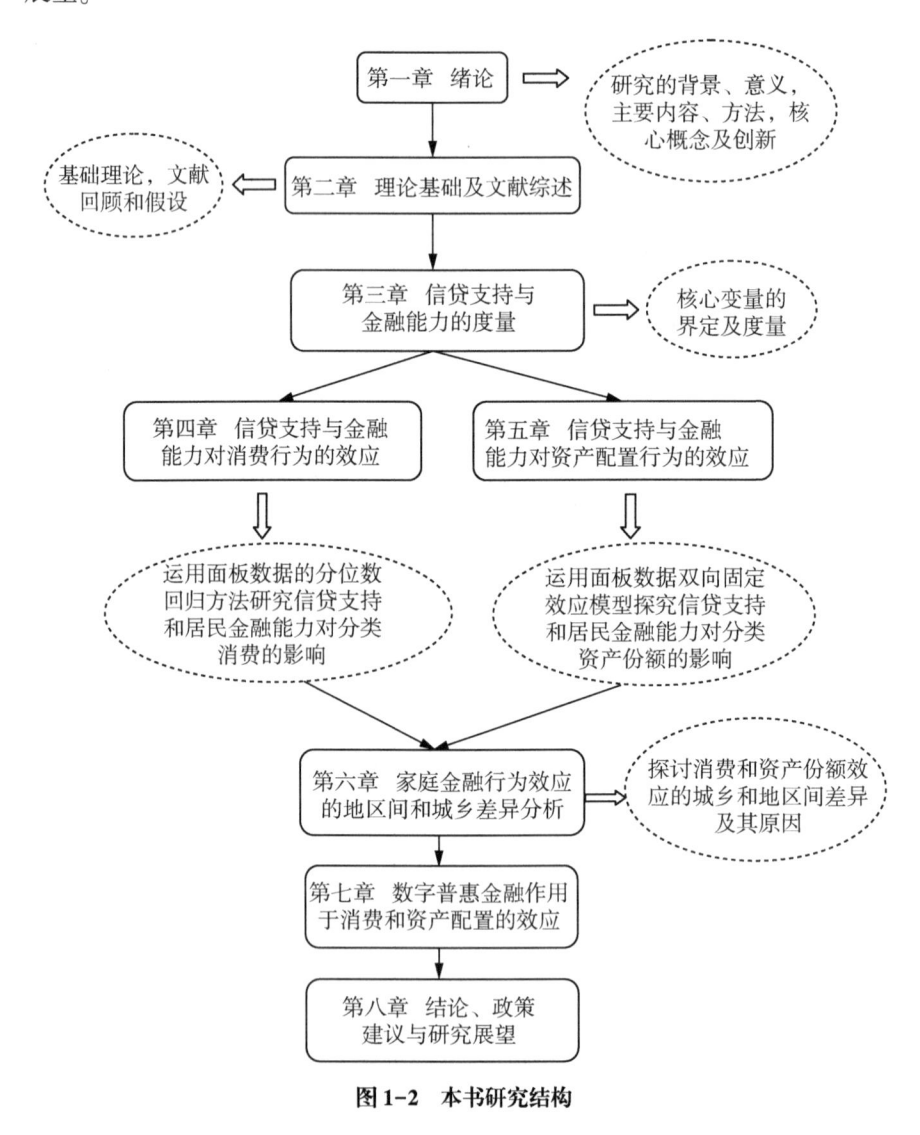

图 1-2　本书研究结构

## 第五节 创新和不足

### 一 本书创新

总体来讲，本书的创新之处主要体现在以下方面。

第一，我国幅员辽阔，地区之间在经济发展水平、文化风俗习惯、自然气候条件等方面都存在较大差异，因此地区差异化问题研究非常必要。在分析金融机构的信贷支持和金融能力培养对消费行为和资产配置行为的影响时，将我国划分为东、中、西部三个地区，从城乡和地区间差异的角度出发，分别探讨各个地区家庭信贷支持和居民金融能力对分类消费和分类资产份额的影响，在此基础上检验这种影响是否存在地区间和城乡的明显差异，并进一步分析差异产生的可能原因。拓展和深化了已有的研究，为促进消费升级和优化家庭资产配置的地区性金融政策研究提供了实证支持。

第二，为深入探讨居民金融能力作用于家庭分类消费的机制，不但考虑了家庭正规负债和财富的作用，而且分析了居民金融能力对社会资本中的亲缘关系的影响。金融能力作为一种人力资本，能够增强居民的家庭生存能力，扩大自身家庭关系网络，在面对未来的不确定性时，会借助家庭网络的帮助，从而降低当前储蓄以增加高质量的消费，对已有研究形成重要补充。

第三，金融机构面向家庭的信贷支持和居民金融能力在优化家庭金融行为的过程中体现了协同性，同时金融机构的金融教育服务提升了居民的金融能力，丰富了金融普惠的内涵，扩展了普惠金融的外延。本书深入探讨了金融服务中面向家庭的信贷支持和居民金融教育两者相互作用下发挥对消费行为和资产配置行为的关键作用。就促进消费升级而言，针对农村家庭的加杠杆和针对城镇家庭的金融教育更有效，针对西部地区家庭的加杠杆和金融教育比东部和中部地区家庭更有效；就优化资产配置而言，针对家庭的实物资产配置，家庭杠杆率的作用更为有效，针对增长型和生存安全型金融资产而言，城镇家庭以及东部地区家庭的居民金融教育更为有效。对于城乡和不同地区的家庭而言，信贷支持和金融教育会形成差异化的作用效果，为提高消费者的福利，因地制宜的金融支持政策不可或缺。

第四，本书突出了数字普惠金融发展助力实现家庭财富积累的贡献，政策含义在促进共同富裕的金融财富积累过程中，金融能力较低时，数字普惠金融发挥的积极作用更大，当普惠金融数字化程度发展到一定程度时，同时需要提高居民的金融能力来达成家庭多元化的资产配置目标。

## 二 不足之处

尽管本书力求做到研究的全面性和严谨性，但囿于研究水平与微观数据的可得性等现实原因，研究中仍存在一定的不足，需进一步改进提高。

首先，网络消费的重要性日益提升，商务部电子商务和信息化司发布的《中国电子商务报告2019》显示，该年度我国网上零售额达10.63万亿元，实物商品网上零售额8.52万亿元，网上零售额占社会消费品零售总额的比重上升到了20.7%。同时根据CHFS数据的测算，2013年的人均网络消费额为5374.07元，到2017年人均网络消费额为6192.50元，增长率达到15.23%。线上消费覆盖了居民生活的方方面面，在为生活提供便利的同时已经改变了居民的消费习惯与行为方式，成为研究家庭消费行为不可或缺的内容。但目前受限于微观数据的可得性，书中并未对网络消费行为进行深入全面的考察。

其次，尽管目前我国家庭微观数据的积累已经取得了突破性进展，但样本量和时间跨度方面还存在较大局限性。另外，目前对微观金融主体的研究更多是基于企业，但企业的资产负债与损益的记录方法与度量标准与家庭存在很大差别，家庭金融数据的标准化程度也较低，因此在针对家庭金融数据进行实证分析时，对非标准数据只能结合国内家庭金融调查数据的特点并借鉴国内外学者普遍适用的方法进行处理，运用不同数据库得出的分析结论可能会存在差异，影响结论的稳健性。

# 第二章　理论基础及文献综述

第一章主要阐述了本书的研究背景、意义，主要研究内容和方法，核心概念界定，结构安排和创新及不足。本章主要从相关基础理论和文献两方面进行介绍与梳理，并在学者们已有研究的基础上提出了研究假设。相关基础理论包括前期的消费理论及其扩展，资产配置理论和有关的理论延伸。文献综述部分主要在回顾以往学者们研究成果的基础上提出研究假设，并由后续的实证分析加以验证，形成理论与实证的对应。

## 第一节　理论基础

基础理论部分回溯了研究早期较为主流的消费理论，从短期消费到长期消费，同时逐步放松研究假设，形成了一些主要的消费理论。家庭资产配置理论方面，从持有成本、期限、投资者的非理性等角度逐步扩展相关理论，使得理论研究更趋近居民家庭实际的资产配置行为。

### 一　前期的消费理论

#### （一）短期消费理论

Keynes（1936）提出了绝对收入假说，指出个体消费和收入同向变动，即消费水平随收入的增加而提高，但两者变化的幅度不同。一般地，消费的变化幅度小于收入,当收入增加时,个体消费的增量小于收入增量,因此边际消费倾向在 0 到 1 之间,且边际消费倾向和平均消费倾向是持续下降的。该理论中,消费分为两部分:自发消费和引致消费。前者与收入无关,是维持生存必需的基本消费,而后者与收入相关。总之,该理论主要揭示了消费与收入间的关系,收入是影响消费的关键因素,二者存在稳定的线性函数关系。

**(二) 长期消费理论**

Duesenberry (1949) 阐述了相对收入假说,认为除收入外,消费还受到个体先前的消费习惯和周围人消费状况的影响。个体的消费存在两种效应:一是"棘轮效应",当个体收入增加时,消费水平也较快地提高,但当收入下降时,个体并不会随之减少消费,而是通过减少储蓄等方式保持其消费习惯。二是"示范效应",人们的偏好之间存在着联系,个体的消费支出会受周围人的影响,当周围人的收入和消费增加时,即使自身收入没有变化,但为了攀比或维持社会地位等原因,个体仍会增加自己的消费支出。

**(三) 动态跨期的消费理论**

Gerick (1947) 提出了家庭的生命周期,指家庭从建立到结束经历的整个过程。在这个过程中存在不同的阶段,每个阶段会有不同的需求,同时面临不同的约束和条件,由此形成不同的行为特征。之后,Modigliani 和 Brumberg (1954) 建立了经典的生命周期假说。经济个体将其终生所获资源平均分配给一生中的各个时期,并且他们会运用储蓄和借债以平滑消费。

考虑一个寿命为 T 期的经济个体,他的终生效用为:

$$U = \sum_{t=1}^{T} u(C_t), \quad u'(\cdot) > 0, \quad u''(\cdot) < 0 \qquad (2-1)$$

其中,$u(\cdot)$ 为瞬时效用函数,$C_t$ 为 t 期的消费。该经济个体的初始财富为 $A_0$,在其整个生命周期的 T 个时期中,劳动收入为 $Y_t$,由外生给定。他/她能够按外生的利率进行储蓄或借债,仅有的约束条件是,全部债务须在生命终结之前清偿。其预算约束为：$\sum_{t=1}^{T} C_t \leq A_0 + \sum_{t=1}^{T} Y_t$。

此经济个体效用最大化问题的拉格朗日函数为：

$$L = \sum_{t=1}^{T} u(C_t) + \lambda (A_0 + \sum_{t=1}^{T} Y_t - \sum_{t=1}^{T} C_t) \tag{2-2}$$

$C_t$ 的一阶条件为：$u'(C_t) = \lambda$。由于该式对每一期都成立，因此消费的边际效用固定不变且消费水平是边际效用的唯一决定因素，所以 $C_1 = C_2 = \cdots = C_T$，那么预算约束式可重新表述为：

$$C_t = \frac{1}{T}(A_0 + \sum_{t=1}^{T} Y_t)，对于所有的 t。\tag{2-3}$$

括号中的项是该经济个体一生的总资源，上式表明消费取决于各个时期的劳动收入。将初始财富水平 $A_0$ 扩展至生命周期各个时间点的财富，则认为财富与收入是消费最核心的影响因素，可用公式表示为：

$$C = cW + bY \tag{2-4}$$

其中，c 为财富的边际消费倾向，W 表示家庭财富，b 为收入的边际消费倾向，Y 为劳动收入。

Friedman（1957）提出了持久收入假说，该假说将消费者的收入分为持久收入和暂时收入两部分。其中，持久收入决定了个体的消费支出，而暂时收入是偶然性的，并非永久的，因此暂时收入不会影响到个体的消费支出，只有当收入发生了永久的变动后，个体才会在新的永久收入水平上调整其消费，达到新的均衡。持久消费与持久收入之间的关系受利率以及财富的影响。

上述两个理论的区别在于，生命周期假说在有限寿命假设下，基于储蓄视角，在模型中引入财富从而构建消费函数，而持久收入假说将消费者抽象化为具有无限寿命，并在此假定下研究消费的长期动态问题。但二者的基本思想较为一致，都把消费者看作"前瞻性"的决策者，将一生或持久收入作为消费的基础。

随着研究的持续深入，大量的宏、微观经济证据都表明生命周期与永久收入假说的失效，由此引发了对该理论的不断推广或修正。其中主要的观点包括：预防性储蓄、流动性约束以及非完全最优化。

## 二 后期的消费理论

### (一) 预防性储蓄假说

预防性储蓄指面临未来的不确定性时，个体为防止今后消费波动过于剧烈或为保持未来的生活水准，从而增加当期储蓄的行为。通常情况下，这种不确定性可能较多来自于收入的波动。因此该理论研究了存在不确定性时，消费者在预算约束下如何实现效用最大化的跨期选择问题。相比于确定性的情况，在面临未来的不确定性时，理性消费者会有意识地增加储蓄，将财富平均分配于各个时期，防止由于收入的不确定致使未来消费支出大幅下降，从而平滑其整个生命周期内的消费。

### (二) 流动性约束假说

流动性约束又称为信贷约束，指当个体有资金需求时，无法从金融机构或其他信贷机构获取贷款的情形。其原因包括：信贷市场不发达、信息不对称、个体缺乏合适的抵押品、资信存在问题等。该假说认为当个体面临流动性约束时，会减少其消费。探究其原因，若个体面临当期流动性约束，那么即使有消费需求也无法满足，只能减少消费；若个体面临预期流动性约束，那么也会增加储蓄，减少当期消费以防未来不利情况发生所造成的影响。所以无论是当期还是预期的流动性约束，都会对个体的决策产生影响，减少其消费。

### (三) 随机游走假说

Hall（1978）将理性预期和不确定性因素引入消费函数中，建立了随机游走假说。该假说假定利率为常数，消费者的瞬时效用函数为二次型，在满足跨时预算约束下，通过欧拉方程求解消费者最大效用时的消费水平。最终发现消费变化是不可预测的，遵循随机游走过程。由此该理论认为消费行为具有不可预测性，符合随机游走的变化过程。具体地，消费符合一个 AR（1）过程，当期消费仅与上一期的消费相关。

## 三 家庭资产配置相关理论

### (一) 货币需求理论

首先，Pigou（1917）和 Marshall（1923）提出的"现金余额说"指出，货币除作充当交易媒介外，还具有储藏财富的功能，使得货币需求成了个人的资产选择，且受利率影响。之后 Hicks（1935）的货币资产选择理论阐述了影响个人货币需求的三个因素：预期支付日期、预期投资成本和预期收益率，收益率取决于投资活动的风险，同时决定了持有货币的机会成本。

其次，Keynes 在其著作《就业、利息和货币通论》中详细叙述了流动性偏好货币需求理论，即持有货币源于流动性偏好包括三个动机：一是交易动机，即为日常的消费和交易进行储备；二是预防性动机，为应对未来的不确定性或突发事件形成的潜在不确定性支出；三是投机动机，以期在市场上抓住机会进行投机，以此获取相应的收益。前两项动机形成的货币需求与收入正相关，而投机动机形成的货币需求与利率负相关。个人的预防性动机货币需求来自于对不确定性及风险的厌恶，投机动机货币需求源于通过货币资产的收益实现资产的保值增值。

另外，Friedman（1956）在《货币数量论：一种重新表述》中，将货币需求作为个人的资产选择行为，资产除了货币外，还包括股票和债券等金融资产、房屋和机器等实物资产，投资者在货币及其他资产中做出选择并决定各自的配置份额。同时认为个人的货币需求取决于总财富量、其他资产的预期收益率和个人的风险偏好。

以上货币需求理论都聚焦于宏观的货币需求，并未深入探讨个体投资者的资产配置行为，诸多的资产有其不同的风险和收益，因此需要进一步分析投资者的资产配置行为。

### (二) 经典的资产配置理论

1. 单一期限的资产配置理论

20 世纪 50 年代以来，随着金融市场的蓬勃发展，金融资产种类日益繁多，一定程度上丰富了家庭非货币金融资产的选择，这时的资产选择决策不再单纯依靠机会成本，而是要全面衡量资产的风险和收益。

Markowitz（1952）建立了完整的均值-方差分析框架，采用风险资产的期望收益和风险（以某项资产的期望收益率的方差表示）来研究资产的选择和组合行为。后来，他在"预期效用最大化"的投资原则下，提出了"有效资产组合"理论。在其模型中，假设投资者在制定投资决策时只考虑期望收益和风险，并且他们都是风险厌恶型的。那么，资产 i 的期望收益率可表示为：

$$E(R_i) = p_1 r_1 + p_2 r_2 + \cdots + p_n r_n = \sum_{i=1}^{n} p_i r_i \qquad (2-5)$$

其中，$E(R_i)$ 表示某项资产的期望收益率，$r_i$ 是该资产的第 i 个可能的收益率，$p_i$ 表示该资产获得收益率 $r_i$ 的概率。

所有有效资产组合构成了有效边界，在有效边界及均值-方差分析的基础上，提出了投资者的最优投资组合选择。投资者的目标是通过选择最优的投资组合权重以最大化其预期效用，假定投资者选择 w 以最大化其均值-方差效用函数：

$$U(w) = E(R_{pt}) - \frac{\tau}{2} Var(R_{pt}) = r_f + w'\mu - \frac{\tau}{2} w' \sum w \qquad (2-6)$$

其中 $\tau$ 是相对风险规避系数。可得出最优解：$\mu - \tau \sum w = 0$，即 $w^* = \frac{1}{\tau} \sum^{-1} \mu$。无约束解中未对权重 w 施加限制，更一般化的问题是对 w 施加一个范围限制：$a_i \leq w_i \leq b_i$，$i = 1, 2, \cdots, N$。

该理论在构建了资产组合的预期收益和风险后，提出通过分散化投资即减少各资产间的相关性来降低风险，并在此基础上阐述了有效资产组合和投资者的效用函数理论，指出投资者只有结合自身效用偏好并在有效组合边界上选择的资产组合才是最佳的。

之后，Tobin（1958）在马科维茨理论的基础上，引入无风险资产概念并提出了两基金分离定理。他指出理性投资者的资产组合应由无风险资产和风险资产组成，并通过调整两类资产间的比例实现效用最大化。配置比例主要由投资者的风险偏好决定，通常情况下资产的收益率越高，风险也越大，因此投资者须在无风险资产和风险性资产间做出选择。

Sharpe（1964）深化了马科维茨和托宾的理论，将资产组合的风险分为不可分散的系统性风险和可分散的非系统性风险，其中系统性风险是由整个经济系统形成的风险，无法通过分散化投资降低，而非系统性风险即单个资产投资收益的不确定性，具有异质性且可通过分散化投资降低该风险。他提出的资本资产定价模型分析了风险资产的收益和风险之间的关系，从模型中可以得知无风险资产的收益低于风险资产，因为资产的高风险需要高收益加以补偿，补偿的程度与资产种类有关。最终投资者需要基于金融市场的系统性风险，并根据各项资产的收益率、风险及其之间的相关性，做出最优资产配置规划。

2. 跨期的资产配置理论

此前的资产配置理论只关注单期投资的情况，没有研究跨期的动态投资决策。Samuelson 和 Merton（1969）提出了多期的资产组合模型，使理论更贴合投资者的实际投资行为。他们假设投资者仅投资于无风险的债券和有风险的股票，不存在市场摩擦和交易成本，分析了投资者在整个生命周期内的消费与资产配置决策。认为理性投资者在实现自身效用最大化的目标下，应按照一定比例投资于所有风险资产，同时所有投资者都将持有同样的风险性资产组合。然而不同投资者在无风险资产和风险资产之间的配置比例仅受个体风险偏好程度的影响而有所不同，与收入、财富、年龄等因素无关。

然而在现实生活中，居民家庭"有限参与"金融资产市场的现象很普遍，持有风险资产家庭的资产结构也存在未充分分散化的特点，这与传统资产组合理论中的"个体完全理性""完全市场"等假设不符。为了解释理论模型与实际家庭资产配置的偏差，学者们从心理学角度研究投资者的行为，形成了行为金融学。

### （三）行为金融学理论

Burrel 和 Banman（1951）开展了早期的行为金融学理论研究，强调对金融市场上投资者的实际行为进行研究，从而对传统金融学理论形成补充。行为金融学主要是把与投资者信念、偏好和决策相关的心理学、认知科学和行为科学运用到金融市场中，研究投资者的实际决策行为及其过程（Lintner，1999；Hsee，2000）。

1. 前景理论

前景理论是行为金融学的理论基础（Kahneman 和 Tversky，1979），该理论认为个体行为取决于最终结果与某个参照点（预期）的偏差，而不是最终结果绝对值的大小。个体对得与失的心理感觉并非对称，对于损失个体是风险偏好的，而对于获得个体则是风险厌恶的。前景理论放松了传统期望效用理论中的理性人假设，从心理学和行为学角度揭示了影响个体决策的非理性因素，描述了个体真实的决策行为。

2. 改变金融行为的跨理论行为改变模型

该模型由美国罗德岛大学心理学教授 James Prochaska 及学生创立于20世纪70年代末，该理论综合了许多重要的心理学理论，并将它们有机结合，形成一个完整的行为改变框架。主要假设为：（1）还没有一个成熟的理论能够解释行为改变的复杂性；（2）行为改变是一个具有不同阶段的过程；（3）行为改变的阶段相对稳定，同时也可以改变；（4）若缺乏人为干预，多数人不会改变他们的现有行为；（5）在有不良行为的人群中，多数人不会改变；（6）干预方式须与行为改变阶段一致；（7）生理、社会和自我控制等多种因素影响行为改变。

该理论主要有四个概念：改变阶段、改变过程、决策平衡和自我效能。认为行为改变至少有以下六个阶段：觉悟前期、觉悟期、准备期、行动期、保持期和终止期。行为改变是一个长期复杂过程，在行为改变的过程中，许多现象暗示了行为的改变，将这些现象称之为改变过程（策略），如果个体的行为具有这些现象，则表明他处于行为转变中。理论识别了十个改变过程：（1）增强意识：个体主动寻求和学习新的事实、知识和方法向更积极的方向改变其行为；（2）急剧缓解：个体经历由行为变化引起的强烈的负面情感（恐惧、渴求、担心）；（3）重新评价自我：认识到行为改变是增强个人自我形象的重要组成部分；（4）重新评价环境：认识到不良行为对社会和环境造成的负面影响或健康行为形成的正面影响；（5）自我解放：改变行为的自我保证；（6）寻求援助关系：寻求家人和朋友的支持以改变不健康行为或培养健康行为；（7）反向调节：用健康行为替代不健康行为；（8）强化管理：对健康行为给予奖励，对不健康行为实施惩罚；（9）刺激物控制：摒弃（增加）会引起不健康（健康）行为的提醒物或暗示；（10）社会解放：运用社会提供的服务设施和环境来支持向健康行为的转变。第三个主要概念是决策平衡，它指的是明确列示行为改变的好处（收益）和坏处（成本）。最后一个概念为自我效能，可用两个变量来衡量：自信心和诱惑。

理论最大的特点是认为改变过程与改变阶段存在联系。人们在不同的改变阶段表现出不同的改变过程。在觉悟前期和觉悟期，个体更多使用增强意识、急剧缓解和重新评价环境的这些改变过程。在觉悟期，个体更多使用重新评价自我。在准备期，个体更多使用自我解放。在行动期，个体更多使用寻求援助关系、设置反向调节和刺激物控制。社会科学研究者可据此事先判定个体的改变阶段，然后根据不同阶段给予他们不同的帮助或施行不同的措施。Barbara C. Kerkmann（1998）扩展了该理论，以探讨激励金融咨询客户行为变化的可能方法，分析了激励财务咨询客户遵循建议的因素。近年来，该理论被用于改变个体的金融行为。例如 Jing Jian Xiao，Barbara M. Newman（2004）运用该理论模型评估存在信用卡债务困境的消费者准备摆脱信用卡债务。

3. 心理账户理论

Thaler（1985）提出了心理账户理论，指出个体在进行决策时并非从整体考虑，而会无意识地将单个决策分为几个心理账户，每个心理账户对应不同的目标和决策。为便于说明，引入 Wall（1995）的资产组合金字塔，金字塔底端是风险最小且收益率最低的资产，如现金、银行存款等；中间层是风险和收益都处于中等水平的资产，如债券等；金字塔顶端是风险最高、收益率最高的资产，如股票等。对于个体投资者而言，每一层的资产对应于一个心理账户，资产的特点决定了其差异化的用途。

4. 理解和预测金融行为的计划行为理论

计划行为理论（Ajzen，1991）缘起于理性行动理论（Fishbein 和 Ajzen，1975），它广泛应用于个体的行为研究，目的是预测和解释个体行为。

计划行为理论表明四个因素决定了人的行为，它们分别是态度、主观规范、感知控制和意愿。其中，态度是对行为的积极或消极的评价，强调态度是对行为的态度而非对人或对物；主观规范指行为主体感知的重要参考人物对此行为的认可程度；感知控制指行为主体对实施此行为难易程度的估计。态度、主观规范和感知控制共同决定行为的意愿，意愿决定行为。另外，当感知控制表示一种内在意志力时，它决定行为的意愿，将间接影响行为；还有一个作用表示由于外在因素造成对行为的直接影响。

计划行为理论广泛地应用于社会科学领域，诸多学者使用该理论研究了个体的金融行为，例如 Soyeon Shim, Mary Ann Eastlick, Sherry L. Lotz 和 Patricia Warrington（2001）的研究指出使用网络搜寻资讯的意向不仅是网络购买意愿最强的预测因子，而且在购买意愿和其他预测因子（比如对网上购物的态度，感知行为控制和以前的网上购物经历）之间发挥了中介作用。Jing Jian Xiao 和 Jiayun Wu（2008）的分析表明，与那些消极地看待履行债务管理计划并预计完成计划会有困难的人相比，当个体对完成计划持正面看法并预期能轻松完成时，他们更有可能产生完成一项债务管理计划的意图。

5. 行为组合理论

Shefrin 和 Statman（2000）基于前述心理账户理论建立了行为组合理论，认为投资者在部分了解自身的期望财富、资产安全性和收益率的期望等要素后，选择最优资产组合。该理论包含单一账户资产组合理论和多重账户资产组合理论，前者中的投资者将资产组合当作一个整体账户，会将各资产之间的协方差纳入考虑范围；而后者中的投资者具有分别对应高、低两个期望值的心理账户，可看作拥有安全账户和风险账户——安全账户中的资产无风险，形成了应对不确定性、避免贫困和保障财富的作用；风险账户中的资产自然存在一定的损失风险，但投资者期望通过风险弥补获得较高收益，实现财富增值。这两个心理账户反映了投资者既想避免贫困又想要获取丰厚收益的愿望，因此投资者需将资产合理分配于两个账户中，实现效用最大化。

行为金融学理论放松了传统金融理论中的假设与限制，强调了认知等心理因素在资产配置中的作用，运用非完全理性投资者的行为分析阐释了现实金融市场中的"异象"，在深入研究资产配置理论方面发挥了重要作用。

### (四) 生命周期内居民家庭的资产组合

在整个生命周期内，居民家庭的资产组合所遵循的主要逻辑路径为：(1) 流动性。个体不同生命周期阶段的流动性状况并非一致，财富水平相差明显。当个体刚参加工作时，收入有限，还面临结婚买房等大额支出，流动性趋紧；随着个体年龄的增加，如退休后，未来预期收入减少，养老医疗等方面的支出增大，流动性同样会趋紧，所以年轻和年老投资者相对于中年投资者参与风险资产市场的概率和深度都相对较低。(2) 代际关系。代际关系指家庭内两代人或隔代人之间存在的一种相互依存、相互作用的关系，这种关系通常表现为一种互动。代际的财富转移和遗赠动机是代际关系研究中非常重要的特征。一般地，年长投资者为了财产的保值增值及对子女的扶持，给子女留下财产的动机会较强，由此使得年长投资者参与风险资产市场的概率降低，会更多地倾向于投资安全资产。(3) 退休安排。随着家庭生命周期的持续推进，一方面医疗保障及养老等方面的支出增加，另一方面年老投资者会想要通过养老基金投资等活动维持其生活水平，不至于使生活质量变得很差，因此会在可以接受的风险水平范围内参与风险资产市场。

综上，家庭处在不同的生命周期阶段，会具有不同的收入、财富状况和不同的代际关系等综合因素，从而使得家庭的行为决策差异较大。家庭的生命周期特征不但会影响资产配置决策的效用函数，而且会影响家庭决策的约束条件，因此对于家庭的资产配置规划，须从整个生命周期的角度进行分析。

## 四 同时考虑消费和投资组合选择的生命周期理论

Cocco et al. (2005) 建立了一个存在非可保劳动收入风险的消费和投资组合选择的现实校准生命周期模型，一方面可以衡量非完全市场和劳动收入风险对投资行为的重要性；另一方面量化了与可选择的投资组合规则相关的效用成本，更符合现实的投资者异质性。

### (一) 时间参数与投资者偏好

考虑一个会面临死亡风险、借入和卖空限制,通过劳动力市场获得劳动收入的有限寿命投资者,能够将其储蓄投资于两项资产,一项无风险资产和一项风险性资产,资产收益与劳动收入冲击正相关。若劳动收入风险与股票市场风险的相关性被设定为非显著正向,由于取得劳动收入的风险较小,则劳动收入可被看作是无风险资产的替代。一个重要的影响借款能力和资产配置的因素是收入分布的下界。存在有界收入过程的投资者面临正的内生借入限制,使得他们在年轻时持有负向财富值并且不会投资于股票。为进一步增强模型的现实性,引入了不确定的退休收入、遗赠动机和递归偏好。

设定投资者 i 的偏好为时间可分离的幂效用函数:

$$E_1 \sum_{t=1}^{T} \delta^{t-1} \left( \prod_{j=0}^{t-2} p_j \right) \left\{ p_{t-1} \frac{C_{it}^{1-\gamma}}{1-\gamma} + b(1-p_{t-1}) \frac{D_{it}^{1-\gamma}}{1-\gamma} \right\} \tag{2-7}$$

其中,$t$ 为投资者的成年期,成年的最长期限为 $T$ 期,在此期间他工作前 $K$ 期。为简化,假定 $K$ 外生且是确定的。令 $p_t$ 为以 $t$ 期存活为条件,投资者在 $t+1$ 期仍存活的概率。$\delta < 1$ 是贴现因子,$C_{it}$ 为 $t$ 期的消费水平,$\gamma > 0$ 为相对风险规避系数,$D_{it}$ 是投资者在临终时遗留给其后代的财富量。

### (二) 劳动收入

退休前,投资者 $i$ 在第 $t$ 年的劳动收入 $Y_{it}$ 由外生给定:

$$\log(Y_{it}) = f(t, Z_{it}) + v_{it} + \varepsilon_{it}, \quad t \leq K \tag{2-8}$$

$f(t, Z_{it})$ 是年龄和其他个体特征向量 $Z_{it}$ 的确定函数,$\varepsilon_{it}$ 是一个异质性临时冲击,其分布满足 $N(0, \sigma_\varepsilon^2)$,给定 $v_{it}$ 为:

$$v_{it} = v_{i,t-1} + u_{it} \tag{2-9}$$

其中 $u_{it}$ 的分布满足 $N(0, \sigma_u^2)$ 且与 $\varepsilon_{it}$ 不相关。$v_{it}$ 的过程符合随机游走。假定暂时性冲击 $\varepsilon_{it}$ 在家庭间是不相关的,分解永久冲击 $u_{it}$ 为一个总成分 $\xi_t \sim N(0, \sigma_\xi^2)$ 和一个异质性成分 $\omega_{it} \sim N(0, \sigma_\omega^2)$,可表示为:

$$u_{it} = \xi_t + \omega_{it} \tag{2-10}$$

接下来投资者的退休收入可模型化为在最后的工作年限中永久劳动收入的一个固定 $\lambda$ 部分：

$$\log(Y_{it}) = \log(\lambda) + f(K, Z_{iK}) + v_{iK}, \quad t > K \tag{2-11}$$

### (三) 金融资产投资

前文提及投资者可以投资两项资产，一项无风险资产和一项风险性资产。无风险资产可以是国债，具有不变的实际总收益 $R_f$。令 $t$ 期投资于国债的金额为 $B_{it}$，风险性资产的实际总收益为 $R_t$，其超额收益可表示为：

$$R_{t+1} - R_f = \mu + \eta_{t+1} \tag{2-12}$$

假定 $t+1$ 期超额收益的调整 $\eta_{t+1}$ 为独立同分布且分布满足 $N(0, \sigma_\eta^2)$。投资者在 $t$ 期投资于风险资产——股票的金额为 $S_{it}$。假定投资者面临以下借入和卖空限制：

$$B_{it} \geq 0 \tag{2-13}$$

$$S_{it} \geq 0 \tag{2-14}$$

上述借入限制（2-13）式保证了投资者在所有时期配置于国债的金额非负，这防止他们以未来劳动收入或退休财富进行资本化或借入。卖空限制（2-14）式确保投资者在所有时期配置于股票的金额非负。若令 $\alpha_{it}$ 是 $t$ 期投资于股票的储蓄率，那么限制（2-13）和（2-14）式意味着 $\alpha_{it} \in [0, 1]$ 且财富值非负。对大部分家庭来说，个体在成年生活的早期将在一定程度上面临流动性约束。

投资者的初始财富为 $W_{it}$，$t$ 期的手持现金 $X_{it} = W_{it} + Y_{it}$。接下来投资者必须决定消费多少，$C_{it}$，并决定怎样将剩余的手持现金（储蓄）配置于股票和国债。在获得 $t+1$ 期的劳动收入之前，$t+1$ 期的财富为：

$$W_{i, t+1} = R^p_{i, t+1}(W_{it} + Y_{it} - C_{it}) \tag{2-15}$$

$R^p_{t+1}$ 是从 $t$ 期持有到 $t+1$ 期投资组合的收益，可表示为：

$$R^p_{i, t+1} \equiv \alpha_{it} R_{t+1} + (1 - \alpha_{it}) R_f \tag{2-16}$$

投资者面临的问题即最大化方程（2-7），同时服从式（2-8）—式（2-16）的约束，另外还有消费非负的约束。

### (四) 投资组合规则

在完全市场设定和忽视劳动收入下，具有幂效用的投资者面临一个不变的投资机会集，其最优投资组合规则是简单的。正如 Samuelson 和 Merton（1969）的研究显示，投资于风险资产的最优财富比例是不变的，它独立于财富和年龄，仅依赖于风险规避和资产超额收益的矩：

$$\alpha = \frac{\mu}{\gamma \sigma_\eta^2} \tag{2-17}$$

然而，在一个现实的生命周期设定中，风险性劳动收入无法被资本化，投资组合规则是相关状态变量——金融财富（手持现金）和年龄的函数。

1. 退休期间的投资组合规则

在生命周期的退休阶段，模拟劳动收入是确定不变的。此时最优的投资组合规则随财富而递减。在最后的期间内，投资者固定数量的未来退休收入充当了无风险资产持有的替代且使得投资者持有更多的股票。相比拥有大量金融财富的投资者，拥有较少财富的投资者将会把金融投资组合更激进地倾向于股票，仅因为更贫困的投资者已经从其退休收入中持有相对更大的无风险资产头寸。

参照 Merton（1971）的研究思路，此时劳动收入是恒定且无风险的，完全市场且连续时间。令不变劳动收入流的现值为 $PDV_t(FY_t)$，(2-17) 式又可表示为：

$$\frac{\alpha_t W_t}{W_t + PDV_t(FY_t)} = \frac{\mu}{\gamma \sigma_\eta^2} \tag{2-18}$$

因此总财富投资于风险性资产的比重等于 $\frac{\mu}{\gamma \sigma_\eta^2}$。对于一个给定的财富量，随着投资者年龄的增长，未来退休收入将减少，并且对于一个给定的手持现金水平，投资者会持有较大比例的无风险资产金融投资组合，这表明投资组合规则随投资者退休年龄的增长向内部转变。

2. 退休前的投资组合规则

退休前，劳动收入流是随机的。首先，尽管相比风险性资产的收益，风险性劳动收入流模拟无风险资产的收益这种路径并不明显，但政策函数仍然随手持现金而下降。发生这种情况可归因于劳动收入流并非与股票收益调整高度相关。其次，关于年龄效应，投资组合规则随着中年投资者逐渐变老而变得缺乏激进性。除了由于收入流的短缺致使未来劳动收入的现值明显下降，劳动收入的资本化价值也随年龄下降，因为在生命周期的这一阶段内劳动收入逐渐下降。最后，在给定的金融财富下，投资者年轻时劳动收入流的陡度使得他随着年龄的增长，增加对风险性资产的需求。这是由于在初期投资者只有非常低的收入但具有较高的收入增长。

**（五）消费决策**

接下来探讨最优消费规则。给定最优消费是现有手持现金的函数且消费函数是凹的。在生命周期的第一阶段（大体上直到35—40岁），消费函数随投资者年龄的增加而呈现上升趋势，原因是在这一阶段内，永久收入是增加的。随着家庭接近退休且劳动收入变得负向倾斜，消费函数开始呈现下降趋势。

为了得到消费函数，构建一个具有实际收入不确定性的跨期消费结构模型，始于基础的时间可分离的生命周期内消费模型。消费者生存 N 期，工作 T 期，T<N，T 和 N 都是外生且固定的。在每一期 t，消费者获得一项随机收入 $Y_t$，只有一类流动资产，形成了不变的总税后实际利率 R。分析对象为家庭，假定标准的时间可分的期望效用偏好为：

$$E\left[\sum_{t=1}^{N}\beta^t u(C_t, Z_t) + \beta^{N+1} V_{N+1}(W_{N+1})\right] \tag{2-19}$$

其中 $\beta$ 为贴现因子，$C_t$ 代表消费，$W_t$ 代表总金融财富，$Z_t$ 是一个确定的家庭特征向量（如家庭规模），$V_{N+1}$ 代表了消费者死亡时遗留资产的价值，体现了遗赠动机。初始财富水平为 $W_1$，期末财富非负，即 $W_{N+1} \geq 0$。动态的预算约束为：

$$W_{t+1} = R(W_t + Y_t - C_t) \tag{2-20}$$

进一步假定效用函数采用不变相对风险规避（CRRA）形式，跨期替代弹性为 $1/\rho$，家庭特征向量 Z 乘法可分，那么效用函数可表示为：

$$u(C, Z) = v(Z)\frac{C^{1-\rho}}{1-\rho} \tag{2-21}$$

若收入确定，那么最大化问题的解是标准的形式，消费者将选择以下的消费路径：

$$\frac{C_{t+1}}{C_t} = \left(\beta R \frac{v(Z_{t+1})}{v(Z_t)}\right)^{\frac{1}{\rho}} \qquad (2-22)$$

当个体特征发生变化时，可能使得生命周期内的消费和收入呈现正相关关系。资产充当缓冲储备以应对消极的收入冲击，消费者拥有一个目标流动资产水平，在此水平以上，不耐心占据主导，资产被处置；同时在此水平以下时，预防性动机占据主导，消费者积累资产。因此，理论预测预期收入增长与消费增长正相关。

1. 引入异质性的收入不确定性

考虑非可保异质性收入不确定性，采用 Zeldes（1989）的做法，将劳动收入过程分解为一个永久成分 $P_t$ 和一个暂时性成分 $U_t$，那么存在：$Y_t = P_t U_t$，$P_t = G_t P_{t-1} N_t$。临时性冲击 $U_t$ 是独立同分布的，以概率 p 取值为 0，其他情形下呈对数正态分布 $\ln U_t \sim N(0, \sigma_u^2)$。收入永久成分的对数 $\ln P_t$ 为带漂移的随机游走。$G_t$ 是一个确定的增长因子，$\ln N_t$ 为收入永久成分的冲击，为独立同分布，服从零均值，方差为 $\sigma_n^2$ 的正态分布。因此收入成为非平稳的序列相关过程，拥有永久和临时性冲击，在每一期具有正向的概率使得收入为零。收入具有严格正的下界，消费者仅能够以确定未来收入的贴现值进行借贷。

定义 $\tau$ 期家庭问题的值函数为 $V_\tau$，那么家庭最大化问题可表述为：

$V_\tau(X_\tau, P_\tau, Z_\tau) =$

$$\max_{c_\tau, \cdots, c_T} E_\tau \left[ \sum_{t=\tau}^{T} \beta^{t-\tau} v(Z_t) \frac{C_t^{1-\rho}}{1-\rho} + \beta^{T+1-\tau} V_{T+1}(X_{T+1} + H_{T+1}, P_{T+1}, Z_{T+1}) \right]$$

$s.t.\ X_{t+1} = R(X_t - C_t) + Y_{t+1},\ X_{T+1} \geq 0$

$$(2-23)$$

此处定义手持现金 $X_{t+1}$ 是 $t+1$ 期的总流动金融资源：

$$X_{t+1} = R(X_t - C_t) + Y_{t+1} = W_{t+1} + Y_{t+1} \qquad (2-24)$$

定义收入为扣除购置非流动资产的储蓄和社会保障税后的可支配收入，$H_\tau$ 代表了第 $\tau$ 年积累的非流动资产的净现值。

设定消费者在退休期的退休值函数为：

$$V_{T+1} = (X_{T+1} + H_{T+1}, P_{T+1}, H_{T+1}, Z_{T+1}) = \kappa v(Z_{T+1})(X_{T+1} + H_{T+1})^{1-\rho}$$
(2-25)

在 CRRA 效用函数的假设下，若死亡时间或资产收益是退休后不确定性的唯一来源，那么此函数形式是正确的（Merton，1971）。退休时的最优消费关于总财富是线性的，由于几乎所有家庭在退休时持有的大量非流动财富为房产、社保和养老金，那么对真实消费规则的线性估计可能是非常接近最优消费的。

现在最优消费规则作为年龄 t 和手持现金与收入永久成分的比率 $x_t \equiv X_t/P_t$ 的函数，则预算约束变为：

$$x_{t+1} = (x_t - c_t)\frac{R}{G_{t+1}N_{t+1}} + U_{t+1}, \quad 1 \leq t \leq T$$
(2-26)

退休前以下欧拉方程在所有时期均成立：

$$u'(c_t(x_t)) = \beta RE\left[\frac{v(Z_{t+1})}{v(Z_t)}u'(c_{t+1}(x_{t+1})G_{t+1}N_{t+1})\right]$$
(2-27)

$c_t(x_t)$ 代表了 t 时的最优消费规则，对消费者最优化问题的解答包含一系列的消费规则 $\{c_t(x_t)\}_{1 \leq t \leq T}$。给定关于值函数、非流动财富的比例以及退休时收入的永久成分的假定，消费规则关于 x 是线性的：

$$c_{T+1} = \gamma_0 + \gamma_1 x_{T+1}$$
(2-28)

$\gamma_1$ 代表了退休时给定家庭规模下关于财富的边际消费倾向，并且 $\gamma_0 \equiv \gamma_1 \frac{H_{T+1}}{P_{T+1}}$。

**2. 引入房产与流动性约束**

家庭会持有非流动资产以及面临流动性约束，此时消费与投资组合规则可能会发生改变，为探究这种变化，借鉴 Yao 和 Zhang（2004）的研究成果引入重要的房产及面向家庭的信贷约束。此时，经济体中的投资者至多存活 $T$ 期，$T$ 为一个正整数。令 $\lambda_j$ 是投资者在 j-1 期存活条件下在 j 期仍存活的概率。假定 $\lambda_j > 0$，$j = 0, \cdots, T$，$\lambda_T = 0$。个体投资者存活直到 t 期的概率由以下生存函数给定：

$$F(t) = \prod_{j=0}^{t}\lambda_j$$
(2-29)

此处对于所有的 $0 \leq t < T$，$0 < F(t) < 1$ 且 $F(T) = 0$。

投资者的效用来自于消费产品 $C_t$ 和住房服务 $H_t$，在每一期，他都会获得非金融收入 $Y_t$。在 J 岁退休前，非金融收入代表了具有实际增长率的劳动收入：

$$\Delta \log Y_t = f(t) + \varepsilon_t, \quad t = 0, \cdots, J - 1 \tag{2-30}$$

$f(t)$ 是年龄依存性的确定函数，$\varepsilon_t$ 是对劳动收入增长率的冲击。在 J 岁退休后，非金融收入来自于养老金和社保的支付，是退休前劳动收入的一个 $\theta$ 固定部分。为简化分析，假定退休前的劳动供给无弹性。

投资者通过租房或拥有房子获得住房服务。拥有一所住房具有双重目标，不但向投资者提供了住房服务，而且使其持有了房屋资产净值。然而投资者能够将他的住房消费选择从他的住房投资选择中分离出来，通过租赁避免大部分的房屋价格风险。若投资者前期在租房，他可以继续租或是购买一所房子并在 t 期成为房屋所有者。对于租房，投资者支付房屋市场价值 $P_t^H H_t$ 的一个部分（$\alpha$）给房东，其中 $P_t^H$ 是每一单位住房在 t 时的价格，$H_t$ 是住房的单位。对于成为房屋所有者，投资者至少需要支付住房价值的一个部分（$\delta$）作为首付并且通过抵押贷款为剩余的款项融资。若投资者在前期拥有自己的住房，他首先需要决定是否出售该房屋或未来时期继续住在该房屋。出售房屋需承担实际的清算成本——假定为住房市场价值的（$\varphi$）部分，该部分由售房者承担。此后房屋所有者若出售他的住房则面临与租房者同样的决策：在接下来的时刻是否去租赁或者购买一所新住房。另外房屋所有者需要花费住房价值的（$\psi$）部分去修理和维护以保持住房质量不变，而租房者不需要支付这部分维护费用。

每一期的期初，投资者遭受外生的流转冲击，以 $D_t^m$ 表示，若投资者出于外生原因必须流转则取值为 1，其他情况取值为 0。经历流转冲击的住房所有者被迫出售他的住房并形成了住房清算成本。租房者能够在不发生任何交易成本的情况下移动。假定关于住房资产的实际收益 $\tilde{R}_t^H$ 遵循一个随机（二项式）过程，它与股票收益或退休前劳动收入增长率相关。投资者能够投资于两项金融资产：无风险债券（$B_t$）和股票（$S_t$）。这两项资产的交易不会发生交易成本，无风险债券的实际总收益为 $R_f$，随时间恒定。

股票的总实际收益为 $\tilde{R}_t^S$，遵循一个随机（二项式）过程，同时与劳动收入增长率和住房收益相关。不允许卖空股票，仅通过投资者的住房作为抵押，以无风险利率借入。每一期，投资者可以通过再融资免费地调整抵押贷款数量，第二抵押或住房净值贷款。令 $M_t$ 为 t 期的抵押贷款余额，债券持有及抵押贷款余额须满足以下约束：

$$B_t \geq 0 \text{ 且 } 0 \leq M_t \leq D_t^o(1-\delta)P_t^H H_t, \quad t = 0, \cdots, T-1 \quad (2-31)$$

1-$\delta$ 是以住房进行抵押可以借入的住房价值的最大比例，$D_t^o$ 是房屋所有权状态的虚拟变量，若投资者拥有自己的住房取值为1，其他状况取值为0。

进一步假定税后抵押贷款率与税后无风险债券收益率相等。从投资者的角度讲，只要满足借入约束，支付1美元的抵押贷款就相当于增加相同量的债券持有。投资者存在遗赠动机，是抵扣住房清算成本后遗赠财富净值的函数。投资者去世后，清算财富用于购置 L 期的年金以支付受益人的商品消费和住房服务，定义年金现值系数为：

$$A_L = \frac{r_f(1+r_f)^L}{(1+r_f)^L - 1} \quad (2-32)$$

其中 $r_f = R_f - 1$ 是无风险利率。

投资者的优化问题是在给定初始禀赋和资产持有下，服从跨期预算约束，从而最大化一生的商品和住房消费以及遗赠的贴现期望效用。t=0 期投资者的最优化问题可以表述为：

$$\max_{A(t)} E\left\{\sum_{t=0}^T \beta^t [F(t)u(C_t, H_t) + [F(t-1) - F(t)]B(Q_t)]\right\}$$
$$A(t) = \{C_t, H_t, B_t, S_t, D_t^o, D_t^s\}, \quad t = 0, \cdots, T-1 \quad (2-33)$$

$$s.t. \quad W_t = B_{t-1}R_f + S_{t-1}\tilde{R}_t^S + D_{t-1}^o P_{t-1}^H H_{t-1}[\tilde{R}_t^H(1-\varphi) - (1-\delta)R_f]$$
$$\quad (2-34)$$

$$Q_t = W_t + Y_t \quad (2-35)$$

$$Q_t = C_t + B_t + S_t + (1 - D_{t-1}^o)[(1-D_t^o)\alpha(P_t^H H_t) +$$
$$D_t^o(\psi + \delta)(P_t^H H_t)] + D_{t-1}^o[D_t^m + (1-D_t^m)D_t^s][(1-D_t^o)\alpha(P_t^H H_t) +$$
$$D_t^o(\psi + \delta)(P_t^H H_t)] + D_{t-1}^o(1-D_t^m)(1-D_t^s)[(\psi + \delta - \varphi)(P_t^H H_{t-1})]$$
$$\quad (2-36)$$

$$Y_{t+1} = Y_t \exp\{f(t+1) + \varepsilon_{t+1}\} \qquad (2\text{-}37)$$

$$C_t > 0, \ H_t > 0, \ B_t \geqslant 0, \ S_t \geqslant 0 \qquad (2\text{-}38)$$

其中，$u(*)$ 和 $B(*)$ 分别是投资者的效用函数和遗赠函数，$\beta$ 是主观时间贴现因子，$F(-1)$ 设定为 1 显示投资者存活直到第 0 期。由于住房清算成本，$t-1$ 期的住房所有权选择 $D_{t-1}^o$ 也是一个 t 期的状态变量，$D_t^s$ 是一个二值选择变量，若投资者在 t 期出售他的住房则取值为 1，其他状况取值为 0。

现假定投资者对商品消费和住房服务的偏好以科布-道格拉斯效用函数表示为：

$$u(C_t, H_t) = \frac{(C_t^{1-\omega} H_t^\omega)^{1-\gamma}}{1-\gamma} \qquad (2\text{-}39)$$

$\omega$ 衡量了住房服务与商品消费间的相对重要性，$\gamma$ 是曲率参数。

最终的理论分析认为，消费与投资组合依赖于投资者的房屋所有权状况和期初的住房流转冲击。若投资者是在前期租房或是经历了流转冲击的房屋所有者，则消费与投资组合是资产净值-劳动收入比率的函数，若投资者在前期拥有自己的住房且不必为外生原因进行房产流转，其消费与投资组合是资产净值—劳动收入比率以及期初住房价值-资产净值比率的函数。

## 第二节 文献综述及研究假设

基于消费和资产配置相关理论，进一步梳理普惠金融发展下金融机构的信贷支持与居民金融能力影响金融行为的研究脉络。在国内经济双循环的发展格局下，家庭作为内需的主体，是经济体系中重要的金融需求方，需要金融供给的支持，而银行信贷则是全方位、多层次金融支持服务体系中重要的一部分。另外，金融产品和服务的提供过程中贯彻着"将合适的产品出售给适合的客户"的原则，客户需要了解相关产品的收益及风险状况，以做出购买决策。金融机构普遍承担着金融教育的社会责任与义务，因此在提供金融产品与服务的同时，也切实履行着对居民家庭进行金融教育的责任。

## 一 我国普惠金融的发展

### （一）我国普惠金融的内涵

20 世纪 90 年代以来，由于银行业巨大的制度变迁，网点规模大幅度下降，金融机构逐渐向经济中心区集中，加剧了金融机构布局和服务的不平衡，金融排斥成为金融体系发展不均衡的反映。金融排斥会导致家庭贫困（尹志超，耿梓瑜和潘北啸，2019），造成家庭金融习惯的不同和金融知识的贫乏，负向影响家庭金融参与（徐哲，2008；孙武军，林惠敏，2018）和投资决策，如股票和基金投资参与以及基金投资深度（吕学梁和吴卫星，2017）。金融排斥的负面影响涉及居民家庭经济金融生活的各个方面，因此要使微观主体参与到金融活动中并享受到金融市场改革发展的红利，须发展普惠金融，提高金融可得性以及金融服务的满意度。

据世界银行的定义，普惠金融是能够使社会各个阶层和群体广泛、无障碍地享受金融服务的一种金融体系（Allen et al.，2016）。国务院 2016 年出台的《推进普惠金融发展规划（2016—2020 年）》中详细指出，"普惠金融是指立足机会平等要求和商业可持续原则，以可负担的成本为有金融服务需求的社会各阶层和群体提供适当、有效的金融服务。"同时明确小微企业、农民、城镇低收入人群、贫困人群和残疾人、老年人等特殊群体是当前我国普惠金融重点服务对象。

普惠金融作为一种金融体系，扩展了金融服务受益对象的范围，使得居民家庭的金融行为能够得到金融体系的支持。首先，普惠金融的发展提升了信贷服务的可得性，为平衡家庭当前与未来的金融资源提供了重要手段，因此缓解资金约束成为优化家庭金融行为的一种有效方法。其次，普惠金融加强对居民家庭的金融教育，包括金融知识普及以及对金融产品与服务进行宣传推介等，从而提升其金融能力。金融能力较低的家庭对金融产品和服务的了解相对不足，合理评估并使用金融产品和服务的能力都相对薄弱，这在很大程度上制约了居民家庭合理高效的金融行为决策。普惠金融通过提升居民的金融能力，使得居民家庭具备了优化金融行为所需的基本知识和技能,将被排斥的经济主体纳入金融服务中,形成了缓解资金约束外重要的促进金融行为优化的方法。

**(二) 国外影响普惠金融发展的因素**

年龄、教育、金融素养、收入和网络连接以及开户要求的证明文件和到最近营业点的距离会影响津巴布韦普惠金融的发展(Abel et al.,2018),印度的女性户主家庭更少获得或使用金融,其中教育和工资歧视更有可能解释获得金融,而政治和社会因素与金融使用相关性更强(Ghosh 和 Vinod,2017)。Cámara et al. (2015)的研究表明传统上更脆弱的群体(妇女、生活在农村的个体以及年轻人)不太可能使用正规的金融体系服务,正规金融体系的准入受地区差异的影响。考虑到对金融服务的使用,更高的金融素养强化了金融深度效应(Grohmann et al.,2018)。同时,涵盖金融知识、金融行为和金融态度的广义金融素养对金融普惠有积极的影响(Morgan 和 Long,2020)。

**(三) 普惠金融发展的影响**

普惠金融的影响具有国别差异。2004—2013 年新兴的印度经济发展与普惠金融正相关,尤其是银行业渗透、银行服务的准入以及对银行服务的使用(Sharma,2016),普惠金融在一定程度上促进了经济增长;同时,负向影响亚洲的金融效率(由于高强度的金融市场参与导致个体制度不完全下社会成本的扩张),却会正向作用于金融可持续性(Thai-Ha Le et al.,2019),显著降低了农村贫困且增加了非农产出(Burgess 和 Pande,2003),能够促进我国东部地区经济增长并降低西部地区的城乡收入差距(李建军、彭俞超和马思超,2020),总之,兼顾广泛包容、特定配比和商业可持续的普惠金融能够促进收入分配公平和减缓贫困(李建军、韩珣,2019)。

在对微观主体行为的影响方面,Herrerias(2020)将个体的金融行为划分为与金融福利相关的货币管理、储蓄和消费习惯,指出金融管理行为与金融产品和服务使用正相关,尤其是拥有储蓄账户和保险。使用非正式储蓄工具的个体表现出更好的金融行为,而那些使用非正规信贷的个体具有最差的金融行为。同时普惠金融能够增加就业（Bruhn 和 Love, 2014），支出（Dupas 和 Robinson, 2013）和储蓄（Brune et al., 2016）。由此，普惠金融福利效应的范围已经超越金融领域，扩展到了实体经济。普惠金融对劳动力市场活动和劳动收入水平有较大的影响（Bruhn 和 Love, 2014），通过提升居民金融能力从而显著促进创业活动（李建军和李俊成，2020）。

尽管普惠金融发展是一个关键的金融问题，但国内仍然只有较少的理论和实证研究从微观经济的视角关注普惠金融及其构成对家庭金融行为的影响。因此，接下来具体探讨金融机构的信贷支持和金融能力培养及其作用于家庭金融行为的效应与内在机理。

## 二 金融机构对家庭的信贷支持和金融能力培养

### （一）金融机构对家庭的信贷支持

根据生命周期理论，假定收入随着工作年限而增加且在退休阶段下降，则家庭倾向于在年轻时借贷，在中年时储蓄，以及在老年和去世前消耗完他们的财产以平滑消费（Andoand Modogliani, 1963; Bertola et al., 2006），即消费和借贷需求在人生的各个阶段有所不同，居民家庭运用收入和财富来满足自身差异化的需求。然而，当收入和财富不足时，家庭依靠他们的未来收入进行借贷满足当前的消费或投资需求（Magri, 2002; Del-Río 和 Young, 2005）以及对现代物质生活的追求（Bertola 和 Hochguertel, 2007）。因此，家庭通过借贷最大化其效用（Herendeen, 1974）。根据李扬等（2018）编制的我国家庭资产负债表，家庭负债主要包括不同期限的消费贷款、经营性贷款和房贷。Hendershott 和 Lemmon（1975）指出消费者主要通过住房抵押贷款和消费者信贷获得资金以购置住房以及耐用消费品。

家庭借贷的增长依赖于银行系统的自由化，消费的增加以及家庭借贷准入的放松（Brown et al., 2005; Dutt, 2006）。同时，Crook（2001）探讨了影响家庭信贷需求的因素，主要包括户主年龄、就业状态、风险偏好、家庭收入、房产、家庭规模、家庭预期的支出以及资产净值等。就金融机构的信贷供给而言，Pastrapa 和 Apostolopoulos（2015）检验了希腊东北部城市家庭中影响贷款的因素以及这些家庭的贷款额后发现，贷款额主要受收入、房屋所有权和家庭成员工作的比例的影响。Yilmazer 和 DeVaney（2005）分析了美国家庭债务类型和规模在生命周期中的变化，认为持有每一种债务（抵押债务、未偿付的信用卡债务、按揭债务和其他债务）的可能性和每一类债务的规模与总资产之比都随户主年龄递减。户主年龄对债务水平具有重要的影响，Cox 和 Jappelli（1993）指出对债务的渴求是随年龄而增加的，直到家庭户主达到 35 岁后，债务渴求开始下降。Crook（2001）发现当家庭户主超过 55 岁之后，对总债务的需求下降且不太可能受信贷约束。Livingstone 和 Lunt（1992）的分析显示相比其他家庭，年轻的家庭更有可能负债。

在信贷产品的特点方面，随着"互联网+"的高速发展以及城乡居民消费差异的增大，黄仟瑜等（2016）认为高校大学生的超前消费观念使得他们倾向于选择个性化和便利性强，且不需要偿还利息的网络消费信贷产品；高圆、田相辉（2020）指出网络消费信贷产品具有还款方式便利、门槛低、交易成本低的特点。如大学生使用的蚂蚁花呗（彭志浩等，2017）。金融机构的信贷支持形成了家庭内部的债务结构，主要表现为家庭杠杆率，据 2019 年《中国金融稳定报告》，2018 年末我国住户部门杠杆率为 60.4%，家庭部门的杠杆率并不高，通过有针对性的金融支持政策，能够发挥杠杆率对消费的积极作用，从而推动经济增长。

**（二）金融教育提升金融能力**

金融知识的增加会促进形成良好的个体和家庭金融行为，因此金融教育在推动微观个体有益的金融行为方面发挥了重要的作用。金融教育的益处体现在许多方面，包括退休计划、储蓄、拥有房产及信贷使用。Willis（2008）指出金融素养教育一直被认为是提升消费者金融福祉的关键，被广泛认为是实质性法律监管外的一种有效选择。Hira（2012）认为，金融教育能够改善个人的经济状况，有利于提升个人幸福，也有利于整个社会的福祉。肖经建（2017）的分析表明消费者金融教育是提高金融福祉的重要因素，政府部门、社区组织和企业应投入资源开展金融教育，帮助经济个体克服个人非理性的局限，从事理性行为。同时，开展金融教育的效果因人而异，因为金融素养在不同年龄、性别和教育程度的人群中存在明显的差异。

就金融教育的具体实施而言，针对特定的教育项目，Martin（2007）认为覆盖特定主题和教授技能的金融教育项目相比覆盖更一般主题的项目效果更好。Prastand Soest（2016）指出提高金融素养和获取养老金知识是改善与退休准备有关的决策质量的工具，而不是最终目标。金融教育方案并不总是有效的——这取决于内容、时间和目标群体维持或依赖最初投资的动机。针对特定的教育目标人群，Hira 和 Loibl（2005）的研究对象为国家保险机构的低层白领工作者，研究结果显示自我导向的金融学习促进了良好的金融管理实践、财务满意度和职业满意度。Mandell 和 Klein（2009）指出接受过全日制大学教育的个体，参加附加的个人金融教育会形成积极的金融素养得分和金融行为。Shim et al.（2010）的分析发现自我实现的个人价值、家庭金融教育、学校正规金融教育对年轻人获取金融知识并基于这些知识形成态度和行为意向方面发挥了重要的预期社会化作用，且它们都与金融福祉相关。

由前述研究可知，目标明确且传授专业技能的金融教育更具现实意义。金融机构作为开展金融业务的主要场所，聚集了各类金融专业人才，是提供金融教育的重要主体和渠道。在国内的实践方面，早在2013年中国人民银行提出"金融机构是金融消费者教育的主体力量，……应主动利用自身的专业知识和丰富的资源多角度、多形式地向金融消费者普及相关金融知识，增强金融消费者识别和防范金融风险的能力，……"在此号召下，选择有利于金融消费者学习的环境（如金融机构营业网点、学校、消费者的工作场所等），开展金融教育活动。银保监会在2013年9月颁布的《银行业消费者权益保护工作指引》中规定："银行业金融机构应当积极主动开展银行业金融知识宣传教育活动，通过提升公众的金融意识和金融素质，主动预防和化解潜在矛盾。"2019年9月中国银保监会（现国家金融监督管理总局）首次联合中国人民银行、中国证监会、国家网信办开展了"金融知识普及月 金融知识进万家 争做理性投资者 争做金融好网民"的教育宣传活动。

进一步地，中国人民银行等金融机构通过组织开展集中性的金融知识普及活动，组织编辑出版普及类金融书籍，开展金融消费者素养调查，积极探索金融消费者教育有效性评估机制等教育实践，为深入开展金融消费者教育做出了制度安排（焦瑾璞，2015）。同时随着互联网金融的发展，对消费者金融教育形成"由总向分"树型结构的金融消费者教育组织管理机制，针对重点人群开展差异化的金融教育，利用数字技术拓展教育渠道，统筹推动金融知识纳入国民教育体系和教育评估工作（中国人民银行南京分行金融消费权益保护处课题组，2019）。本书以金融机构的金融教育作为一种重要的金融服务形式，探讨金融教育形成的金融能力对家庭金融行为的影响。

## 三 家庭金融行为的分类及其基本影响因素

借鉴国内外学者对家庭金融行为的界定，本书以生命周期理论为基础，探讨家庭具有主动性的金融行为，结合 Xiao（2008）以及贝多广等（2019）对家庭金融行为的划分，重点分析支出行为中的消费行为，将储蓄、风险投资、购买保险等归纳为家庭的资产配置行为。消费行为和资产配置行为是家庭中兼具基础性和重要性的与金融管理有关的行为，因此主要研究这两类金融行为。

### （一）消费行为

一个完整的行为测量应包含四个要素：行动、目标、情景和时间。以消费行为为例，消费具有不同目标（为满足日常生活或精神追求）、不同情景（经济条件好或不好）和不同时间（消费频率）（肖经建，2011）。西方经济学较深入地分析了个体的消费行为，经典的消费函数理论如弗里德曼的永久收入假说与莫迪利亚尼的生命周期假说认为，家庭的永久性收入与财富是消费最直接且最核心的影响因素。收入的增加能有效地促进消费（董志勇、黄迈，2010；龙海明、钱浣秋，2018），同时消费对永久性收入冲击的反应强烈高于对暂时性收入冲击的反应（Hall 和 Mishkin，1982；Jappelli 和 Pistaferri，2010），而收入不平等降低了中、低地位等级家庭的消费（杭斌、修磊，2016）。财富对消费的影响方面，房价波动影响房地产财富变动,从而影响居民消费(黄静、屠梅曾,2009;李涛、陈斌开,2014),除房产外,家庭金融资产持有同样会作用于消费(李波,2015;卢建新,2015;罗娟、文琴,2016),但房产财富弹性显著大于金融财富的消费支出弹性(Carroll et al.,2007;Bostic et al.,2009)。具有不同特征的家庭存在差异化的消费,Caglayan 和 Astar(2012)的研究显示在土耳其,随着消费者年龄的增长,总体消费支出和城镇家庭消费支出增加,农村家庭消费支出减少。影响城市和农村家庭消费支出的因素具有差异性,在农村地区,只有年龄、收入、婚姻状况、保险和家庭规模将显著影响消费支出。Lee et al.(2014)探讨了已婚家庭中一方赚钱家庭和双方赚钱家庭在工资水平和支出方面的差异。发现双方赚钱家庭中的夫妻将更多的家庭收入用于私人养老金计划并使得当期消费水平下降了。

不同生命周期阶段家庭关注的消费重点不同,Gourinchas 和 Parker(2002)发现在工作生活的早期,家庭消费行为正如"缓冲储备"模式——由于拥有未来资源想扩大消费量,却用足够的储蓄抵御收入的下降;大约40岁时,典型家庭的消费行为进入"确定性等价"模式——开始为退休积累流动资产,这种行为变化主要是由生命周期预期收入驱动的。Fernández 和 Krueger(2007)的研究发现总支出、非耐用品支出和耐用品支出在生命周期内都呈现出"驼峰"状。退休前后,家庭经历了许多变化,包括减少劳动供给,增加死亡风险,不断缩小的家庭规模以及健康状况的恶化,消费随着退休而下降(Banks et al.,1998;Bernheim et al.,2001)。

**(二)资产配置行为**

在生命周期理论的框架下,家庭的资产配置行为既包括满足即期收益目标的金融资产投资,也包括考虑未来的退休储蓄以及运用养老金进行风险资产配置等。已有研究发现许多因素会影响家庭投资选择,家庭的人口统计因素方面,包括教育水平(Campbell,2006),健康风险、当前健康状况和未来健康风险(Cardak 和 Wilkins,2009;Atella et al.,2012;雷晓燕、周月刚,2010;吴卫星等,2011),投资者的年龄(吴卫星、吕学梁,2013),金融知识和投资经验(尹志超等,2014),社会互动、网络信息、绝对风险规避程度(李涛、郭杰,2009;郭士祺、梁平汉,2014),家庭居住地、居民对社会的信任度和满意度（魏先华等，2014）等。胡振、臧日宏（2016）探究了风险态度对家庭金融资产选择和金融市场参与的影响。风险厌恶程度越高，金融资产组合分散化程度越低，风险厌恶程度的提高会显著降低家庭在股票、基金、债券、储蓄性保险市场的参与概率与金融资产占比。

家庭财务特征方面，家庭财富和收入水平（McCarthy，2004），对金融产品的认知度（史代敏、宋艳，2005），预期未来的借款限制（Guiso et al.,1996），金融可得性（尹志超等，2015）等都会影响家庭的投资选择。此外，也有研究指出持有房产（房价风险）会减少投资者持有的股票数量，对代表性家庭（尤其是年轻家庭和老年家庭）参与股市产生挤出效应（Cocco，2005；Hu，2005），同时股票市场参与存在"本地偏好"（Pastor，2000；Hong et al.，2004）。

依据生命周期理论，年轻的个体及家庭需要借贷以满足其消费需求，资产配置需求也较小，中年个体在消费稳定、拥有财富的基础上将会优化其资产配置，而老年个体将会在合理计划养老金的前提下进行退休安排，其中包括运用养老金进行资产配置以维持其生活标准（Modigliani，1966；Del-Río 和 Young，2005；DeJuan 和 Seater，2007）。寿命长于预期的风险（Davies，1981）或大额医疗支出风险（Palumbo，1999）形成了总储蓄中用于退休安排的退休储蓄。周绍杰（2010）的研究发现，我国城市家庭具有较强的预防性储蓄动机，并且年老组群相对于年轻组群具有更强的预防性储蓄动机。Fagereng et al.（2017）指出股票市场参与和股票投资组合份额都表现出显著的生命周期模式，尤其是股票市场参与深度呈现"驼峰"状且在退休附近达到峰值。股票投资份额在投资者年轻时呈现高且平坦的外形，随着投资者退休的来临，他们将减少股票投资份额，并在退休后退出股票市场。

## 四 信贷支持与金融能力对家庭金融行为的影响

### （一）信贷支持对消费行为的影响

随着家庭消费水平的不断提高，居民的收入水平无法同步增加，此时家庭通过金融机构获得信贷形成其负债，家庭债务为维持消费水平提供了解决方案（Barbaand Pivetti，2009）。针对不同国家的实证对此提供了支持，Bacchetta 和 Gerlach（1997）利用美国、加拿大、英国、日本和法国的数据分析发现，对受流动性约束的消费者而言，相比收入，信贷预测消费的能力更强。Ludvigson（1999）揭示了可预测的消费信贷增长将促进消费增长，适度提高借入限制使得不耐心的消费者在一开始就选择借贷。相对地，放松对借入限制的管制可能会形成短期的消费繁荣。何丽芬、王萌（2018）的研究结果表明家庭是否有贷款对消费支出规模存在显著影响。张雅淋等（2019）指出负债家庭的一般债务会促进消费并优化消费结构，而吴龙龙（2010）发现消费信贷将挤出家庭的消费，这种挤出效应受贷款额度、贷款比例的影响，同时 Mian et al.（2013）认为不同地区的债务冲击部分解释了美国 2006—2009 年消费的大幅不规则下降。此外，信贷支持对消费行为的作用受家庭生命周期、消费层次、家庭内部人口统计因素以及负债类型等的影响，表现出明显的异质性。

首先，家庭债务与生命周期内家庭变化的需求存在联系（Garman 和 Forgue，2003）。Kirchler et al.（2008）指出孩子数量将主要通过孩子的教育、汽车以及房产购置的需求等间接影响私人家庭中的信贷决策。父母认为拥有一项贷款会面临风险，因为它将降低可支配收入并形成他们孩子的债务，因此孩子使得父母的行为更加谨慎且保守（Livingstone 和 Lunt，1992）。Zerquera et al.（2013）发现在美国新兴的金融环境中，有相当部分个体运用债务去支付医疗账单。Chucherd（2006）的研究发现家庭负债正向影响消费，这种影响在耐用品消费中表现明显。按消费子类划分，负债对交通、通信和教育支出的正向影响程度更大。尽管负债能够帮助家庭为积累资产融资并且平滑他们的期望消费水平，但必须确保增长的家庭债务将不会损害未来的可持续消费。另外，家庭在满足日常基本消费需求的基础上，追求更高层次的消费需求，此更高层次的消费需求促进了居民家庭消费的提升（Taylor 和 Houthakker，2010）。Banerjee et al.（2015）把家庭的消费支出划分为耐用品支出和"诱惑型产品"支出，认为信贷正向作用于耐用品支出却会负向影响"诱惑型产品"支出。潘敏、刘知琪（2018）将家庭消费划分为生存型消费和发展与享受型消费，研究显示家庭杠杆会抑制发展与享受型消费。张雅琳等（2019）将家庭消费划分为基础消费和发展与享受型消费，认为住房债务会通过"房奴效应"挤出发展与享受型消费。

其次，具有不同风险态度、消费水平和债务水平、房产所有权状况的家庭，其负债对消费的影响是差异化的。姜正和、张典（2015）发现住房负债增加会削弱风险厌恶家庭的消费水平，但是会刺激风险偏好家庭的消费水平。龙海明、钱浣秋（2018）认为当期消费信贷对城镇居民消费具有正向的线性和非线性影响；由于还款压力挤出了低消费人群的消费，所以其消费促进作用小于对高消费人群的作用。Baker（2015）的分析表明2007—2009年经济衰退期间，在给定的收入变动下，拥有较高债务水平的美国家庭的消费比普通家庭更敏感。同样，Dynan et al.,（2012）发现在2007—2009年，尽管资产净值变化较小，但高杠杆的房产所有者支出下降较多，过度杠杆导致消费弱化。Shaar 和 Yao（2018）的分析认为家庭杠杆弱化了与房产相关的边际消费倾向，同时相比于完全的房屋所有者，抵押人的房产财富消费更加缺乏敏感性。Abildgren（2018）揭示了大萧条期间丹麦家庭杠杆率对房屋所有者的非耐用消费形成了显著的负向边际效应。

影响消费的作用机制方面，韩立岩、杜春越（2011）发现房贷支出对消费的作用受教育等因素的影响。张雅琳等（2019）的分析认为负债家庭的住房债务会通过"房奴效应"，即定期偿还房贷从而挤出发展与享受型消费。宋明月、臧旭恒（2020）的研究发现住房借款在借入初期对消费支出的边际影响较大，而住房贷款和亲友及民间借贷的效应则相反，其他银行贷款促进消费升级的路径更明显。Dynan 和 Edelberg（2013）认为杠杆率可能会通过增加借入限制，阻碍再融资和增加家庭未来面临借入限制的可能性间接影响支出。Yao et al.（2015）指出住房杠杆率会影响边际消费倾向，关键机制在于住房市场的交易成本导致拥有房产的家庭较少地调整住房存量。

**（二）金融知识（素养）对消费行为的影响**

实际和感知的金融素养显著影响金融行为（Allgood 和 Walstad, 2013），全面的金融知识与负责任的金融行为强烈正相关（Zakaria et al.,

2012）。Jappelli 和 Padula（2017）运用意大利家庭收入和财富调查的面板数据证实了消费增长与金融素养正相关的模型预测。但 Dinkova et al.（2019）检验了荷兰家庭消费和金融素养的关系后认为，家庭的非耐用品消费与男主人的金融素养水平正相关。但并未发现证据支持消费增长与金融素养之间的相关性。Henager 和 Cude（2016）将金融行为划分为长期和短期两类，长期金融行为定义为退休储蓄和投资行为，短期金融行为定义为消费和应急储蓄行为，研究表明：全样本中客观和主观金融素养都与消费水平正相关，在更年轻的样本中，相比客观金融知识或主观金融管理能力，主观金融知识或信心与消费的相关性更强。

具体地，金融知识（素养）对消费的影响及其机制体现为：宋全云等（2019）认为金融知识显著提高了家庭的消费支出和消费倾向。金融知识水平提高带来的消费信贷使用、商业人身保险购买和财富积累可解释金融知识对家庭消费的正向影响。孟宏玮、闫新华（2020）的研究发现家庭金融素养可以显著提高城镇家庭消费总支出和服务型消费支出，金融素养通过金融可得性和家庭商业保险参与促进城镇家庭消费总支出和服务型消费支出的增长。然而，Zhang et al.（2020）的分析发现 2015 年的股市崩盘后，具有不同风险态度和金融素养的家庭在是否选择更平滑的消费决策方面存在显著不同，在这一段时期金融素养和投资经验并未帮助家庭选择平滑消费。

随着消费方式的日益多样化，银行等金融机构为满足个人及家庭的消费信贷需求，向他们发放信用卡。信用卡消费方面，张峰（2017）的研究发现，金融知识影响信用卡持卡概率和消费金额，仅对高资产家庭影响最明显，金融知识对信用卡消费的影响因风险厌恶程度的不同而呈现差异。李云峰等（2018）的研究认为主观金融知识（金融自信）的提升会增加信用卡消费，且主观金融知识对增加信用卡消费的影响大于客观金融知识。吴锟等（2020）的研究指出，金融素养水平越高的家庭，每月信用卡消费占全部消费的比重越高，信用卡使用在总体上对居民消费具有结构性的促进作用，但需注意不当使用行为所导致的过度借贷风险。全面提升居民的金融素养对于信用卡普及、提高居民消费福利、减少非理性刷卡行为具有重要意义。

综合以上研究发现，金融机构的信贷支持和作为金融能力主要度量因素的金融知识（素养）都会影响家庭的消费，因此提出以下研究假设：

假设一：金融机构的信贷支持和居民金融能力将会影响家庭的消费，影响的方向和程度会随家庭或个体特征而有所不同。

**（三）信贷支持对资产配置行为的影响**

金融机构的信贷支持在缓解家庭的借入限制或流动性约束后对家庭资产配置的影响有所差异，Tao 和 Yuan（2018）发现债务结构会影响家庭的风险资产配置决策，同时由于教育程度的不同，影响存在差异。具体地，未接受过良好教育的家庭，在拥有较高担保债务的同时持有更多风险资产，这类家庭需要针对性的金融建议。而接受过良好教育的家庭户主倾向于拥有较低的担保债务份额且持有较高风险资产份额，他们能更好地利用风险资产带来的较高回报却并未因担保债务受到重要的非流动限制。

信贷支持对不同类型资产投资决策产生的影响并不相同，研究者通常把资产划分为实物资产和金融资产，而实物资产中最主要的部分为房产。实物资产方面，Yao 和 Zhang（2005）的研究表明当投资者面临严重的流动性限制和/或高死亡率时，最优的选择是租房；而放松流动性限制后，投资者会从选择拥有房产中获得房产所有权带来的益处，房产所有权将会显著影响投资者的投资组合决策。陈洋林等（2019）的研究显示，加杠杆会显著激励家庭更多地配置实物资产，尤其是对其中的经营性实物资产的配置更为明显，对耐用消费品的激励效应略低。

金融资产方面，Cocco（2005）指出由于投资于房产，年轻和更贫穷的投资者投资于股票的金融财富较为有限，这种"拮据"降低了他们参与股市可能获得的收益。同时以劳动收入进行借贷将股票投资纳入投资组合成为更重要的财富组成，因此杠杆与股票持有正相关。Cardak 和 Wilkins（2009）关注澳大利亚家庭风险金融资产的投资组合配置决策，由于房屋所有权有助于获得低成本的信贷，这将正向作用于风险资产持有，且这种正向效应超过了由于房屋所有权使得消费和投资产生冲突形成对风险资产持有的负向效应。同时发现许多金融素质较高的家庭利用抵押贷款市场和以他们的住宅为担保品配置风险金融资产（如股票和共同基金）以多元化其投资组合。陈治国等（2016）指出完全信贷配给（信贷资金需求和资金供给基本匹配，资金需求得到较充分地满足）会显著影响家庭的金融资产配置，具体表现为使得农户家庭手持现金与储蓄的比值上升了5.61%。路晓蒙等（2019）的分析发现家庭的房产负债抑制了住房对股市参与的挤出效应，表现为房屋正规贷款使得家庭更多地参与股市，降低了这种抑制作用。然而，Becker和Shabani（2010）的实证分析认为，相比类似的没有抵押债务的家庭，拥有抵押债务的家庭中，10%的家庭无股票持有且接近40%的家庭无债券投资。在计算了存在不同形式家庭债务的非最优投资成本后，发现有26%为债务支付高利率的家庭应该放弃股票市场参与。Choi, W.（2016）探讨了韩国的家庭债务、可支配收入和房产变化对家庭参与金融市场的影响，发现金融债务对金融市场参与造成了强烈显著的冲击，尤其是基金市场。

**（四）金融知识（素养）对资产配置行为的影响**

为了做出合理高效的资产配置决策，家庭需要提高其自身的金融知识（素养），金融知识（素养）对资产配置行为的影响因投资者家庭所处的生命周期阶段、投资资产的类型以及风险态度等表现出不同的效应。

处于不同生命周期阶段的家庭进行资产配置的目标有所不同，Cocco et al.（2005）指出一般工薪阶层的年轻投资者面对内生的借入限制将持有负向财富且不会投资于股票，随着年龄的增加，无风险资产持有代表了劳动收入，投资者通过持有无风险资产做出最优反应。随着老龄化社会的到来，寿命的延长成为当今社会的普遍现象，汪伟等（2018）发现长寿有益于宏观经济发展可能是通过促进储蓄和物质资本积累、提高人力资本投资水平等实现的，也可能经由减少就业、对养老金账户产生压力等方式不利于宏观经济发展。为了应对经济的不确定性，中老年人会进行退休投资安排。退休储蓄方面，Murendo和Mutsonziwa（2017）的研究表明金融素养正向影响城乡个体正式和非正式的储蓄行为。具体地，Lusardi和Mitchell（2005）发现在研究的整个样本中，只有19%的个体做出了成功的退休计划，并且金融知识和计划显著相关。另外，记录支出和预算习惯有益于退休储蓄。金融素养、预防性储蓄和退休计划是正相关的（Van et al.，2012），但这主要是由感知而非实际的素养所驱动。控制自我认知，实际的素养具有较低的预测能力（Anderson et al.，2017）。然而，徐佳、龚六堂（2019）的研究显示，较高的金融知识水平可显著促使家庭做出退休后的养老生活储蓄安排。具备金融素养的个体更有可能投资于养老基金（Beckmann，2013）。Banks 和 Oldfield（2007）发现计算水平与退休储蓄和投资资产组合强烈相关。周弘（2015b）指出消费者接受金融教育的程度将会显著影响家庭的养老保障计划选择行为，吴雨等（2017）认为不断提高的金融知识水平将显著促进改善家庭的养老计划，金融知识促使家庭制定更加多样的养老计划，特别是购买商业保险。Moreno-Herrero et al.（2017）阐明对金融教育的偏好将会在更大程度上提高参与私人养老金计划的可能性。Niu et al.（2020）发现金融素养对中国人退休准备的各个方面，包括确定退休后金融需求、制定长期财务规划和购买个人养老保险都有显著的正向影响。

家庭依据其投资目标并基于掌握或具备的金融知识（素养），选择符合自身需求的资产或投资组合。金融知识的增加会促使家庭更多地参与金融市场，增加其在风险金融资产特别是股票上的投资（尹志超等，2014；吴雨等，2016）。相应地，Van et al.（2011）的分析认为较低金融素养的个体明显地不太可能投资于股票。Lin et al.（2017）发现金融素养水平高的个体更有可能购置人寿保险。李云峰等（2018）验证了客观金融知识与股票投资、其他金融产品投资行为正相关；主观金融知识增加提升了股票投资与其他金融产品使用的参与概率，且主观金融知识对前述金融行为的影响大于客观金融知识。家庭配置资产组合的多样性方面，Abreu 和 Mendes（2010）指出投资者的金融知识将会对投资组合多元化程度产生积极的影响。曾志耕等（2015）发现金融知识会正向影响家庭风险资产配置的多样性，尤其是股票投资组合。丁嫚琪、张立（2019）的研究表明金融素养得分与金融资产持有与否和持有种类呈正相关关系。在配置资产组合的有效性和收益方面，吴卫星等（2018）认为金融素养水平高的家庭资产组合有效性更高。Rooij et al.（2012）的研究显示金融知识提高了投资者参与股票市场的概率，使得投资者从股票溢价中获取收益，从而促进财富积累。Clark et al.（2015）的研究发现，拥有较高金融知识水平的投资者会持有更多的股票，预期将赚取更多的超额收益。Li et al.（2020）认为金融素养可能通过提升理解和比较金融资产的能力，显著增加家庭的风险资产投资，同时提高了年轻的以及接受良好教育家庭的投资回报，却降低了年老以及接受更少教育家庭的投资回报。

以上研究表明，金融机构的信贷支持和作为金融能力主要度量因素的金融知识（素养）提升会影响家庭的资产配置。因此提出以下研究假设：

> 假设二：金融机构的信贷支持和居民金融能力将影响家庭的分类资产配置，但影响的方向和程度会因家庭或个体因素而有所不同。

## 五 信贷支持与金融能力影响家庭金融行为的地区及城乡差异

一方面，信贷支持和金融能力在影响微观主体消费的地区及城乡差异方面，韩立岩、杜春越（2011）的研究表明房贷支出对消费的影响存在地区差异，中西部地区的房贷支出对教育具有显著的促进作用。Banerjee et al.（2015）分析了印度贫民区小微金融分支机构的小微贷款对家庭消费结构的影响，在处理组地区耐用品支出增加了，而"诱惑型产品"支出下降了。易行健、周利（2018）的研究表明数字普惠金融促进居民消费主要是通过缓解流动性约束、便利居民支付实现的，这种作用在农村、中西部地区和中低收入家庭更明显。户主的受教育程度越高、认知能力越强，数字普惠金融对居民消费的促进效应越明显。李聪等（2020）认为我国家庭负债对医疗支出存在显著的门限效应，其中城乡门限值存在明显的异质性，同时西部和东北地区家庭的负债对医疗支出具有门限效应。

另一方面，在影响微观主体资产配置的地区及城乡差异方面，Prina（2015）发现女性户主家庭储蓄账户的准入增加了货币资产和总资产但并未挤出其他类型的资产。金融可得性的提高将使得家庭更多地参与正规金融市场并形成资产配置规划，同时金融可得性对我国农村以及中、西部地区家庭参与正规金融市场的边际影响更大（尹志超等，2015）。周雨晴、何广文（2020）的分析表明数字普惠金融发展提高了农户家庭参与金融市场的概率和风险金融资产的配置比例，当农户拥有更高的金融素养或智能化素养时，这种促进作用更为强烈。由上述研究可知，信贷支持和金融能力对家庭消费和资产配置的影响会产生地区间和城乡的差异，因此提出以下研究假设：

假设三：金融机构的信贷支持和居民金融能力对家庭分类消费和资产配置份额的影响将存在地区间和城乡的差异。

## 六 家庭金融行为与金融福祉

居民家庭对美好生活的向往和追求从金融角度表现为金融福祉水平的提升，金融福祉成为人们整体幸福中的一个重要部分（见图2-1）。对家庭来说，使用金融产品（储蓄、借贷、保险等）能够平滑收入周期（由非预期的冲击或非连续现金流形成），从而优化跨期消费并改善福祉（Izquierdo和Tuesta，2015）。金融福祉是消费者或家庭拥有充足的资源过舒适生活的一种金融状态（Easterlin，2006），它同样是衡量社会进步的重要标志之一。诸多学者将心理学中的幸福感引入金融学的研究，拥有良好的金融行为能够增进居民及家庭的幸福感，因此针对家庭金融行为的研究变得非常有意义，使得金融支持优化家庭金融行为具有更加明确的目标和价值取向。一方面，直接的信贷资金支持实现了家庭消费提升及资产配置优化；另一方面，金融教育鼓励和倡导发挥人的理性，让家庭的各种"欲望"得到理性的约束，在资源能力范围内的优化决策才可持续，是社会资源优化配置的落脚点。通过金融支持促进家庭良性金融行为决策并最终实现金融福祉是促进金融发展，更是实现整体社会福利的重要方面。

为探讨金融行为对金融福祉的影响，学术界一般从主观和客观两个视角度量金融福祉，最常见的主观金融福祉度量为金融满意度，它衡量了自我感知的整体金融状态；客观衡量指标有收入、支出、债务、资产以及资产净值，债务收入比等的组合。Jooand Grable（2004）指出金融行为、金融压力水平、收入、金融知识、金融偿付能力、风险承受力和教育因素与金融满意度存在直接或间接的相关性，O'Neill（2005）发现当个体感受到金融安全时会更加幸福。

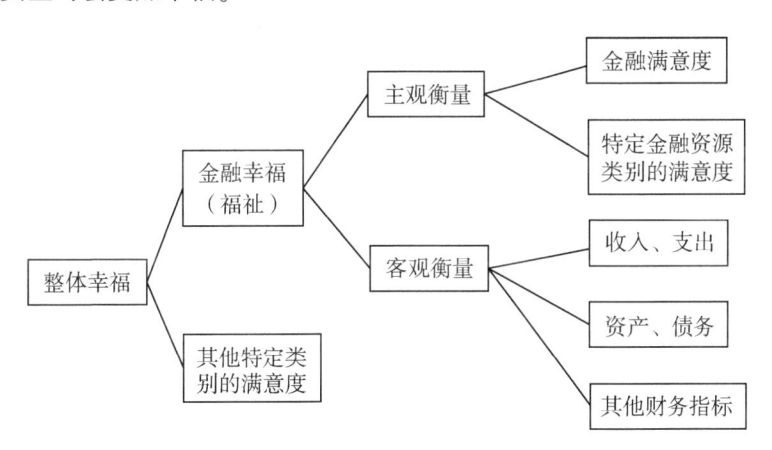

**图 2-1　金融幸福（福祉）的衡量指标**

Gutter and Copur（2011）认为不同的金融行为形成了差异化的金融福祉水平。预算编制、储蓄、风险信用行为以及强迫性购买都与金融福祉显著相关。划分不同的金融行为，首先针对家庭的投资行为，叶德珠等（2014）的研究显示幸福满意度与储蓄等保守型投资显著正相关，与养老金支出以及证券购买相关但不显著。Chu et al.（2017）指出拥有较高金融素养决策者的家庭更有可能将部分投资组合委托给专业人员并且投资于基金，通常更有可能获得正向的投资回报，形成良好的金融福祉。尹志超等（2019）实证分析了金融市场参与通过风险和收益从而影响家庭幸福。家庭的低风险金融投资参与将显著提高幸福感，而高风险金融投资参与会明显降低幸福感；民间借贷参与中，高风险的借出款会显著负向作用于家庭幸福。其次在消费行为方面，Meyer 和 Sullivan（2003）的分析发现消费与福祉之间具有较强的相关性，尤其当设定收益和评估转移支付项目时，消费可以成为福祉更好的衡量。Guven（2009）指出表现得更幸福的人会更多地储蓄，更少地支出，并且存在更低的边际消费倾向。他们会花费更多的时间制定决策且控制支出。Xue et al.（2019）的研究发现对必需性消费需求和非必需性消费需求的满足都会显著改善金融福祉，且非必需消费的正向效应最强，同时金融素养有助于增强满足非必需消费需求对金融福祉的正向作用。

就特定的群体而言，Xiao et al.（2007）考察了大学生金融行为对幸福的潜在影响，发现积极的现金管理，信用管理和储蓄行为与整体福祉显著正相关，之后 Xiao et al.（2009）指出积极的金融行为促成金融满意度，同时金融满意度能够增进生活满意度。Shim et al.（2010）发现制定预算以及储蓄管理的金融行为与年轻人的金融福祉相关。Worthy et al.（2010）认为缺乏稳定财务状况的大学生由于信用卡的易得性，学费上涨以及经济下滑更有可能陷入严重的金融问题，金融问题将会影响他们未来的金融福祉。Herrerias（2020）将个体的金融行为划分为与金融福祉相关的货币管理、储蓄和消费习惯，指出金融管理行为与金融产品和服务使用正相关，尤其是拥有储蓄账户和保险。使用非正式储蓄工具的年轻和老年个体表现出更加良好的金融行为，促进了金融福祉。

## 第三节 本章小结

本章首先回顾了微观主体的消费和资产配置行为相关的基础理论，接下来详细梳理了正规金融机构的信贷支持和金融能力培养，家庭的消费行为和资产配置行为及其基本的影响因素，在此基础上探讨了信贷支持和居民金融能力对两类金融行为的影响及其城乡和地区差异并提出了相应的研究假设，最终微观个体积极的金融行为会正向作用于金融满意度，从而影响家庭的整体福祉，即通过信贷支持与金融能力促进消费并优化资产配置决策以提升家庭的金融福祉。微观个体金融行为的研究本身具有复杂性，个体的异质性、家庭不同的内部特征、急剧变化的外部环境都会对金融行为产生影响。因此，信贷支持和金融能力须结合家庭内部特征，并利用金融供给侧改革推动下的金融外部环境，促进家庭消费升级并优化资产配置，提升家庭福祉和整个社会的福利水平。

# 第三章　信贷支持、金融能力与数字普惠金融的度量

第二章回顾了消费和资产配置相关的基础理论和文献，并提出了本书的研究假设。在进行实证分析之前，需要对关键概念及其度量作简要阐述。因此本章首先介绍了本书的数据来源，其次详细探讨了金融机构的信贷支持和居民金融能力的度量，并对这两个关键因素做了分布描述，分析了信贷支持与金融能力两者的关系，最后度量了我国的数字普惠金融指数。

## 第一节　数据来源

本书实证分析部分采用的数据主要源自西南财经大学中国家庭金融调查与研究中心 2013—2017 年中国家庭金融调查（CHFS），这项调查是具有全国代表性的大规模抽样调查，从 2011 年发布第一轮数据后，每两年一轮，涵盖个体、家庭以及地区的数据，反映了人口统计特征及就业、资产与负债、保险与保障、支出与收入以及其他方面的内容。截至 2017 年的第四轮调查，样本覆盖中国 31 个省（自治区、直辖市）355 个县（区、市）1439 个村/居委会[①]，包含 40011 户家庭 127012 位居民户的数据，调查中的分层、三阶段随机抽样设计保证了样本的代表性。选用 CHFS 数据库中

---

① 鉴于数据可得性，本书数据不包含台湾、香港和澳门地区。下同。

2013年、2015年和2017年家庭与成人库提供的数据，并将家庭数据库与成人数据库按照家庭户主的个体编号进行匹配，在实证分析之前对数据进行了筛选。其中2013年的有效样本量为28141户家庭；2015年的家庭样本中根据样本编码仅保留了对2013年的追踪家庭样本，样本量为15583户家庭；2017年的家庭样本中也仅保留了对2013年的追踪家庭样本，样本量为12084户家庭。实证分析主要使用了数据库中有关不同消费支出、家庭总资产负债、财务状况以及人口统计特征的部分数据。其次，在第七章中使用中国数字普惠金融指数来衡量数字普惠金融的发展状况。该指数由北京大学数字金融研究中心与蚂蚁集团研究院共同编制，始于2011年，包含中国内地31个省（自治区、直辖市）、337个地级以上城市（地区、自治州、盟等），及约2800个县（县级市、旗、市辖区等）三个层级，反映了我国数字普惠金融的发展程度和地区均衡程度。

## 第二节 信贷支持与金融能力的度量

### 一 信贷支持的衡量指标——家庭杠杆率

金融机构向家庭提供的贷款形成家庭的负债，本书运用家庭杠杆率衡量信贷支持，主要的考量在于，首先家庭杠杆率既取决于家庭获取信贷的能力也取决于家庭对信贷的需求，书中后续的研究对象主要包括对信贷有实际需求且已经获得银行等金融机构信贷的家庭及个体；其次家庭的负债是一个存量概念，无法有效地反映家庭综合的财务状况，为了在一定程度上体现家庭债务的可持续性，选择负债结构——主要是家庭的杠杆率来衡量信贷支持。首先梳理了2010年以来中国人民银行等部门面向家庭部门的信贷支持政策和金融教育活动。

第三章　信贷支持、金融能力与数字普惠金融的度量

表 3-1　2010 年以来面向家庭部门的信贷支持政策和金融教育活动（部分）

| 时间及部门 | 政策、活动内容 |
| --- | --- |
| 2010 年，中国人民银行、银监会、证监会、保监会 | 在全国范围内推进农村金融产品和服务方式创新工作。提出《关于全面推进农村金融产品和服务方式创新的指导意见》，内容包含：一、突出创新重点，着力满足符合"三农"实际特点的金融服务需求；二、拓宽金融服务范围，合理运用多样化的金融工具管理和分散农业行业风险；三、加强政策协调配合，营造有利于农村金融创新的配套政策环境；四、把握创新工作原则，确保农村金融产品和服务方式创新取得实效；五、加快探索和构建推动农村金融产品和服务方式创新的长效机制 |
| 2010 年，中国人民银行、银监会 | 为进一步深入贯彻落实《国务院关于坚决遏制部分城市房价过快上涨的通知》（国发〔2010〕10 号），巩固房地产市场调控成果，促进房地产市场健康发展，完善差别化的住房信贷政策，调节和引导住房需求 |
| 2014 年，中国人民银行 | 出台了《关于做好家庭农场等新型农业经营主体金融服务的指导意见》（银发〔2014〕42 号）。《意见》要求，各银行业金融机构要切实加大对家庭农场等新型农业经营主体的信贷支持力度 |
| 2016 年 3 月，中国人民银行、银监会 | 为贯彻落实《国务院关于积极发挥新消费引领作用 加快培育形成新供给新动力的指导意见》（国发〔2015〕66 号），创新金融支持和服务方式，促进大力发展消费金融，更好地满足新消费重点领域的金融需求，发挥新消费引领作用，加快培育形成经济发展新供给新动力，经国务院同意，提出如下意见：一、积极培育和发展消费金融组织体系；二、加快推进消费信贷管理模式和产品创新；三、加大对新消费重点领域的金融支持；四、改善优化消费金融发展环境 |
| 2016 年 3 月，中国人民银行、民政部、银监会、证监会、保监会 | 为贯彻落实《国务院关于加快发展养老服务业的若干意见》（国发〔2013〕35 号）等有关要求，积极应对人口老龄化，大力推动金融组织、产品和服务创新，改进完善养老领域金融服务，加大对养老服务业发展的金融支持力度，促进社会养老服务体系建设 |
| 2017 年 6 月，国务院常务会议 | 部署促进分享经济健康发展，推动创业创新便利群众生产生活；确定加快发展商业养老保险的措施，完善社会保障体系助力老有所养 |
| 2019 年 8 月，中国人民银行、中国银保监会、中国证监会、国家网信办 | 共同启动 2019 年金融知识普及月活动。活动将重点关注农民、务工人员、青少年、老年人和残疾人等人群的金融知识普及，不断增强金融消费者的风险防范意识、责任意识和诚信意识 |
| 2019 年 9 月，中央农办、农业农村部、国家发展改革委等 11 部门和单位 | 联合印发《关于实施家庭农场培育计划的指导意见》，对加快培育发展家庭农场做出总体部署。加强金融保险服务，合理确定贷款的额度、利率和期限，拓宽抵质押物范围，增强家庭农场贷款的可得性；支持发展"互联网+"家庭农场 |

续表

| 时间及部门 | 政策、活动内容 |
| --- | --- |
| 2020年2月，国务院常务会议 | 引导金融机构增加发放低息贷款，定向支持个体工商户 |
| 2020年8月，人民银行、银保监会、证监会、国家网信办 | 共同组织2020年金融知识普及月活动。活动面向金融消费者和投资者，宣传基础金融知识、金融支持稳企业保就业政策和金融风险防范技能，远离非法金融活动 |
| 2021年4月，住房和城乡建设部等部门 | 联合印发指导意见，要求加快发展数字家庭，提高居住品质，改善人居环境。意见强调，要深化住房供给侧改革，深度融合数字家庭产品应用与工程设计，强化宜居住宅和新型城市基础设施建设，提升数字家庭产品消费服务供给能力 |
| 2021年6月，银保监会办公厅 | 印发《关于开展专属商业养老保险试点的通知》，自6月1日起，由6家人身保险公司在浙江省和重庆市开展专属商业养老保险试点，鼓励创新开发投保简便等的专属保险产品 |

资料来源：中国人民银行网站。

接下来，本书参照李扬等（2018）描述的家庭资产负债表，同时依据CHFS数据库的分类，绘制了以下的家庭资产负债表，资产类型划分的依据在后面的章节中有详细介绍。

表3-2　　　　　　　　　　　家庭资产负债表

| 资产 | 负债 |
| --- | --- |
| 1. 非金融资产（实物资产）： | 1. 金融负债 |
| 　生产经营性实物资产 | 　金融资产负债 |
| 　房地产 | 　信用卡负债 |
| 　耐用品 | 　农业、工商业负债 |
| 2. 金融资产： | 　房产负债 |
| 　（1）增长型金融资产 | 　车辆负债 |
| 　　股票 | 　其他非金融资产负债 |
| 　　债券 | 2. 非金融负债 |
| 　　基金 | 　教育负债 |
| 　　衍生品 | 　医疗负债 |

续表

| 资产 | 负债 |
|---|---|
| 金融理财产品 | 其他负债 |
| 非人民币资产 | 3. 总负债 |
| （2）生存安全型金融资产 | |
| 活期与定期存款 | |
| 黄金 | |
| 现金 | |
| 借出款 | |
| 商业保险 | |
| 社保账户余额 | |
| 其他金融资产 | |
| 3. 总资产 | |

家庭负债按照在生活中的实际用途划分为农业、工商业负债，房产负债，车辆负债，其他非金融资产负债，金融资产负债，信用卡负债，教育负债，医疗负债和其他负债。由于本书研究的是金融机构的信贷支持，因此家庭杠杆率采用正规负债与家庭总资产的比率加以衡量。

## 二 家庭负债及杠杆率的分布统计

由表3-3所示，家庭的总负债中，房产负债额的均值最大，其次是农、工商业负债额和车辆负债额，而金融资产负债额的均值最小。另外，总负债由正规负债和非正规负债构成，可以看出正规负债额的均值小于非正规负债。

表3-3　　　　　　　　家庭负债子类的分布

| 变量名 | 定义 | 均值 | 标准差 | 最小值 | 最大值 |
|---|---|---|---|---|---|
| agbu_debt | 农、工商业负债 | 9222.599 | 695894.2 | 0 | 1.60e+08 |
| hou_debt | 房产负债 | 17965.08 | 149482.9 | 0 | 2.50e+07 |
| car_debt | 车辆负债 | 811.2634 | 13429.06 | 0 | 2000000 |

续表

| 变量名 | 定义 | 均值 | 标准差 | 最小值 | 最大值 |
|---|---|---|---|---|---|
| finass_debt | 金融资产负债 | 190.4894 | 14296.17 | 0 | 2000000 |
| debt_formal | 正规负债 | 28572.77 | 714074.7 | 0 | 1.60e+08 |
| debt | 总负债 | 69837.64 | 2048327 | 0 | 2.50e+08 |

从表3-4可知,三个地区家庭的杠杆率呈现一定差异。西部地区的平均家庭杠杆率达到了0.4458,中部地区平均家庭杠杆率也达到了0.4395,均超过了全国平均水平,东部地区的平均家庭杠杆率最低,同时中部地区家庭杠杆率的分散化程度高于西部和东部地区。

表3-4　　全国及三个地区家庭杠杆率的分布（经过1%缩尾处理）

| 地区 | 样本量 | 均值 | 标准差 | 最小值 | 最大值 |
|---|---|---|---|---|---|
| 东部 | 24,270 | 0.2797 | 1.9345 | 0 | 44.1415 |
| 中部 | 15,875 | 0.4395 | 2.3963 | 0 | 45.9921 |
| 西部 | 15,621 | 0.4458 | 2.3082 | 0 | 45 |
| 全国 | 55766 | 0.3717 | 2.1822 | 0 | 45.9921 |

## 三　金融能力指标构建

### （一）指标构建依据

世界银行在2013年的世界金融能力调查中指出,金融能力是在一定的社会经济环境条件下,为最佳金融利益采取行动的内在能力。它包括消费者关于管理其资源的知识（素养）、态度、技能和行为,以及理解、选择和使用符合其需求的金融产品和服务。在此基础上提出了较为全面的金融能力衡量框架,包括金融知识、金融态度、金融技能和金融行为,这四个方面在不同国家的相对重要性并不一致,但它们一般都会被纳入金融能力的衡量指标体系中。该衡量框架中的一级指标较为全面且符合本书的研究目标,但二级指标并不能较好地反映我国居民家庭的具体情况。目前就金融能力的衡量而言，虽然尚未形成统一的范式，但有诸多学者在构建核心变量指标体系时都认同且遵循 Lusardi 和 Mitchell（2006）阐述的测度金融素养的四项原则：衡量的问题要简单明晰，以金融基本概念测度为主，使得问题和答案更具可行性和便捷性，即简单化；问题须与居民家庭的日常金融决策相关，以反映实际情况，即相关性；在全面性原则下，选取信息量大、代表性强且相互独立的指标，即简洁性；评价指标体系的二级指标和问题须能够区分不同的金融素养水平，通过差异化的得分衡量居民家庭在相同情境下不同的金融素养，即可区分性。

**（二）指标体系构建**

在复杂多变的金融市场中，居民需要掌握金融知识以甄别有用的金融信息从而做出高效的金融决策，选择最优的金融产品和服务。本书选用的中国家庭金融调查数据库（CHFS）中涉及了关于利率、通货膨胀和投资风险方面的问题考察家庭中居民的金融知识水平，由此将这三个问题的回答情况作为金融知识的二级指标。另外，在对二级指标相关问题的回答进行赋值时，Lusardi 和 Mitchell（2006）认为对问题回答"不知道"与回答错误存在差别。"不知道"或许是从未听说过相关概念或完全无法理解该概念的内在含义，而回答错误可能是因为对概念的理解存在偏差（误解）或粗心大意。于是解决方法是将这两种回答进行区别，回答"不知道"的居民相比回答错误的居民更缺乏金融知识，但意识到衡量居民金融能力的相关问题的设置与选项并非都能考虑到此类情况，所以选择简化处理。表3-5涵盖了对金融能力指标的测度。

在建立指标体系的基础上，首先对二级指标进行信度检验，测量方法则选取常用的克朗巴哈 Alpha 系数法来测定体系内部的一致性。克朗巴哈 Alpha 系数在0—1，若该系数位于0.9—0.94，则认为指标体系内部一致性最好；系数在0.8—0.9，内在信度是可接受的；系数位于0.7—0.79，则设计存在一定问题，但仍有参考价值；而当系数小于0.7，则认定为误差太大，应尝试重新设计指标。此处测算的信度系数为0.8165，因此总体上该衡量体系具有一定的可靠性。

表 3-5　　　　　　　　居民金融能力指标体系

| 一级指标 | 二级指标 | 调查中的问卷题目 | 选项赋值 |
| --- | --- | --- | --- |
| 金融知识 | 利率 | 假设您现在有 100 块钱，银行年利率4%，如果您把这 100 元钱存五年定期，5 年后您获得的本金和利息为？1. 小于 120 元；2. 等于 120 元；3. 大于 120 元；4. 算不出来 | 算不出来赋值为 0；小于或大于 120 元赋值为 1；等于 120 元赋值为 2 |
| | 通货膨胀 | 假设您现在有 100 块钱，银行年利率5%，通货膨胀率每年3%，您这 100 元钱存银行一年后能够买到的东西将？1. 比一年前多；2. 跟一年前一样多；3. 比一年前少；4. 算不出来 | 算不出来赋值为 0；跟一年前一样或比一年前少赋值为 1；比一年前多赋值为 2 |
| | 投资风险 | 您认为一般而言，单独买一只公司的股票是否比买一只股票基金风险更大 1. 是；2. 否；3. 没有听说过股票；4. 没有听说过股票基金；5. 两者都没有听过 | 没有听说过股票或没有听说过股票基金或两者都没有听说过赋值为 0；否赋值为 1；是赋值为 2 |
| 金融技能 | 读写和计算技能 | 文化程度（1. 没上过学；2. 小学；3. 初中；4. 高中；5. 中专/职高；6. 大专/职高；7. 大学本科；8. 硕士研究生；9. 博士研究生） | 没上过学赋值为 0；大专/职高或本科或硕士或博士赋值为 2；其他赋值为 1 |
| | 理解运用能力 | 您家投资股票多长时间了？（月） | 换算为年度，未持有股票账户赋值为 0；投资股票时长为一年或以下赋值为 1；超过一年赋值为 2 |
| 金融态度 | 储蓄偏好 | 目前，您家是否有人民币活期存款账户？1. 有；2. 没 | 没有赋值为 0；有赋值为 1 |
| | 风险态度 | 若您有一笔钱，您愿意选择哪种投资项目？1. 高风险高回报；2. 略高风险略高回报；3. 平均风险平均回报；4. 略低风险略低回报；5. 不愿承担任何风险 | 不愿承担任何风险或不知道赋值为 0；其他赋值为 1 |
| | 对未来的态度 | 未来五年，您家是否有新购/新建住房的打算 1. 是；2. 否；3. 不清楚 | 是赋值为 1；否或不清楚赋值为 0 |

续表

| 一级指标 | 二级指标 | 调查中的问卷题目 | 选项赋值 |
|---|---|---|---|
| 金融行为 | 日常资金管理 | 家庭的可支配收入是否能够覆盖消费性支出 | 家庭可支配收入大于消费性支出时赋值为1；其他情况赋值为0 |
| | 长期计划 | 退休/离休后领取的是哪种退休/离休工资或社会养老保险？1. 公务员退休工资；2. 参公管理事业单位退休工资；3. 非参公管理事业单位退休工资；4. 城职保；5. 城居保；6. 新农保；7. 老农保；8. 城乡居民社会养老保险金；9. 离休工资；10. 都没有；11. 其他 | 都没有赋值为0；其他回答赋值为1 |
| | 选择金融产品 | 金融资产包括定期存款、股票、债券、基金、衍生品、金融理财产品、非人民币资产、黄金、现金、借出款 | 未持有任何金融资产赋值为0，持有一种及以上赋值为1 |

资料来源：CHFS数据库。

**（三）综合指标衡量方法选取**

接下来探讨金融能力的测量方法，尹志超等（2015a）根据对利率、通货膨胀和投资风险相关问题的回答情况，采用因子分析法测量金融素养指数。同样吴锟（2016）就基本投资工具如股票、基金、债券等相关问题的答案，采用因子分析法测算金融素养水平。另一方面，对于指标较多的评价指标体系，常用方法是通过对不同问题的回答赋值，然后进行加总得出相应的分数。张欢欢和熊学萍（2017）的农村居民金融素养测评体系中，包含基本金融知识、金融知识理解运用、风险和收益、金融规划、金融背景信息分析和金融责任6个方面共12项指标，最终根据指标得分加总方法，计算每个农村居民的金融素养水平。

由于指标数目的原因，本书借鉴第二种方法，但考虑到指标权重在度量综合指标中的重要作用，因此本书的不同之处在于金融能力指标的权重测度。在构建居民金融能力综合指标时，与国外学者的研究一致，居民金融能力是一个较为稳定的指标，在追踪数据中 2017 年的有关金融知识及风险态度的衡量与 2015 年一致。另外，在综合指标的构建中，不同年份时一级指标之间的重要性程度可能会有所变化，因此借鉴杨丽和孙之淳（2015）的做法，运用熵值法得到每一年的权重来计算该年度的居民金融能力指标。在后续变量的描述性统计部分显示了划分地区和城乡家庭样本后的居民金融能力数据的特征。

## 四 金融能力指标的分布统计

以上构建了居民的金融能力指标，现考察居民金融能力一级和二级指标的分布。从表 3-6 可以看出，我国居民金融能力指标中的金融知识和金融行为的平均得分高于金融技能和金融态度，金融知识中得分较高的是对投资风险的认知，金融技能中的读写和计算技能得分高于理解与应用技能，金融态度中的储蓄偏好得分较高，金融行为中的选择金融产品得分高于日常资金管理和长期计划得分。由表 3-7 可知，金融能力总指标下金融知识的均值最大，其次是金融行为，金融态度的均值最小，总体而言我国居民的金融能力介于 0—1.6032，平均居民金融能力处于中位数偏下水平。

表 3-6　　居民金融能力二级指标得分

| 一级指标 | 得分区间 | 二级指标 | 分数（分） | 频数（个） | 频率（%） | 平均得分 |
| --- | --- | --- | --- | --- | --- | --- |
| 金融知识 | [0, 6] | 利率 | 0 | 27891 | 50.86 | 0.7003 |
| | | | 1 | 15498 | 28.26 | |
| | | | 2 | 11454 | 20.89 | |
| | | 通货膨胀 | 0 | 24448 | 44.60 | 0.7104 |
| | | | 1 | 21796 | 39.76 | |
| | | | 2 | 8575 | 15.64 | |
| | | 投资风险 | 0 | 28702 | 53.78 | 0.8521 |
| | | | 1 | 3856 | 7.23 | |
| | | | 2 | 20810 | 38.99 | |

续表

| 一级指标 | 得分区间 | 二级指标 | 分数（分） | 频数（个） | 频率（%） | 平均得分 |
|---|---|---|---|---|---|---|
| 金融技能 | [0, 4] | 读写和计算技能 | 0 | 5555 | 9.96 | 1.0542 |
| | | | 1 | 41618 | 74.65 | |
| | | | 2 | 8575 | 15.38 | 0.1204 |
| | | 理解运用能力 | 0 | 52365 | 93.83 | |
| | | | 1 | 167 | 0.30 | |
| | | | 2 | 3276 | 5.87 | |
| 金融态度 | [0, 3] | 储蓄偏好 | 0 | 18077 | 32.39 | 0.6761 |
| | | | 1 | 37731 | 67.61 | |
| | | 风险态度 | 0 | 30228 | 54.86 | 0.4514 |
| | | | 1 | 24874 | 45.14 | |
| | | 对未来的态度 | 0 | 45719 | 82.00 | 0.1800 |
| | | | 1 | 10034 | 18.00 | |
| 金融行为 | [0, 3] | 日常资金管理 | 0 | 25412 | 45.53 | 0.5447 |
| | | | 1 | 30396 | 54.47 | |
| | | 长期计划 | 0 | 12355 | 22.14 | 0.7786 |
| | | | 1 | 43453 | 77.86 | |
| | | 选择金融产品 | 0 | 4294 | 7.70 | 0.9231 |
| | | | 1 | 51514 | 92.31 | |

表 3-7　　　　　　居民金融能力一级指标的分布

| | 样本量 | 均值 | 标准误 | 最小值 | 最大值 |
|---|---|---|---|---|---|
| 金融知识 | 34336 | 0.2751 | 0.2448 | 0 | 0.9444 |
| 金融技能 | 34464 | 0.1410 | 0.0936 | 0 | 0.6113 |
| 金融态度 | 34464 | 0.1254 | 0.0798 | 0 | 0.3685 |
| 金融行为 | 34464 | 0.2475 | 0.0820 | 0 | 0.4608 |
| 金融能力 | 34336 | 0.7891 | 0.3008 | 0 | 1.6032 |

从表 3-8 可知，在划分地区的情况下，东部地区居民金融能力的均值高于中、西部地区，同时中部和西部地区居民平均金融能力的差异较小。

区分二元经济结构，比较城乡居民的金融能力发现，城镇地区居民金融能力的均值明显高于农村地区，同时其标准误差也大于农村地区，另外城镇地区居民金融能力的最大值在东部地区。

表 3-8　　　　　城乡和不同地区的居民金融能力分布

|  | 样本量 | 均值 | 标准误 | 最小值 | 最大值 |
| --- | --- | --- | --- | --- | --- |
| 东部地区 | 14010 | 0.8285 | 0.3049 | 0 | 1.6032 |
| 中部地区 | 9556 | 0.7644 | 0.2884 | 0 | 1.5899 |
| 西部地区 | 10770 | 0.7599 | 0.3006 | 0 | 1.5900 |
| 城镇地区 | 19916 | 0.8866 | 0.2962 | 0 | 1.6032 |
| 农村地区 | 14420 | 0.6544 | 0.2512 | 0 | 1.5322 |

## 第三节　信贷支持与金融能力的关系

信贷支持与金融能力相互独立且统一于普惠金融的研究框架下。一方面，普惠金融这一重要的金融体系扩展了金融服务受益对象的范围，使得居民家庭的金融行为能够得到金融体系的支持。这主要体现在：

首先，普惠金融的发展提升了信贷服务的可得性，主要表现为金融机构向家庭部门提供的信贷支持，它缓解了家庭的信贷约束，为平衡家庭当前与未来的资源提供了重要手段，在整个生命周期内平滑家庭消费的同时使得家庭将更多的资源投资于能够创造收益的资产，从而增加其财富。因此缓解资金约束成为优化家庭金融行为的一种有效的外部力量。

其次，普惠金融的发展有助于加强对居民家庭的金融教育，主要表现为金融机构向居民家庭提供的金融教育服务，包括金融知识普及以及对金融产品与服务进行宣传推介等，从而提升其金融能力。金融能力较低的居民对金融产品和服务的了解相对不足，合理评估并使用金融产品和服务的能力都相对薄弱，这在很大程度上制约了居民家庭合理高效的金融行为决

## 第三章 信贷支持、金融能力与数字普惠金融的度量

策。普惠金融通过提升居民的金融能力，使得居民家庭具备了优化金融行为所需的基本知识和技能，将被排斥的经济主体纳入金融服务中，形成了缓解资金约束外重要的促进金融行为优化的内部动力。

金融机构在向居民家庭提供金融教育服务的过程中，发挥了提升居民金融能力的作用和职能，有助于丰富金融普惠的内涵，扩展了普惠金融的外延。为了使金融供给端提供的产品与服务能够高度匹配经济个体多样化的金融需求，扩充了传统的金融支持或服务，不但包括金融机构提供的基本信贷支持，而且涵盖向微观个体提供的金融咨询和对金融产品与服务的宣传以及金融知识普及。金融机构一方面针对家庭的需求提供直接有效的信贷支持，同时通过金融教育提升家庭的金融能力，使其做出更加合理的行为决策，在促进家庭高质量消费的同时优化资产配置。另一方面，信贷支持与金融能力在一定程度上体现了协同性。本书的研究结论显示，就促进消费升级而言，针对农村家庭的加杠杆和针对城镇居民金融能力的提升更有效，针对西部地区家庭的加杠杆和居民金融能力提升比东部和中部地区家庭更有效；就优化资产配置而言，针对家庭的实物资产配置，家庭杠杆率的作用更为有效，针对增长型和生存安全型金融资产配置而言，城镇家庭以及东部地区家庭的居民金融能力提升更为有效。因此，优化不同地区和城乡家庭的金融行为，需要发挥信贷支持与金融能力提升的协同作用，才能更好地实现金融支持政策的目标。

此外，金融机构的金融支持与金融服务的概念很难清晰地界定，金融机构的各类信贷产品与金融教育既属于金融支持也属于金融服务范畴，金融服务强调金融机构在金融体系中的职能，金融支持更强调政策的方向，关注政策效果。但不管是金融服务还是金融支持，都是以金融机构为主体，面向金融客户的行为。金融支持融入金融服务中，金融服务中也体现了监管部门的政策意图，实现针对特定主体的金融支持。本书关注信贷支持与金融能力发挥作用的方式与机制，将金融支持政策作为落脚点，探讨如何综合运用信贷支持和金融能力提升手段，更好地发挥促进消费升级与优化资产配置的作用，同时重视这两类金融支持政策发挥作用所形成的地区差异，研究地区差异产生的深层次原因，以避免地区差异的过度化，偏

离地区间的共同富裕目标。

总之，信贷支持与金融能力一定程度上存在相关性，居民金融能力将部分地通过增加获得信贷的可能性，缓解家庭的信贷约束，即通过获得银行等金融机构的信贷达到平衡未来资源与当前需求的目的，从而提升家庭的分类消费，实现消费升级。但同时金融能力较高的个体，可能不一定会使用信贷来进行消费或投资，这种个体异质性的情况较为复杂，超出了本书的研究范围，可在后续分析中进一步探讨此类情形。本书主要探讨了金融机构的传统类信贷产品和非传统类金融教育的搭配有助于实现消费升级和优化资产配置的目标，延伸了对传统金融产品与服务的使用，更强调了金融支持政策的倾向性，因此具有一定的研究价值。

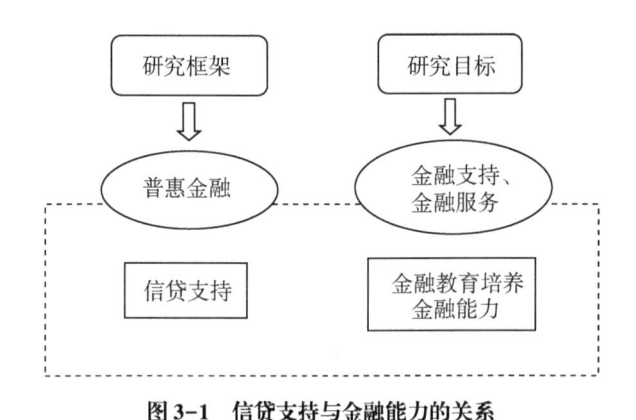

图 3-1　信贷支持与金融能力的关系

## 第四节　中国数字普惠金融的度量

### 一　指标体系构建

前文已介绍了数字普惠金融指数的数据来源，接下来具体介绍构建的指标体系，依据郭峰等（2020）的研究，从创新性数字金融视角科学、全面地概括我国现阶段数字普惠金融现状，由数字金融覆盖广度、数字金融

## 第三章 信贷支持、金融能力与数字普惠金融的度量

使用深度和普惠金融数字化程度三个一级维度构建指标体系。具体的指标体系如表3-9所示。

表3-9 数字普惠金融指标体系

| 一级维度 | 二级维度 | 具体指标及内涵 |
| --- | --- | --- |
| 覆盖广度 | 账户覆盖率 | 每万人拥有支付宝账号数量 |
| | | 支付宝绑卡用户比例 |
| | | 平均每个支付宝账号绑定银行卡数 |
| 使用深度 | 支付业务 | 人均支付笔数 |
| | | 人均支付金额 |
| | | 高频度活跃用户（50次及以上）数占年活跃1次及以上之比 |
| | 货币基金业务 | 人均购买余额宝笔数 |
| | | 人均购买余额宝金额 |
| | | 每万支付宝用户购买余额宝的人数 |
| | 信贷业务-个人消费贷 | 每万支付宝成年用户中有互联网消费贷的用户数 |
| | | 人均贷款笔数 |
| | | 人均贷款金额 |
| | 信贷业务-小微经营者 | 每万支付宝成年用户中有互联网小微经营贷的用户数 |
| | | 小微经营者户均贷款笔数 |
| 使用深度 | | 小微经营者平均贷款金额 |
| | 保险业务 | 每万支付宝用户中被保险用户数 |
| | | 人均保险笔数 |
| | | 人均保险金额 |
| | 投资业务 | 每万支付宝用户中参与互联网投资理财人数 |
| | | 人均投资笔数 |
| | | 人均投资金额 |
| | 信用业务 | 自然人信用人均调用次数 |
| | | 每万支付宝用户中使用基于信用的服务用户数（包括金融、住宿、出行、社交等） |

续表

| 一级维度 | 二级维度 | 具体指标及内涵 |
| --- | --- | --- |
| 数字化程度 | 移动化 | 移动支付笔数占比 |
| | | 移动支付金额占比 |
| | 实惠化 | 小微经营者平均贷款利率 |
| | | 个人平均贷款利率 |
| | 信用化 | 花呗支付笔数占比 |
| | | 花呗支付金额占比 |
| | | 芝麻信用免押笔数占比（较全部需要押金情形） |
| | | 芝麻信用免押金额占比（较全部需要押金情形） |
| | 便利化 | 用户二维码支付的笔数占比 |
| | | 用户二维码支付的金额占比 |

## 二　指数计算

在指数编制的过程中，首先将性质和计量单位不同的指标采用对数型功效函数法进行无量纲化处理；其次需要确定不同指标的权重，运用主观赋权与客观赋权相结合的方法，先利用变异系数法求各具体指标对上一级准则层的权重，再通过层次分析法求各准则层指标对上层目标的权重；最后是指数合成，先计算各层分组指数，最后由各层分组指数按照由下往上逐层汇总的原则，算数加权平均合成得到综合指数。

## 三　指数的分布统计

表3-10是根据指标体系和编制方法计算出的中国31个省（自治区、直辖市）的数字普惠金融指数。

表3-10　　　　　　　　我国数字普惠金融的发展

| 省、自治区、直辖市 | 2011年 | 2018年 |
| --- | --- | --- |
| 北京 | 79.41 | 368.54 |
| 天津 | 60.58 | 316.88 |
| 山西 | 33.41 | 283.65 |

续表

| 省、自治区、直辖市 | 2011年 | 2018年 |
| --- | --- | --- |
| 内蒙古 | 28.89 | 271.57 |
| 黑龙江 | 33.58 | 274.73 |
| 吉林 | 24.51 | 276.08 |
| 辽宁 | 43.29 | 290.95 |
| 江苏 | 62.08 | 334.02 |
| 浙江 | 77.39 | 357.45 |
| 上海 | 80.19 | 377.73 |
| 安徽 | 33.07 | 303.83 |
| 福建 | 61.76 | 334.44 |
| 江西 | 29.74 | 296.23 |
| 山东 | 38.55 | 301.13 |
| 河北 | 32.42 | 282.77 |
| 河南 | 28.40 | 295.76 |
| 湖北 | 39.82 | 319.48 |
| 湖南 | 32.68 | 286.81 |
| 广东 | 69.48 | 331.92 |
| 广西 | 33.89 | 289.25 |
| 海南 | 45.56 | 309.72 |
| 四川 | 40.16 | 294.30 |
| 重庆 | 41.89 | 301.53 |
| 贵州 | 18.47 | 276.91 |
| 云南 | 24.91 | 285.79 |
| 陕西 | 40.96 | 295.95 |
| 甘肃 | 18.84 | 266.82 |
| 青海 | 18.33 | 263.12 |
| 宁夏 | 31.31 | 272.92 |
| 西藏 | 16.22 | 274.33 |
| 新疆 | 20.34 | 271.84 |
| 全国平均 | 40.00 | 300.21 |

表3-10展示了2011年和2018年中国各省（自治区、直辖市）数字

普惠金融的发展趋势和空间特征。各省的数字普惠金融指数均有较大幅度的增长，全国平均数字普惠金融指数也从2011年的40.00增长到2018年的300.21，中国数字金融得到了快速发展。同时，地区和省之间存在明显的差异，东部地区数字普惠金融发展程度明显高于中、西部地区，但中、西部地区的数字普惠金融发展加快了进程。

## 第五节 本章小结

本章首先介绍了全书的数据来源，选取了西南财经大学中国家庭金融调查与研究中心2013—2017年中国家庭金融调查（CHFS）的数据，其次详细探讨了金融机构的信贷支持和居民金融能力的度量，采用家庭杠杆率，即正规负债与总资产的比值来度量信贷支持，并借鉴世界银行在2013年的研究构建了居民的金融能力指标，且对这两个关键因素做了分布描述，分析了信贷支持与金融能力两者的关系。普惠金融这一重要的金融体系，一方面使得居民家庭的金融行为得到了金融体系的支持，另一方面，普惠金融的发展有助于加强对居民家庭的金融教育，金融教育提升了居民的金融能力。金融机构的信贷产品和金融教育的搭配有助于实现家庭的消费升级和资产配置优化，延伸了对信贷产品的使用，更强调了差异化的金融支持政策。最后在度量我国数字普惠金融指数的基础上呈现了数字普惠金融的发展趋势。

# 第四章 信贷支持与金融能力
# 对消费行为的效应

实现居民家庭的消费升级，促进经济结构转型，不但需要信贷支持政策的配合，而且需要加大金融教育普及力度，加强居民金融能力的培养。由于家庭消费习惯的改善，出现了多元化的消费需求及消费方式，促进消费升级的措施应与时俱进。在上一章度量信贷支持与金融能力的基础上，本章首先划分消费类型，接下来具体分析信贷支持和居民金融能力对分类消费的影响以及金融能力促进家庭消费的机制。

## 第一节 信贷支持与金融能力对分类消费的作用分析

### 一 家庭消费的划分

马斯洛的需求理论认为人的需求是有层次性的，人们首先在满足较低层次的需求后，才开始产生更高层次的需求。居民家庭为了满足对美好生活的向往，即实现整个生命周期内的福利目标，追求高质量的生活，在满足日常基本消费需求的基础上，追求更高层次的消费需求，此更高层次的消费需求促进了居民家庭消费的提升（Taylor 和 Houthakker，2010）。消费升级不但包含消费数量的增加，而且表现为消费质量的提升，消费数量的增加可由消费规模的变化加以体现，而消费质量的提升则由消费结构的优化加以反映。随着中国经济转型升级趋势的加深,家庭消费持续升级。本书结合学者的研究,认为消费升级即在不同的生命周期阶段满足居民家庭该阶段特定需求的消费结构的提升,以实现各个年龄阶段居民对高质量生活的追求,并在此基础上结合中国国家统计局的分类标准对消费进行划分。在国家统计局的统计分类中,家庭的消费性支出包括食品烟酒、衣着、居住、生活用品及服务、交通和通信、教育文化和娱乐、医疗保健与其他用品和服务八个类别。本书据此将样本家庭的总消费划分为相应的两类:基础型消费,包括食品、衣着、居住,水、电、燃料、日用品费用及服务等满足基本生活需要的支出;质量型消费包括休闲娱乐、旅游及精神文化用品及服务、通信网络与交通费、医疗保健和教育培训等支出[1],后者较好地反映了近年来我国家庭消费的现实和趋势,凸显消费升级的内涵。

## 二 变量说明

### (一) 变量构成

为方便说明,表4-1中列示了实证分析部分的因变量、核心解释变量以及控制变量。其中,控制变量中的性别、年龄、教育程度、婚姻状况、健康状况和政治面貌均为家庭户主的人口统计学特征变量。

表4-1 变量表

| 变量类型 | 变量名称 | 变量符号 | 变量描述 |
| --- | --- | --- | --- |
| 因变量 | 质量型消费 | lnquacons | 质量型消费支出的对数 |
|  | 总消费 | lntota_cons | 家庭总支出的对数 |

---

[1] 食品包括伙食费和自产农产品;居住包括住房装修维修等费用、水电费、燃料费、暖气费、物业管理费和现住房的房租;生活用品及服务包括雇工费、日用品费、其他交通通信工具购买维修费、家电购置费及其他耐用品支出;交通和通信包括通信费和本地交通费;教育文化和娱乐包括文化娱乐支出、旅游探亲支出、教育培训支出;医疗保健包括医疗支出和保健支出;其他用品和服务包括奢侈品支出和其他支出。

续表

| 变量类型 | 变量名称 | 变量符号 | 变量描述 |
|---|---|---|---|
| 核心解释变量 | 家庭杠杆率 | falev | 家庭正规负债与总资产的比值 |
| | 居民金融能力 | finan_capab | 前文中已有详细阐述 |
| 控制变量 | 家庭人均收入 | lnper_inc | 家庭人均可支配收入值的对数 |
| | 家庭财富 | lnwealth | 家庭净资产的对数 |
| | 住房所有权状况 | dum_hou | 当住房的所有权归住户本身所有时取值为1，其他状况取值为0 |
| | 住房资产占比 | houass_ra | 住房资产与总资产的比值 |
| | 信贷约束 | cred_const | 见以下变量取值说明 |
| | 经济金融信息的关注度 | mess_foc | 见以下变量取值说明 |
| | 平均住宅商品房价格 | lnhou_pri | 见以下变量取值说明 |
| | 教育程度 | edu | 见以下变量取值说明 |
| | 子女状况 | child | 家庭中有孩子取值为1，没有孩子取值为0 |
| | 政治面貌 | politics | 中共党员取值为1，其他状况取值为0 |
| | 家庭人口数 | fsize | 家庭人口的绝对数 |
| | 性别 | gender | 男性取值为1，女性取值为0 |
| | 年龄 | age | 年龄的绝对数 |
| | 年龄的平方 | age2 | 年龄的平方除以100 |
| | 婚姻状况 | married | 已婚取值为1，其他状况取值为0 |
| | 健康状况 | health | 身体状况好及以上取值为2，一般取值为1，不好取值为0 |

### （二）变量定义及取值说明

家庭人均收入是家庭可支配收入与人口数的比值，家庭的各项收入包括工资性收入、农业经营收入、工商业经营收入、转移性收入和投资性收入。

住房资产占比。指家庭的住房价值与总资产的比值，此处住房资产仅包括现有住宅，不包括其他的房产投资。

平均住宅商品房价格，作为家庭杠杆率的工具变量。本书选取了 2013 年、2015 年和 2017 年的数据，而在选取工具变量时需采用上一年度的数据，因此择取了 2012 年、2014 年和 2016 年各省平均的住宅商品房价格绝对数并对其进行了对数化处理。

经济金融信息的关注度，作为居民金融能力的工具变量。在 CHFS 数据库的调查问卷设计中，询问了个体"平时对经济、金融类的信息关注程度如何？"存在五个选项："1. 非常关注；2. 很关注；3. 一般；4. 很少关注；5. 从不关注"，设定样本个体选择"非常关注"或"很关注"时这一变量赋值为 2；选择"一般"则赋值为 1；选择"很少关注"或"从不关注"时赋值为 0。

信贷约束的度量主要包括间接识别法和直接识别法，间接识别法主要是通过信贷约束产生的结果以反推信贷约束的存在，而直接识别法主要是学者根据调查问卷中获得的相关信息对各类信贷约束直接进行界定。Cox and Jappelli（1990）运用美国消费者金融调查（SCF）的数据，调查问卷中询问的相关信息包括家庭是否得到所需的贷款数量以及家庭没有贷款的原因，他们采用"申请贷款被拒"和"担心贷款被拒而未申请"两项信息作为对信贷约束的度量。该方法从信贷供给和需求两方面考察了信贷约束，家庭是否获得贷款从供给方表明了家庭是否受信贷约束，而需求方，主要是拥有潜在或隐藏信贷需求的家庭未获得银行等金融机构的贷款。本书借鉴该种方法，根据 CHFS 数据库的问卷内容，将农业、工商业经营性信贷约束定义为申请被拒和因估计贷款申请不会批准而没申请两种情况；房产信贷约束和汽车贷款约束则定义为需要贷款但未申请和申请被拒两种情况。依据评分法，在某一项活动或资产购置中存在信贷约束计为 1 分，总共五项，所以信贷约束变量的取整值区间为 [0，5]，数字越大，家庭受信贷约束的程度就越强。另外，在衡量过程中不包括贷款需求未完全得到满足的正规信贷约束和家庭面临的非正规信贷约束。

表 4-2　信贷约束衡量及赋值

| 正规信贷约束 | 2013 年 | 2015 年 | 2017 年 |
| --- | --- | --- | --- |
| 1. 农业、工商业（存在农业、工商业经营的家庭）信贷约束 | 在农业生产、工商业经营活动中，选择 2. 无银行贷款，接下来为什么没有贷款，若家庭选择 2. 需要但没有申请过，或 3. 申请过被拒绝，则农业/工商业信贷约束变量赋值为 1，否则为 0 | 在农业生产、工商业经营活动中，选择 2. 没有尚未还清的银行/信用社贷款，接下来目前是否因农业/工商业生产经营需要贷款？选择 2. 需要但没有申请过，或 3. 申请过被拒绝，则农业/工商业信贷约束变量赋值为 1，否则为 0 | 目前因工商业生产经营是否需要资金？选择 1. 是，同时为什么不从银行/信用社申请贷款获取所需资金？选择 1. 申请过被拒，或 3. 估计贷款申请不会被批准，则工商业信贷约束变量赋值为 1，否则为 0 |
| 2. 房产信贷约束 | 目前为购买/维修/改建/扩建/装修这套房屋，还有没有银行贷款？选择 2. 没有，同时为什么没有银行贷款？选择 2. 需要但没有申请过，或 3. 申请被拒绝，则房产信贷约束变量赋值为 1，否则为 0 |  | 目前需要资金的主要原因是，选 1. 购买住房，目前为什么没有尝试从银行/信用社申请贷款获取所需资金，选 1. 申请过被拒绝，或 3. 估计贷款申请不会被批准，则房产信贷约束变量赋值为 1，否则为 0 |
| 3. 汽车信贷约束 | 为购买这辆车，目前有没有银行贷款？选择 2. 没有，同时为什么没有银行贷款？选择 2. 需要但没有申请过，或 3. 申请被拒绝，则汽车信贷约束变量赋值为 1，否则为 0 |  | 目前需要资金的主要原因是，选 5. 买车，目前为什么没有尝试从银行/信用社申请贷款获得所需资金，选 1. 申请过被拒，或 3. 估计贷款申请不会被批准，则汽车信贷约束变量赋值为 1，否则为 0 |
| 4. 信用卡信贷约束 | 您家使用信用卡吗？选择 2. 没有，同时为什么没有信用卡，选择 3. 没有还款能力，或 4. 愿意使用，但申请被拒，则信用卡信贷约束变量赋值为 1，否则为 0 | 您家是否使用信用卡？选择 2. 否，同时为什么没有使用信用卡，选择 4. 估计申请不会成功，或 6. 申请被拒，则信用卡信贷约束变量赋值为 1，否则为 0 |  |

资料来源：CHFS 数据库。

控制变量包含户主的性别、年龄、婚姻状况、健康状况、政治面貌和教育程度等人口统计特征变量以及家庭人口数、是否有孩子等家庭特征变量。其中，采用户主受教育的年限来反映户主的教育程度："没上过学"受教育年限为 0 年，"小学"为 6 年，"初中"为 9 年，"高中、中专或职高"为 12 年，"大专或高职"为 15 年，"大学本科"为 16 年，"硕士研究生"为 18 年，"博士研究生"为 21 年。另外，在分析地区差异时，根据我国行政区域划分为三个地区：东部地区包括北京、天津、河北、辽宁、上海、江苏、浙江、福建、山东、广东、海南；中部地区包括山西、黑龙江、吉林、安徽、江西、河南、湖北、湖南；西部地区包括内蒙古、广西、四川、贵州、云南、重庆、陕西、甘肃、宁夏、青海。

## 三 变量的描述性统计

表 4-3 列出了存在不同程度信贷约束的家庭样本数及其在家庭总样本数中所占的比例，其中存在信贷约束的家庭占总样本的 13% 左右，可知信贷约束已成为影响家庭金融决策不容忽视的因素。从表 4-4 可以看出，样本家庭中户主的年龄平均为 52 岁，介于 16 岁到 113 岁之间。户主平均受教育年限接近 9 年，即达到了初中学历。家庭人口规模平均为 3.6 个，平均家庭规模适中。由表 4-5 得知，在两类消费中，家庭的基础型消费水平仍然高于质量型消费水平；平均来说，家庭的现有住房资产价值接近总资产价值的一半，占比相对较高。在家庭人均收入存在负值的情况下，人均收入水平分散化程度较高，财富水平的分散化程度同样较高。

表 4-3　　　　　　　　　　　分类信贷约束

| 家庭类型 | 家庭数（个） | 在家庭样本中的占比（%） |
| --- | --- | --- |
| 仅有一种信贷约束 | 5842 | 10.47 |
| 存在两种信贷约束 | 1058 | 1.90 |
| 存在三种及以上信贷约束 | 185 | 0.33 |
| 存在信贷约束 | 7085 | 12.70 |

表 4-4　　　　　　　　　　　人口统计学变量

| 变量名 | 定义 | 均值 | 标准差 | 最小值 | 最大值 |
|---|---|---|---|---|---|
| age | 户主年龄 | 51.95989 | 14.80206 | 16 | 113 |
| edu | 教育程度 | 8.987735 | 4.337962 | 0 | 21 |
| fsize | 家庭人口数 | 3.645568 | 1.733358 | 1 | 24 |

表 4-5　　　　　　　　　　　家庭消费及财务状况

| 变量名 | 定义 | 均值 | 标准差 | 最小值 | 最大值 |
|---|---|---|---|---|---|
| quacons | 质量型消费 | 23614.93 | 49914.78 | 0 | 2874981 |
| tota_cons | 总消费 | 59359.55 | 110631.6 | 0 | 1.82e+07 |
| houass_ra | 住房资产占比 | 0.4085876 | 0.3961913 | 0 | 1 |
| per_inc | 家庭人均收入 | 23507.77 | 66935.36 | -955000 | 4732724 |
| wealth | 家庭财富 | 584245.1 | 3369665 | -2.49e+08 | 3.33e+08 |

## 四　实证研究设计及回归结果

### （一）计量模型的设定

1. 内生转换模型

由前述表4-3可知样本中的部分家庭面临信贷约束，这与家庭能够顺利地借贷从而使每一期消费的边际效用相等的前提相违背，此时现实的消费并非总是等于最优消费水平。基于这一分析，模型中的因变量消费水平为受限因变量，它更可能是家庭当期可利用资源的函数，同时考虑信贷约束可能会与消费之间产生相互影响而存在内生性问题，借鉴Adamchik和Bedi（2000）的研究思路，运用内生转换模型分析信贷约束对家庭消费的影响。由此，将影响信贷约束概率的因素作为自变量引入估计方程，模型中控制了人口统计特征变量和家庭特征变量。

首先假设存在一个消费方程：

$$\ln quacons_{1i} = Z_i \gamma_1 + \varepsilon_{1i} \tag{4-1}$$

其中，$Z_i$是决定质量型消费的变量组成的向量，$\varepsilon_{1i}$是随机误差项，且假定它服从均值为零，方差为$\sigma_1^2$的正态分布。

接下来采用一个简化形式的 Probit 模型表现家庭面临信贷约束的情形，此时

$$I_i^* = K_i\alpha + \varepsilon_i \tag{4-2}$$

当 $I_i^* = 1$ 时，家庭 i 受信贷约束。K 包含了向量 Z 中所有的外生变量，$\varepsilon_i$ 是一个综合误差项。上述消费方程和 Probit 方程（转换回归）构成了模型。依赖于 $(\varepsilon_1, \varepsilon) \sim N(0, \Sigma)$ 的假定，就可以得到由方程（4-1）—（4-2）组成的模型的极大似然法估计结果。为了识别家庭面临的信贷约束，模型中纳入了部分直接影响信贷约束却不会直接影响消费的变量，如政治面貌。

2. 面板数据的分位数回归

异质性的家庭具有不同的消费结构，这部分探究信贷非受约束时，信贷支持和居民金融能力对消费升级的影响。家庭消费不仅与其收入、财富有关，还与其负债相关，由于家庭会通过借贷来满足自己的消费需求，因此消费可能会反过来影响当期的债务结构，导致反向因果内生性问题。本书借鉴潘敏和刘知琪（2018）的相关研究，采用各省在前一年的平均住宅商品房价格作为家庭杠杆率的工具变量。相关性方面，平均房价会直接作用于杠杆率的分母。外生性方面，各省平均房价一定程度上外生，其对消费的作用主要为通过房价上涨（资产增值）而形成财富效应，另外也会因按揭偿还房贷造成对消费的挤占，因此一定程度上不会对家庭的质量型消费产生直接影响。此外，对各省前一年平均住宅商品房价格的弱工具变量检验的 F 统计量超过 10，该工具变量是有效的。

依据前文的研究假设一，将总消费和质量型消费对家庭杠杆率、劳动收入、房屋所有权状况、家庭财富、房产价值进行回归，同时居民金融能力是家庭金融资源的重要体现（Xiao 和 Anderson，1997），因此引入金融能力。考虑到存在遗漏变量将导致内生性问题，除了在文章中控制个体的特征变量，如户主的性别、年龄、教育程度、健康状况、婚姻状况等，还控制了家庭特征变量，如家庭人口数、是否有孩子，同时控制了社区虚拟变量。建立以下实证模型：

$$C_{ij} = \alpha_0 + \alpha_1 falev_{it} + \alpha_2 \ln per\_inc_{it} + \alpha_3 dum\_hou + \alpha_4 \ln wealth_{it} + \alpha_5 houass\_ra_{it} + + \alpha_6 finan\_capab_{it} + z_{it} + \varepsilon_{it}$$

$$\tag{4-3}$$

其中，$C_{ijt}$ 是第 i 个家庭 t 年的第 j 类消费，$falev_{it}$ 是家庭杠杆率，$lnper\_inc_{it}$ 是家庭人均收入的对数，$dum\_hou$ 为住房的所有权状况，用虚拟变量表示。$lnwealth_{it}$ 是资产净值，即家庭财富的对数。$houass\_ra_{it}$ 为住房的市场价值，$finan\_capab_{it}$ 是居民的金融能力，$z_{it}$ 是人口统计特征变量和家庭特征变量。

### （二）实证回归结果

**1. 信贷约束对质量型消费的影响**

多元化和更高层次的消费使家庭面临更大的资金需求，当家庭的纯收入增加同时资产状况良好时，家庭不一定会面临信贷约束，在这种情况下将不存在信贷约束与消费互为因果的内生性问题；反之，若家庭纯收入不确定性增加同时资产状况恶化时，家庭信贷受约束的概率将增加。若对消费影响信贷约束的不确定性与复杂性进行详细分析可以另行成文，本书并未对此进行进一步探究。

依据前述内生转换模型，首先在第一阶段运用 Probit 回归分析了影响家庭信贷受约束概率的因素，其次在模型的第二阶段探讨家庭信贷受约束与非受约束的情况下信贷约束与质量型消费的相关性，为了保证回归结果的可信度，采用极大似然法进行估计，结果如表 4-6 所示。

表 4-6　　　　　　　　信贷约束对质量型消费的影响

| lnquacons | Constraint | No Constraint |
|---|---|---|
| lnper_inc | 0.0436*** <br> (0.0138) | 0.2049*** <br> (0.0051) |
| lnwealth | 0.1634*** <br> (0.0099) | 0.1346*** <br> (0.0036) |
| houass_ra | 0.0003 <br> (0.0024) | 0.0003* <br> (0.0002) |
| dum_hou | −0.2033*** <br> (0.0441) | −0.0765*** <br> (0.0165) |
| fsize | 0.0989*** <br> (0.0094) | 0.1119*** <br> (0.0041) |

续表

| lnquacons | Constraint | No Constraint |
|---|---|---|
| age | -0.0019<br>(0.0073) | -0.0279***<br>(0.0025) |
| age2 | -0.0244***<br>(0.0074) | 0.0216***<br>(0.0024) |
| edu | 0.0158***<br>(0.0046) | 0.0616***<br>(0.0017) |
| health | -0.2623***<br>(0.0236) | -0.1079***<br>(0.0087) |
| married | 0.1673***<br>(0.0471) | 0.2176***<br>(0.0180) |
| child | -0.3146***<br>(0.0460) | -0.1687***<br>(0.0169) |
| 社区虚拟变量 | Y | Y |
| _cons | 5.8585***<br>(0.2268) | 5.7166***<br>(0.0857) |
| rho | -0.7472***<br>(0.0321) | 0.4504***<br>(0.0373) |
| N | 39342 | |
| LR test | chi2（2）=78.38；<br>Prob>chi2=0.0000 | |

注：***、**、*分别代表在1%、5%和10%的显著性水平下显著，括号内为稳健标准误。下同。

表4-6的结果显示，当家庭面临信贷约束时，信贷约束与质量型消费的相关系数rho显著为负。相反，当家庭非受信贷约束时，信贷和质量型消费的相关系数显著为正，即金融机构的信贷支持与家庭质量型消费同向变动，同时家庭住房资产占比对质量型消费的影响几乎不受信贷约束的影响。

2. 信贷支持与居民金融能力对分类消费的影响

前文描述性统计了解分布后，先对家庭杠杆率做了1%的缩尾处理。在进行面板分位数回归时，采用bootstrap方法计算协方差矩阵。此处探讨了全国样本家庭的杠杆率和户主的金融能力对总消费和质量型消费的影响。回归结果如表4-7所示。

表 4-7　　　　　　　　　　家庭分类消费的回归结果

| | lntota_cons | | | lnquacons | | |
|---|---|---|---|---|---|---|
| | Q_25 | Q_50 | Q_75 | Q_25 | Q_50 | Q_75 |
| falev | 0.1461*** | 0.1794*** | 0.2774*** | 0.2840*** | 0.3110*** | 0.3410*** |
| | (0.05) | (0.04) | (0.08) | (0.09) | (0.07) | (0.13) |
| finan_capab | 0.1413** | 0.1010** | 0.0584 | 0.2753*** | 0.2327*** | 0.1334 |
| | (0.06) | (0.04) | (0.05) | (0.09) | (0.09) | (0.34) |
| dum_hou | -0.0096 | 0.0003 | 0.0112 | -0.0330 | -0.0330 | -0.0269 |
| | (0.03) | (0.03) | (0.04) | (0.05) | (0.04) | (0.19) |
| lnper_inc | 0.0882*** | 0.0718*** | 0.0573*** | 0.0897*** | 0.0810*** | 0.0655*** |
| | (0.01) | (0.01) | (0.01) | (0.02) | (0.01) | (0.01) |
| lnwealth | 0.0463*** | 0.0438*** | 0.0442* | 0.0665*** | 0.0684*** | 0.0721*** |
| | (0.01) | (0.01) | (0.03) | (0.01) | (0.01) | (0.02) |
| houass_ra | 0.0001 | 0.0001 | 0.1628*** | 0.0002 | 0.0010 | 0.0807 |
| | (0.00) | (0.00) | (0.06) | (0.00) | (0.00) | (0.38) |
| fsize | 0.1207*** | 0.1158*** | 0.1205*** | 0.1237*** | 0.1028*** | 0.1156* |
| | (0.01) | (0.02) | (0.02) | (0.02) | (0.02) | (0.06) |
| gender | -0.0405 | -0.0196 | -0.0049 | -0.0911** | -0.0882** | -0.0693 |
| | (0.03) | (0.02) | (0.03) | (0.05) | (0.04) | (0.12) |
| age | -0.0013 | -0.0060 | -0.0150* | -0.0151 | -0.0162 | -0.0183 |
| | (0.01) | (0.01) | (0.01) | (0.01) | (0.01) | (0.02) |
| age2 | 0.0026 | 0.0016 | 0.0092 | 0.0122 | 0.0155 | 0.0174 |
| | (0.01) | (0.01) | (0.01) | (0.01) | (0.01) | (0.03) |
| edu | 0.0133*** | 0.0111** | 0.0035 | 0.0205** | 0.0143* | 0.0176* |
| | (0.01) | (0.00) | (0.01) | (0.01) | (0.01) | (0.01) |
| health | -0.0188 | -0.0201* | -0.0191 | -0.0839*** | -0.0880*** | -0.0757*** |
| | (0.01) | (0.01) | (0.01) | (0.02) | (0.02) | (0.02) |
| married | 0.1209*** | 0.1010** | 0.0828* | 0.1429* | 0.1075* | 0.0990 |
| | (0.04) | (0.04) | (0.04) | (0.07) | (0.06) | (0.11) |
| child | -0.0470 | -0.0290 | -0.0227 | -0.0596 | -0.0705 | -0.0682 |
| | (0.04) | (0.03) | (0.04) | (0.06) | (0.05) | (0.11) |

续表

|  | lntota_cons ||| lnquacons |||
| --- | --- | --- | --- | --- | --- | --- |
|  | Q_25 | Q_50 | Q_75 | Q_25 | Q_50 | Q_75 |
| *politics* | 0.0220<br>(0.04) | 0.0276<br>(0.03) | 0.0410<br>(0.04) | 0.0766<br>(0.06) | 0.0731<br>(0.06) | 0.0774<br>(0.15) |
| N | 25753 | 25753 | 25753 | 25948 | 25948 | 25948 |

从表4-7得知，一方面，在家庭的总消费和质量型消费处于不同水平时，杠杆率均显著正向作用于总消费和质量型消费，即加杠杆将提升家庭的总消费并促进消费升级。随着总消费和质量型消费的增加，杠杆率对总消费和质量型消费的促进作用程度逐步提高。值得注意的是，处于相同分位时，杠杆率对质量型消费的促进作用大于对总消费的促进作用。另一方面，当家庭总消费和质量型消费处于中低水平时，居民金融能力对总消费和质量型消费均产生了显著的正向影响，这与Jappelli and Padula（2017）的研究结论一致，且居民金融能力对质量型消费的影响程度大于总消费。此外，异质性的家庭特征不但作用于家庭多元化的消费需求，而且将影响家庭的消费方式与习惯。家庭人口规模越大，户主教育程度越高，健康状况不佳以及已婚户主的家庭更倾向于增加总消费与质量型消费，这些结论验证了文献综述部分的研究假设一。

## 第二节　信贷支持与金融能力影响分类消费的分样本分析

### 一　城乡家庭的信贷支持与金融能力对分类消费的影响

在中国二元经济结构下，城乡家庭本身的经济状况存在差异，同时农村家庭的消费行为特征也不同于城镇家庭。李明贤和吴琦（2018）在构建中国农村居民金融能力指标体系的基础上仅探讨了影响农村居民金融能力的因素。本书在分析过程中划分城乡家庭样本，进一步探讨城乡家庭的杠杆率和居民金融能力对分类消费的影响。回归结果如表4-8所示。

表4-8　城乡家庭杠杆率和居民金融能力对质量型消费的影响

| lnquacons | Urban | | | Rural | | |
|---|---|---|---|---|---|---|
| | Q_25 | Q_50 | Q_75 | Q_25 | Q_50 | Q_75 |
| falev | 0.1649 | 0.2137** | 0.2485** | 0.4034* | 0.3800*** | 0.7150*** |
| | (0.11) | (0.08) | (0.13) | (0.21) | (0.13) | (0.13) |
| finan_capab | 0.2430*** | 0.2145** | 0.1132 | 0.2085 | 0.1625 | 0.0983 |
| | (0.09) | (0.10) | (0.10) | (0.22) | (0.13) | (0.13) |
| dum_hou | 0.0644 | -0.0209 | -0.0236 | -0.0065 | 0.0184 | 0.0282 |
| | (0.06) | (0.05) | (0.06) | (0.09) | (0.10) | (0.15) |
| lnper_inc | 0.1109*** | 0.0979*** | 0.0833*** | 0.0642*** | 0.0490** | 0.0400** |
| | (0.02) | (0.01) | (0.02) | (0.02) | (0.02) | (0.02) |
| lnwealth | 0.0637*** | 0.0671*** | 0.0711*** | 0.0665** | 0.0589** | 0.0646*** |
| | (0.01) | (0.01) | (0.01) | (0.03) | (0.02) | (0.02) |
| houass_ra | 0.0001 | 0.0025 | 0.0028 | -0.0048 | 0.0008 | 0.0016 |
| | (0.00) | (0.01) | (0.01) | (0.09) | (0.03) | (0.00) |
| fsize | 0.0989*** | 0.0808** | 0.0959*** | 0.1325*** | 0.1955*** | 0.1469*** |
| | (0.04) | (0.03) | (0.03) | (0.03) | (0.03) | (0.03) |
| gender | -0.0698 | -0.0690 | -0.0487 | -0.0436 | 0.0570 | -0.0408 |
| | (0.06) | (0.05) | (0.05) | (0.10) | (0.06) | (0.08) |
| age | -0.0186 | -0.0157 | -0.0145 | -0.0110 | -0.0143 | -0.0206 |
| | (0.01) | (0.02) | (0.01) | (0.04) | (0.02) | (0.03) |
| age2 | 0.0133 | 0.0163 | 0.0154 | 0.0031 | 0.0057 | 0.0144 |
| | (0.02) | (0.02) | (0.01) | (0.05) | (0.02) | (0.03) |
| edu | 0.0183* | 0.0210** | 0.0178* | 0.0100 | 0.0086 | 0.0077 |
| | (0.01) | (0.01) | (0.01) | (0.01) | (0.01) | (0.01) |
| health | -0.0843*** | -0.0994*** | -0.0903*** | -0.0913*** | -0.0785*** | -0.0685** |
| | (0.03) | (0.02) | (0.02) | (0.03) | (0.03) | (0.03) |
| married | 0.1469* | 0.1086 | 0.0843 | 0.1730 | 0.1021 | 0.1086 |
| | (0.08) | (0.09) | (0.07) | (0.15) | (0.14) | (0.13) |

续表

| lnquacons | Urban | | | Rural | | |
|---|---|---|---|---|---|---|
| | Q_25 | Q_50 | Q_75 | Q_25 | Q_50 | Q_75 |
| child | -0.0764 | -0.0795 | -0.0276 | -0.0351 | -0.0651 | 0.0672 |
| | (0.07) | (0.06) | (0.08) | (0.10) | (0.12) | (0.09) |
| politics | 0.0648 | 0.0589 | 0.0692 | 0.1028 | 0.0818 | 0.1431 |
| | (0.08) | (0.07) | (0.07) | (0.11) | (0.11) | (0.10) |
| N | 15849 | 15849 | 15849 | 10099 | 10099 | 10099 |

由表4-8可知，一方面，城镇和农村地区质量型消费处于不同水平的家庭，其杠杆率均显著正向作用于质量型消费，无论在城镇还是农村家庭，随着质量型消费水平的提升，杠杆率对质量型消费影响的程度在增加，值得注意的是，农村家庭杠杆率促进质量型消费增长的作用程度明显大于城镇家庭杠杆率的促进作用。另一方面，在质量型消费处于中低水平的城镇家庭，居民金融能力显著正向作用于质量型消费。同时，家庭的人均收入和财富均显著正向影响质量型消费。

表4-9　　城乡家庭杠杆率和居民金融能力对总消费的影响

| lntota_cons | Urban | | Rural | |
|---|---|---|---|---|
| | Q_50 | Q_75 | Q_25 | Q_50 |
| falev | 0.1251** | 0.2909** | 0.2273** | 0.2477** |
| | (0.06) | (0.12) | (0.11) | (0.11) |
| finan_capab | 0.0698** | 0.0539* | 0.1323 | 0.1211 |
| | (0.07) | (0.07) | (0.11) | (0.09) |
| dum_hou | -0.0052 | -0.0016 | 0.0268 | 0.1049 |
| | (0.04) | (0.04) | (0.09) | (0.08) |
| lnper_inc | 0.0832*** | 0.0677*** | 0.0628*** | 0.0544*** |
| | (0.01) | (0.01) | (0.01) | (0.01) |
| lnwealth | 0.0417*** | 0.0503*** | 0.0536*** | 0.0460*** |
| | (0.01) | (0.01) | (0.02) | (0.01) |

续表

| lntota_cons | Urban | | Rural | |
|---|---|---|---|---|
| | Q_50 | Q_75 | Q_25 | Q_50 |
| houass_ra | 0.0073 | 0.0007*** | 0.0018 | 0.0010 |
| | (0.06) | (0.00) | (0.01) | (0.09) |
| fsize | 0.0522*** | 0.0983*** | 0.1318*** | 0.0659** |
| | (0.01) | (0.03) | (0.02) | (0.03) |
| gender | -0.0229 | -0.0151 | -0.0020 | 0.0098 |
| | (0.03) | (0.04) | (0.05) | (0.05) |
| age | -0.0045 | -0.0087 | 0.0051 | -0.0006 |
| | (0.01) | (0.01) | (0.01) | (0.02) |
| age2 | 0.0048 | 0.0087 | -0.0079 | -0.0083 |
| | (0.01) | (0.01) | (0.01) | (0.02) |
| edu | 0.0074 | 0.0090 | 0.0071 | 0.0085 |
| | (0.01) | (0.01) | (0.01) | (0.01) |
| health | -0.0252* | -0.0267 | -0.0202 | -0.0141 |
| | (0.01) | (0.02) | (0.02) | (0.02) |
| married | 0.0992** | 0.0713* | 0.1569* | 0.1241* |
| | (0.05) | (0.04) | (0.09) | (0.07) |
| child | -0.0202 | -0.0084 | -0.0616 | -0.0651 |
| | (0.03) | (0.05) | (0.09) | (0.07) |
| politics | 0.0211 | 0.0257 | 0.0317 | 0.1075 |
| | (0.06) | (0.04) | (0.08) | (0.07) |
| N | 15736 | 15736 | 10017 | 10017 |

从表4-9可知,一方面,城镇地区总消费处于中高水平的家庭和农村地区总消费处于中低水平的家庭,其杠杆率均显著正向作用于总消费,无论在城镇还是农村家庭,随着总消费水平的提升,杠杆率对总消费的影响程度在增加,值得关注的是,在中等水平的总消费下,农村家庭杠杆率促进总消费增长的作用程度明显大于城镇家庭杠杆率的促进作用。另一方面,在总消费水平处于中高水平的城镇家庭,居

民金融能力对家庭总消费产生了显著的正向影响。同时，家庭的人均收入和财富显著正向影响总消费水平，仅城镇地区处于高总消费的家庭，其住房资产占比显著正向作用于总消费，即住房资产结构将通过财富效应促进家庭的总消费。

## 二 不同地区家庭的信贷支持与金融能力对分类消费的影响

除了二元经济结构，我国幅员辽阔，地区间在经济发展水平、文化风俗习惯等方面都存在差异。另外，各地区的家庭间也存在消费水平及结构的不同，即地区差异和家庭异质性都是不容忽视的问题。借鉴相关学者的研究，将家庭样本划分为东、中、西部三个地区分析面向家庭的信贷支持和居民金融能力对分类消费的影响，这种区域划分属于常规划分方式，具有一定的合理性（韩立岩和杜春越，2011；谭燕芝和李维扬，2018）。诸多学者在研究家庭杠杆率对分类消费的影响时，并未考虑地区差异性，也未涉及这种地区差异是如何体现的，接下来的实证对此做了进一步的研究。回归结果见表4-10。

由表4-10可知，在西部地区质量型消费处于低和高水平的家庭以及东部和中部地区质量型消费处于不同水平的家庭，其杠杆率显著正向作用于家庭的质量型消费。进一步地，一方面，在低质量型消费水平的中部地区家庭，其杠杆率的正向影响程度大于东部和西部地区，而在高质量型消费水平的西部地区家庭，其杠杆率的作用程度明显大于东部和中部地区。另一方面，东部地区质量型消费处于中低水平和西部地区低质量型消费水平的家庭，居民金融能力对质量型消费产生了显著的正向影响，同时在低质量型消费水平下，西部地区的促进作用大于东部地区。研究同时发现，家庭的人均收入和财富水平同样促进了质量型消费的增长，仅西部地区高质量型消费水平的家庭，其住房资产占比显著正向作用于质量型消费，住房资产份额将促进家庭的质量型消费。

第四章 信贷支持与金融能力对消费行为的效应

表4-10 不同地区家庭杠杆率和居民金融能力对质量型消费的影响

| lnquacons | East | | | Central | | | West | | |
|---|---|---|---|---|---|---|---|---|---|
| | Q_25 | Q_50 | Q_75 | Q_25 | Q_50 | Q_75 | Q_25 | Q_50 | Q_75 |
| falev | 0.2930* (0.15) | 0.3273** (0.14) | 0.3920** (0.15) | 0.3018* (0.18) | 0.2775* (0.15) | 0.3129* (0.17) | 0.2796* (0.17) | | 0.4460*** (0.16) |
| finan_capab | 0.2688** (0.13) | 0.2264* (0.12) | 0.1269 (0.10) | 0.2626 (0.26) | 0.2650 (0.20) | 0.1545 (1.22) | 0.2741* (0.15) | | 0.1110 (0.14) |
| dum_hou | -0.0467 (0.11) | -0.0573 (0.06) | -0.0414 (0.11) | 0.0339 (0.33) | -0.0046 (0.10) | -0.0123 (0.43) | 0.0584 (0.09) | | -0.0403 (0.09) |
| lnper_inc | 0.1120*** (0.03) | 0.0848*** (0.02) | 0.0810*** (0.02) | 0.0787*** (0.03) | 0.0683 (0.04) | 0.0704** (0.03) | 0.0812*** (0.03) | | 0.0610** (0.02) |
| lnwealth | 0.0604*** (0.02) | 0.0542*** (0.01) | 0.0573*** (0.03) | 0.0623* (0.04) | 0.0580* (0.03) | 0.0606* (0.03) | 0.0840*** (0.02) | | 0.0836*** (0.02) |
| houass_ra | 0.0002 (0.00) | 0.0044 (0.01) | 0.0051 (0.04) | -0.0003 (0.50) | 0.0013 (0.18) | 0.0060 (1.19) | 0.0031 (0.01) | | 0.0010** (0.00) |
| fsize | 0.1124*** (0.02) | 0.0954*** (0.03) | 0.0736* (0.04) | 0.1363** (0.06) | 0.1870*** (0.05) | 0.1629 (0.14) | 0.0542* (0.03) | | 0.0656 (0.07) |
| gender | -0.0903 (0.07) | -0.0892 (0.07) | -0.0626 (0.06) | -0.0917 (0.18) | -0.0931 (0.09) | -0.0745 (0.48) | -0.0832 (0.07) | | -0.0628 (0.07) |

续表

| Inquacons | East Q_25 | East Q_50 | East Q_75 | Central Q_25 | Central Q_50 | Central Q_75 | West Q_25 | West Q_75 |
|---|---|---|---|---|---|---|---|---|
| age | -0.0112 (0.02) | -0.0131 (0.02) | -0.0148 (0.04) | -0.0151 (0.05) | -0.0163 (0.02) | -0.0201 (0.09) | -0.0173 (0.02) | -0.0180 (0.04) |
| age2 | 0.0097 (0.02) | 0.0156 (0.02) | 0.0096 (0.04) | 0.0088 (0.06) | 0.0126 (0.02) | 0.0162 (0.04) | 0.0142 (0.02) | 0.0134 (0.04) |
| edu | 0.0178 (0.02) | 0.0156 (0.01) | 0.0075 (0.01) | 0.0202 (0.02) | 0.0180 (0.02) | 0.0200 (0.08) | 0.0225* (0.01) | 0.0187 (0.02) |
| health | -0.0932*** (0.03) | -0.0906*** (0.03) | -0.0939*** (0.04) | -0.0648 (0.05) | -0.0638* (0.04) | -0.0438 (0.26) | -0.0912** (0.04) | -0.0773** (0.03) |
| married | 0.1633 (0.13) | 0.1194 (0.09) | 0.1101 (0.18) | 0.2843* (0.15) | 0.0744 (0.14) | 0.0594 (0.15) | 0.1561 (0.14) | 0.0940 (0.18) |
| child | -0.0701 (0.09) | -0.0755 (0.09) | -0.0169 (0.09) | -0.0434 (0.25) | -0.0921 (0.11) | 0.0347 (0.47) | -0.0427 (0.11) | -0.0164 (0.13) |
| politics | 0.0475 (0.11) | 0.0412 (0.07) | 0.0583 (0.08) | 0.1099 (0.14) | 0.1034 (0.12) | 0.1371 (0.26) | 0.0872 (0.11) | 0.0947 (0.10) |
| N | 11038 | 11038 | 11038 | 6974 | 6974 | 6974 | 7936 | 7936 |

表4-11　不同地区家庭杠杆率和居民金融能力对总消费的影响

| lntota_cons | East Q_50 | East Q_75 | Central Q_50 | Central Q_75 | Central Q_25 | West Q_50 | West Q_75 |
|---|---|---|---|---|---|---|---|
| falev | 0.1589** (0.07) | 0.3087* (0.18) | 0.1744** (0.09) | 0.2964*** (0.10) | 0.1944** (0.10) | 0.2082** (0.10) | 0.5808*** (0.14) |
| finan_capab | 0.0823** (0.06) | 0.0405 (0.07) | 0.1387 (0.14) | 0.1060 (0.11) | 0.1221* (0.14) | 0.0942 (0.10) | 0.0318 (0.12) |
| dum_hou | -0.0017 (0.05) | -0.0171 (0.04) | -0.0190 (0.06) | 0.0120 (0.10) | 0.0403 (0.08) | 0.0361 (0.06) | 0.0497 (0.07) |
| lnper_inc | 0.0840*** (0.01) | 0.0712*** (0.02) | 0.0609*** (0.01) | 0.0538*** (0.02) | 0.0751*** (0.02) | 0.0535*** (0.01) | 0.0472*** (0.01) |
| lnwealth | 0.0380*** (0.01) | 0.0494*** (0.01) | 0.0421*** (0.01) | 0.0444** (0.02) | 0.0547*** (0.02) | 0.0620*** (0.02) | 0.0537*** (0.02) |
| houass_ra | 0.0001 (0.00) | 0.0004 (0.00) | -0.0005 (0.00) | 0.0010 (0.06) | 0.0025*** (0.00) | 0.0023 (0.00) | 0.0019 (0.04) |
| fsize | 0.1027*** (0.03) | 0.0917*** (0.03) | 0.1370*** (0.03) | 0.0566 (0.04) | 0.1033*** (0.03) | 0.1342*** (0.05) | 0.1252*** (0.03) |
| gender | -0.0185 (0.04) | -0.0167 (0.05) | -0.0358 (0.05) | -0.0144 (0.05) | -0.0026 (0.06) | -0.0212 (0.05) | 0.0110 (0.06) |

续表

| | East Q_50 | East Q_75 | Central Q_50 | Central Q_75 | West Q_25 | West Q_50 | West Q_75 |
|---|---|---|---|---|---|---|---|
| lntota_cons | | | | | | | |
| age | -0.0057 (0.01) | -0.0054 (0.01) | -0.0012 (0.02) | -0.0042 (0.01) | -0.0022 (0.02) | -0.0015 (0.02) | -0.0099 (0.01) |
| age2 | 0.0061 (0.01) | 0.0045 (0.02) | 0.0032 (0.02) | 0.0012 (0.02) | -0.0025 (0.02) | -0.0001 (0.02) | 0.0058 (0.02) |
| edu | 0.0123** (0.01) | 0.0105 (0.01) | 0.0096 (0.01) | 0.0080 (0.01) | 0.0050 (0.01) | 0.0107 (0.01) | 0.0048 (0.01) |
| health | -0.0292* (0.02) | -0.0302 (0.02) | 0.0003 (0.03) | 0.0012 (0.03) | -0.0204 (0.02) | -0.0309 (0.02) | -0.0264 (0.03) |
| married | 0.1018 (0.07) | 0.0683 (0.06) | 0.0895 (0.06) | 0.0800 (0.09) | 0.1308 (0.08) | 0.1075 (0.07) | 0.0914 (0.07) |
| child | -0.0148 (0.05) | 0.0383 (0.06) | -0.0471 (0.06) | -0.0418 (0.08) | -0.0361 (0.09) | -0.0203 (0.07) | -0.0133 (0.08) |
| politics | 0.0090 (0.05) | 0.0080 (0.06) | 0.0518 (0.07) | 0.0557 (0.07) | 0.0372 (0.10) | 0.0653 (0.07) | 0.1362* (0.08) |
| N | 10933 | 10933 | 6924 | 6924 | 7896 | 7896 | 7896 |

由表 4-11 可知，对于总消费来说，一方面，东部和中部地区总消费处于中高水平的家庭和西部地区总消费处于不同水平的家庭，其杠杆率均显著正向作用于总消费。在总消费处于相同分位时，就杠杆率对总消费的正向作用而言，西部地区明显大于东部和中部地区。另一方面，东部地区中等总消费和西部地区低总消费水平的家庭，居民金融能力提升了总消费水平。家庭的人均收入和财富水平促进了总消费的增长，仅西部地区低总消费水平的家庭，其住房资产占比显著正向作用于总消费。

## 三　内生性检验

基于前文的分析，现选取我国各省上一年度住宅商品房的平均价格作为家庭杠杆率的工具变量，另外居民金融能力对家庭分类消费的影响同样可能会存在反向因果而导致内生性问题，本书借鉴 Monticone（2010）的研究发现，若居民严重低估未来价值，则不愿意学习新知识而满足于较低的金融素养水平。相反，若居民较为关注未来的生活及幸福度，便会主动通过各种方式接受新知识。由此选取"对经济金融信息的关注度"这一主观指标作为居民金融能力的工具变量。相关性方面，该变量能够直接影响居民金融能力。外生性方面，该指标一定程度上不会对家庭消费产生直接影响。此外，对该指标的弱工具变量检验的 F 统计量大于 10，该工具变量有效。考虑到面板数据的特性，当存在自相关或异方差时，两阶段回归的效率将下降，因此采用最优广义矩估计（GMM）进行回归。

首先为了验证工具变量对家庭杠杆率和居民金融能力的直接影响，从表 4-12 中的第（1）列和第（2）列分别显示了家庭杠杆率对上一年度住宅商品房平均价格的对数以及居民金融能力对经济金融信息关注度的第一阶段回归结果，可以看出上一年住宅商品房平均价格对家庭杠杆率以及经济金融信息关注度对居民金融能力存在显著的正向作用。第（3）列和第（4）列的回归结果表明，家庭杠杆率和居民金融能力均对家庭总消费和质量型消费产生了显著的正向影响，且它们对质量型消费的影响程度明显大于对总消费的影响。

表 4-12　　家庭分类消费对杠杆率和金融能力回归的内生性检验

|  | (1) falev | (2) finan_capab | (3) lntota_cons | (4) lnquacons |
|---|---|---|---|---|
| falev |  |  | 0.2587*** | 0.2872*** |
|  |  |  | (1.40) | (1.49) |
| finan_capab |  |  | 1.0361*** | 1.7316*** |
|  |  |  | (0.38) | (0.40) |
| lnhou_pri | 0.0124*** |  |  |  |
|  | (0.00) |  |  |  |
| mess_foc |  | 0.0420*** |  |  |
|  |  | (0.00) |  |  |
| dum_hou | 0.0291*** | -0.0249*** | 0.4125*** | 0.3252*** |
|  | (0.00) | (0.00) | (0.06) | (0.07) |
| lnper_inc | 0.0069*** | 0.0458*** | 0.0768*** | 0.0623*** |
|  | (0.00) | (0.00) | (0.02) | (0.02) |
| lnwealth | -0.0206*** | 0.0168*** | -0.1855*** | -0.1333*** |
|  | (0.00) | (0.00) | (0.03) | (0.04) |
| houass_ra | -0.0001*** | -2.54e-06 | -0.0004* | -0.0002 |
|  | (0.00) | (0.00) | (0.00) | (0.00) |
| fsize | 0.0042*** | -0.0013 | 0.1574*** | 0.1498*** |
|  | (0.00) | (0.00) | (0.01) | (0.01) |
| gender | 0.0025 | -0.0070*** | 0.0038 | -0.1170*** |
|  | (0.00) | (0.00) | (0.02) | (0.02) |
| age | -0.0006 | -0.0034*** | -0.0074 | -0.0331*** |
|  | (0.00) | (0.00) | (0.01) | (0.01) |
| age2 | -0.0013*** | 0.0015*** | -0.0132** | 0.0105* |
|  | (0.00) | (0.00) | (0.01) | (0.01) |
| health | -0.0112*** | 0.0126*** | -0.1893*** | -0.3098*** |
|  | (0.00) | (0.00) | (0.02) | (0.03) |
| married | 0.0124*** | 0.0143*** | 0.3026*** | 0.3040*** |
|  | (0.00) | (0.00) | (0.04) | (0.04) |

续表

|  | （1）<br>falev | （2）<br>finan_capab | （3）<br>lntota_cons | （4）<br>lnquacons |
|---|---|---|---|---|
| *child* | -0.0234*** <br> (0.00) | -0.0073** <br> (0.00) | -0.2949*** <br> (0.04) | -0.3175*** <br> (0.05) |
| *politics* | 0.0084*** <br> (0.00) | 0.0357*** <br> (0.00) | 0.0712** <br> (0.04) | 0.1342*** <br> (0.04) |
| *edu* | 0.0005** <br> (0.00) | 0.0310*** <br> (0.00) | -0.0643*** <br> (0.01) | -0.0660*** <br> (0.01) |
| _cons | 0.3849*** <br> (0.02) | -0.1991*** <br> (0.03) | 10.8377*** <br> (0.45) | 9.3799*** <br> (0.48) |
| N | 28896 | 28896 | 28896 | 29132 |
| $R^2$ | 0.0917 | 0.5081 | 0.2513 | 0.4012 |
| $R^2\_a$ | 0.0913 | 0.5079 | 0.2540 | 0.4093 |
| F | 145.69 | 2299.26 |  |  |

## 四 稳健性检验

家庭面临信贷约束时，前文运用内生转换模型探讨了信贷约束对质量型消费的影响。为进一步验证该模型的稳健性，采用倾向得分匹配方法进行估计，两种方法的结果相近。接下来采用面板数据的双向固定效应模型方法，以检验面向家庭的信贷支持和居民金融能力影响分类消费实证结果的稳健性。

表 4-13  稳健性检验的实证结果

|  | lntota_cons | lnquacons |
|---|---|---|
| *falev* | 0.3609*** <br> (0.03) | 0.4995*** <br> (0.04) |
| *finan_capab* | 0.2121*** <br> (0.04) | 0.0788** <br> (0.05) |
| *dum_hou* | 0.0036 <br> (0.02) | -0.0170 <br> (0.03) |

续表

|  | lntota_cons | lnquacons |
|---|---|---|
| lnper_inc | 0.0668*** | 0.0673*** |
|  | (0.01) | (0.01) |
| lnwealth | 0.0595*** | 0.0755*** |
|  | (0.01) | (0.01) |
| houass_ra | 0.0001* | 0.0003*** |
|  | (0.00) | (0.00) |
| fsize | 0.0953*** | 0.1149*** |
|  | (0.01) | (0.02) |
| gender | 0.0114 | -0.0024 |
|  | (0.02) | (0.02) |
| age | -0.0249*** | -0.0411*** |
|  | (0.01) | (0.01) |
| age2 | 0.0161*** | 0.0285*** |
|  | (0.01) | (0.01) |
| edu | 0.0103*** | 0.0089* |
|  | (0.00) | (0.00) |
| health | -0.0275*** | -0.1073*** |
|  | (0.01) | (0.01) |
| married | 0.1011*** | 0.1286*** |
|  | (0.02) | (0.03) |
| child | -0.0298 | -0.0048 |
|  | (0.03) | (0.04) |
| politics | 0.0345 | 0.0815* |
|  | (0.03) | (0.04) |
| _cons | 9.4878*** | 8.4240*** |
|  | (0.21) | (0.20) |
| 家庭固定效应 | Y | Y |
| 时间固定效应 | Y | Y |
| $N$ | 28920 | 29155 |
| $R^2$ | 0.1719 | 0.0880 |

续表

|  | lntota_cons | lnquacons |
|---|---|---|
| $R^2\_a$ | 0.1715 | 0.0874 |
| $F$ | 100.3254 | 145.3541 |

注：显著性同上，括号内为省份聚类的稳健标准误。
*** 、** 、* 分别代表在1%、5%和10%的显著性水平下显著。

由表4-13可知，家庭杠杆率和居民金融能力均显著正向作用于总消费和质量型消费，但杠杆率对质量型消费的作用程度明显大于总消费，而居民金融能力对总消费的作用程度明显大于质量型消费。同时家庭的人均收入和财富都显著正向作用于总消费和质量型消费，家庭的人均收入越高，财富值越大，家庭的总消费和质量型消费越多。变换模型的实证分析方法后，实证结果的影响方向和显著性未发生明显改变，实证分析结果具有稳健性。

## 第三节 金融能力促进消费的机制分析

由以上的回归分析得知，居民金融能力助力提升家庭总消费和质量型消费的效应在划分城乡以及地区家庭样本后，结论依然成立。那么接下来进一步探讨居民金融能力促进消费的可能原因。

### 一 中介效应的实证模型设定

国内学者研究了金融知识在增加家庭风险资产配置（尹志超等，2014），促进家庭财富积累（吴雨等，2016）和缓解信贷约束（宋全云等，2017）方面的影响以及社会资本对农户家庭消费的正向影响（温雪，2018）。因此这一部分引入缓解信贷约束后家庭的正规负债、财富和社会资本作为中介变量，并借鉴Baron和Kenny（1996）的层级回归分析法验证这些变量的中介作用。中介效应模型设定如下：

$$Consump_{it} = \beta_0 + \beta_1 finan\_capab_{it} + \beta_2 X_{it} + \theta_i + \mu_t + \varepsilon_{it} \quad (4-4)$$

$$Interm_{it} = \alpha_0 + \alpha_1 finan\_capab_{it} + \alpha_2 X_{it} + \theta_i + \mu_t + u_{it} \quad (4-5)$$

$$Consump_{it} = \gamma_0 + \gamma_1 finan\_capab_{it} + \gamma_2 Interm_{it} + \gamma_3 X_{it} + \theta_i + \mu_t + \varepsilon_{it}$$
(4-6)

模型（4-4）检验了金融能力对家庭消费的影响，与模型（4-3）一致。模型（4-5）检验了金融能力对中介变量的影响，若系数显著，则金融能力的提升会引起中介变量的改变。模型（4-6）中，如果实证回归结果的$\gamma_1$不显著，但$\gamma_2$仍显著，说明中介变量发挥了完全中介的作用。若回归结果的$\gamma_1$和$\gamma_2$都显著且符号与预期一致，$\gamma_1$与$\beta_1$的数值相比有所下降，则表明以中介变量为影响路径存在部分中介效应。

## 二 中介效应的实证分析

### （一）正规负债与家庭分类消费

信贷约束的存在使得家庭无法达到其最优消费水平（Zeldes，1989），万广华等（2001）也指出信贷约束是我国居民消费水平低的一个重要原因。当个体的实际收入存在限制时，负债的存在可以满足家庭不断增加的消费需求，改善消费结构（Barba 和 Pivetti，2009）。宋全云等（2019）发现金融知识在显著增加家庭消费支出的同时提高了消费倾向，这是通过消费信贷使用等实现的。孟宏玮和闫新华（2020）也认为金融素养通过金融可得性等提高了城镇家庭的总消费和服务型消费水平。表4-14呈现了家庭的正规负债作为居民金融能力作用于分类消费的中介变量的检验结果。第（2）列和第（5）列的结果显示，金融能力使得家庭的正规负债显著增加，表明居民的金融能力越高，越有可能获得正规金融机构的贷款，通过缓解信贷约束实现跨期消费平滑的目标。从第（3）列和第（6）列的结果中得知，加入正规负债这一变量后，金融能力对总消费和质量型消费的影响系数都变小了，且正规负债的影响系数显著为正。这表明正规负债是金融能力作用于分类消费的中介变量。具体来说，金融能力的提升增加了居民获得信贷的可能性，一定程度上缓解了家庭的信贷约束，金融机构信贷支持形成的负债可帮助家庭平滑消费。这一实证结果与学者的研究结论一致。

表4-14　　　　　　　　　　正规负债的中介效应

| | （1） | （2） | （3） | （4） | （5） | （6） |
| --- | --- | --- | --- | --- | --- | --- |
| | lntota_cons | lnform_debt | lntota_cons | lnquacons | lnform_debt | lnquacons |
| finan_capab | 0.2079*** (0.06) | 0.3591** (0.26) | -0.2204 (0.14) | 0.2603*** (0.05) | 0.3590** (0.26) | -0.1135 (0.21) |
| lnform_debt | | | 0.0284** (0.01) | | | 0.0214** (0.01) |
| | 控制 | 控制 | 控制 | 控制 | 控制 | 控制 |
| _cons | 9.2471*** (0.17) | 7.2136*** (0.91) | 10.8446*** (0.52) | 8.5304*** (0.17) | 7.2136*** (0.91) | 9.1973*** (0.93) |
| 家庭固定效应 | Y | Y | Y | Y | Y | Y |
| 时间固定效应 | Y | Y | Y | Y | Y | Y |
| N | 30812 | 3890 | 3972 | 31054 | 3890 | 4006 |
| $R^2$ | 0.0648 | 0.0469 | 0.0991 | 0.0396 | 0.0469 | 0.0662 |

### （二）家庭财富与分类消费

生命周期与永久收入假说认为，财富是影响家庭消费最直接且最核心的因素之一。宋全云等（2019）指出，金融知识使得家庭的消费支出显著增加并提高了消费倾向，这种促进作用是通过财富积累等实现的。表4-15列示了家庭财富是否为金融能力作用于分类消费的中介变量。第（2）列和第（5）列的回归结果表明，金融能力显著促进了家庭财富的增加。金融能力较强的个体会通过合理配置家庭的各类资产，增加家庭的财富积累。第（3）列和第（6）列的回归结果显示，加入家庭财富变量后，金融能力对家庭总消费的影响系数变为负，对质量型消费的影响系数也为负且显著性降低了，而家庭财富对总消费和质量型消费的估计系数显著为正。这符合经济直觉，表明家庭财富是金融能力作用于家庭分类消费的重要中介变量，发挥了部分中介的作用。实际上，金融能力的提高可以帮助居民实现低成本且高效合理的风险投资，通过合理选择风险资产，增加家庭的财富水平，从而促进消费。这一实证结果同样验证了学者已有的研究结论。

表 4-15　　　　　　　　　　　家庭财富的中介效应

|  | (1) lntota_cons | (2) lnwealth | (3) lntota_cons | (4) lnquacons | (5) lnwealth | (6) lnquacons |
|---|---|---|---|---|---|---|
| finan_capab | 0.2079*** (0.06) | 0.4547*** (0.05) | -0.2258*** (0.04) | 0.2603*** (0.05) | 0.4546*** (0.05) | -0.1009* (0.05) |
| lnwealth |  |  | 0.0608*** (0.01) |  |  | 0.0845*** (0.01) |
|  | 控制 | 控制 | 控制 | 控制 | 控制 | 控制 |
| _cons | 9.2471*** (0.17) | 9.7332*** (0.25) | 9.4422*** (0.19) | 8.5304*** (0.17) | 9.7332*** (0.24) | 8.3343*** (0.19) |
| 家庭固定效应 | Y | Y | Y | Y | Y | Y |
| 时间固定效应 | Y | Y | Y | Y | Y | Y |
| N | 30812 | 31402 | 29812 | 31054 | 31402 | 30049 |
| $R^2$ | 0.0648 | 0.2236 | 0.2777 | 0.0396 | 0.2236 | 0.2250 |

**(三) 社会资本中的亲缘关系与家庭分类消费**

我国不完善的社会保障体系使得家庭的行为决策面临较高的不确定性，此时家庭会向周围的亲友寻求帮助，因此家庭的社会资本成为影响消费的一个不容忽视的因素。温雪 (2018) 认为，社会资本会正向影响农户家庭的消费。该结论为我们分析居民金融能力作用于家庭分类消费的机理及其路径提供了方向。表 4-16 列示了以居住在同一个村庄或城市的有血缘关系的亲戚个数为代表变量的家庭非正式横向社会资本作为金融能力作用于分类消费的中介变量的回归结果①。第 (2) 列和第 (5) 列的结果显示，金融能力对家庭亲缘关系的影响显著为正，金融能力作为一种人力资本，能够增强居民的家庭生存能力，扩大自身家庭关系网络。第 (3) 列和第 (6) 列的实证结果表明，金融能力对家庭总消费的影响为负且显著

---

① 本书同样对衡量正式社会资本的"家庭户主是否为政府机关、国有企业员工"，以及对衡量非正式社会资本的纵向家庭关系网络——"是否从政府那里获得补贴或补助"进行了中介变量分析，但回归结果并不符合经济直觉且不显著，所以未列示。

性较低，对质量型消费的影响也为负且不显著，但亲缘关系对总消费和质量型消费的影响都显著为正，表明亲缘关系发挥了完全的中介作用。在面对未来的不确定性时，居民会借助家庭关系网络的帮助，从而降低当前的储蓄以增加消费。此处实证验证了金融能力作为一种人力资本能够扩大居民自身所在的家庭关系网络，居民借助家庭关系网络将降低当前储蓄从而增加消费。现有研究未就金融能力对社会资本中的亲缘关系的影响进行探究，因此这部分的分析对已有研究形成了补充，拓展了相关的文献。

表 4-16　　　　　　　　　社会资本的中介效应

|  | (1) lntota_cons | (2) relation | (3) lntota_cons | (4) lnquacons | (5) relation | (6) lnquacons |
| --- | --- | --- | --- | --- | --- | --- |
| $finan\_capab$ | 0.2079*** (0.06) | 0.1926*** (0.06) | -0.2010* (0.05) | 0.2603*** (0.05) | 0.1927*** (0.05) | -0.0801 (0.06) |
| $relation$ |  |  | 0.0213*** (0.01) |  |  | 0.0276*** (0.01) |
|  | 控制 | 控制 | 控制 | 控制 | 控制 | 控制 |
| $\_cons$ | 9.2471*** (0.17) | 2.8152*** (0.17) | 9.9472*** (0.18) | 8.5304*** (0.17) | 2.8152*** (0.16) | 9.0966*** (0.20) |
| 家庭固定效应 | Y | Y | Y | Y | Y | Y |
| 时间固定效应 | Y | Y | Y | Y | Y | Y |
| $N$ | 30812 | 32409 | 30777 | 31054 | 32409 | 31019 |
| $R^2$ | 0.0648 | 0.0185 | 0.2071 | 0.0396 | 0.0185 | 0.1492 |

## 第四节　本章小结

本章在第三章度量面向家庭的信贷支持和居民金融能力的基础上，探讨了这两项因素对分类消费的影响及其作用机制。

当家庭非受信贷约束时，信贷和消费之间正相关。以此为依据，家庭的总消费和质量型消费处于不同水平时，杠杆率和居民金融能力对总消费及质量型消费均产生了显著的正向影响。更重要的是，处于相同分位时，杠杆率对质量型消费的促进作用大于总消费，且当家庭总消费和质量型消费处于中低水平时，居民金融能力对质量型消费的影响程度大于总消费。分样本研究发现，家庭杠杆率和居民金融能力对总消费和质量型消费的促进效应存在明显的城乡和地区差异：就家庭杠杆率的影响程度而言，农村家庭大于城镇家庭；西部地区明显大于东、中部地区；就居民金融能力的影响程度而言，与中、西部地区家庭不同，东部地区家庭的居民金融能力对质量型消费的提升效应明显大于对总消费的效应。当家庭处于不同消费水平时，信贷支持和居民金融能力能够促进家庭的总消费，尤其是总消费中的质量型消费。因此金融机构面向家庭的信贷支持和居民金融能力提升将促进家庭的消费升级，同时提高总消费水平。随后的中介效应检验发现，家庭的正规负债、财富以及社会资本中的亲缘关系三者能够解释金融能力对消费的促进作用。

本章研究结果有助于指导家庭合理地安排其消费选择，并在其支付能力范围内通过适度借债实现消费升级的目标；进一步帮助金融机构了解各类家庭的信贷需求，推进信贷工具的创新，设计出更加符合客户需求的金融产品和服务，提升金融创新支持消费的匹配程度；对政府相关部门而言，促进消费升级的经济金融政策要重视信贷支持的作用，同时也要意识到信贷本身的风险，推进金融政策更好地服务于消费升级。从消费结构的角度深化对城乡及地区间差异的认识，将引发对共同富裕新的思考。

# 第五章 信贷支持与金融能力对资产配置行为的效应

消费行为和资产配置行为属于家庭基本的经济行为,继上一章家庭的消费行为分析之后,本章在划分家庭资产的基础上,主要阐释面向家庭的信贷支持和居民金融能力对分类资产份额的影响。第四章的分析指出,家庭的总消费和质量型消费处于不同水平时,信贷支持和居民金融能力对总消费及质量型消费均产生了显著的正向影响。因此,考虑信贷支持和金融能力对消费行为的影响将有助于深入思考实现消费升级的路径。

综上,本章围绕家庭的资产配置行为,通过划分具体的资产类型,详细分析面向家庭的信贷支持和金融能力对分类资产份额的效应,进而探讨优化资产配置的举措。

## 第一节 家庭资产的划分及风险态度的作用分析

### 一 家庭资产的划分及其依据

马斯洛(1954)的需求层次理论假定人们的需求是有层次性的,在他们较低层次的需求得到满足后,将尝试实现更高层次的需求。该理论将人们的需求划分为两类:较低层次的短缺需求和较高层次的增长需求。人们将首先追求短缺需求，这时人们得到的越多，他们想要的就越少。当他们的短缺需求得以满足后，将开始追求增长需求，此时人们得到的越多，他们们想要的也越多。之后，Lancaster（1966）的新消费者需求理论指出消费者对特定种类商品特征的偏好将随着他们金融资源的增加而改变，金融资源即家庭的收入、财富等。消费者相比资产本身，会更加关注金融资产的特征。金融资产拥有许多和消费者相关的特征，诸如流动性、便利性、回报和风险。当消费者的金融需求可被特征化为低、中和高风险容忍时，低风险的资产通常是具有相对低收益的流动性资产，而高风险资产通常是具有潜在高回报的资产。

遵循马斯洛的理论，拥有有限资源的消费者仅能够支付得起低风险的流动性资产，随着消费者资源的增加，他们开始对较高收益兼较高风险的资产感兴趣，当金融资源进一步增加时，消费者将注意力集中在了提供最高收益（最高风险）的资产上。Xiao 和 Anderson（1997）将金融需要划分为生存需要、安全需要和增长需要。其中，生存和增长需要与马斯洛的短缺和增长需求具有相同的特征，随消费者金融资源的增加，生存需要将减少，但增长需要将增加，安全需要则是生存和增长需要特征的结合，意味着安全需要伴随金融资源的增加而增加到一个特定值，之后开始减少。假定不同的金融资产可以用于代表不同的金融需要，那么前述三类需求函数将随着金融资源的增加呈现不同的形状。这一假定不同于传统的经济效用模型，传统模型假设单个且统一的效用函数。具体来说，若一项资产代表生存需要，函数应该是反向"J"形，体现了短缺型需要的特征；若一项资产代表安全需要，函数应是倒"U"形，验证了短缺和增长需要相结合的特征；若一项资产代表增长需要，函数应是"J"形，显示了增长需要的特征。安全需要的轨迹类似于凹效用函数，表明消费者是风险规避的，增长需要的轨迹类似于凸效用函数，表明消费者是风险偏好的。

据此首先将家庭的资产按照流动性划分为实物资产和金融资产，其次将金融资产依据不同的金融需要及其特征合并为两类，划分为增长型金融资产和生存安全型金融资产。

## 二 家庭内部风险态度的作用分析

金融能力从多方面影响家庭的资产配置决策。第一，丰富的金融知识有助于理解金融市场和金融产品的风险、收益等，降低个体投资过程中的信息搜寻与处理成本（Gaudecker，2015）。Li et al.（2020）认为金融素养可能通过提升理解和比较金融资产的能力，显著增加家庭的风险资产投资。第二，基本的财务计算能力将影响投资者的投资决策（Hastings 和 Tejada-Ashton，2008），Banks 和 Oldfield（2007）发现计算水平与退休储蓄和投资资产组合强烈相关。

在探讨金融素养影响家庭资产配置的内在机理时，风险态度的作用不容忽视。朱涛等（2016）检验了金融素养与风险态度的相关性。具备较高金融素养水平的个体会增强对金融活动的掌控感，以此表现出更高的风险偏好，并最终影响金融行为。接下来，周弘（2015a）的研究认为按照风险态度对家庭分组后，接受金融教育的家庭配置了更高比例的金融资产以及现金和储蓄存款，金融教育对不同家庭金融市场参与的影响具有非对称性。胡振、臧日宏（2016）指出风险态度显著影响家庭金融资产组合分散化程度，风险厌恶程度越高，金融资产组合分散化程度越低。同时风险厌恶程度对股票、基金、债券、储蓄性保险资产占家庭金融资产的比例具有显著的负向影响。胡振等（2018）的研究发现金融素养通过风险态度实现了家庭金融资产组合的多样化，同时对资产组合多样性水平更高的家庭而言，主观金融素养的作用更大。

因此，金融能力作用于家庭资产配置决策的机制分析中，须考虑投资主体的风险态度。已知前文在构建金融能力指标体系时，考虑了金融态度二级指标，它包含投资主体对储蓄的偏好，对风险的态度以及对未来的态度，当投资者愿意承担风险进行投资时，即认为投资者具有适意的、符合自身状况的风险态度。因此，本章的研究重点放在金融能力对家庭资产配置的影响及异质性分析上。

## 第二节　信贷支持与金融能力对分类资产配置的作用分析

### 一　变量说明

#### （一）变量构成

为方便说明，表中列示了本章实证分析中采用的因变量、核心解释变量以及控制变量。其中，控制变量中的性别、年龄、教育程度、婚姻状况、健康状况和政治面貌均为家庭户主的人口统计特征变量。

表 5-1　　　　　　　　　　　变量表

| 变量类型 | 变量名称 | 变量符号 | 变量描述 |
| --- | --- | --- | --- |
| 因变量 | 实物资产份额 | physiass_ra | 实物资产占家庭总资产的比重 |
|  | 增长型金融资产份额 | growfiass_ra | 增长型金融资产占总资产的比重 |
|  | 生存安全型金融资产份额 | survfiass_ra | 生存安全型金融资产占总资产的比重 |
| 核心解释变量 | 家庭杠杆率 | falev | 家庭总负债与总资产的比值 |
|  | 居民金融能力 | finan_capab | 前文中有具体陈述 |
|  | 家庭人均收入 | lnper_inc | 家庭人均可支配收入的对数 |
|  | 家庭财富 | lnwealth | 家庭净资产的对数 |
|  | 住房所有权状况 | dum_hou | 当住房的所有权归住户本身所有时取值为1，其他状况取值为0 |
|  | 住房资产占比 | houass_ra | 住房资产与总资产的比值 |
| 控制变量 | 教育程度 | edu | 前文中有具体陈述 |
|  | 子女状况 | child | 有孩子取值为1，没有孩子取值为0 |

续表

| 变量类型 | 变量名称 | 变量符号 | 变量描述 |
| --- | --- | --- | --- |
| 控制变量 | 政治面貌 | *politics* | 中共党员取值为1，其他状况取值为0 |
| | 家庭人口数 | *fsize* | 家庭人口的绝对数 |
| | 性别 | *gender* | 男性取值为1，女性取值为0 |
| | 年龄 | *age* | 年龄的绝对数 |
| | 年龄的平方 | *age2* | 年龄的平方除以100 |
| | 婚姻状况 | *married* | 已婚取值为1，其他状况取值为0 |
| | 健康状况 | *health* | 身体状况好及以上取值为2，一般取值为1，不好取值为0 |

### （二）变量定义及取值说明

根据CHFS的调查以及前述划分依据，首先，将家庭的资产按照流动性划分为实物资产和金融资产，实物资产包括生产经营性实物资产（农业经营资产、工商业经营资产）、房地产（房产、商铺、土地资产）和耐用品（车辆、其他非金融资产）；其次，将金融资产依据不同的金融需要及其特征合并为两类，划分为增长型金融资产和生存安全型金融资产，增长型金融资产包括股票、债券、基金、衍生品、金融理财产品和非人民币资产，生存安全型金融资产包含活期与定期存款、黄金、现金、借出款、社保账户余额与其他金融资产。

家庭人均收入、住房资产占比以及控制变量等都在第四章中有具体阐述，这里不再赘述。

## 二 变量的描述性统计

由表5-2可知，在家庭的分类资产中，实物资产额的均值和标准差明显大于金融资产，在金融资产中，生存安全型金融资产额的均值明显大于增长型金融资产额。进一步划分资产子类，从表5-3中可以看出，实物资产中的房地产均值明显大于生产性实物资产和耐用品，同时在家庭的金融资产中，增长型金融资产中的股票以及生存安全型金融资产中的活期与定期存款均值最大。

表5-2　　　　　　　　　　家庭分类资产的分布描述

| 变量名 | 定义 | 均值 | 标准差 | 最小值 | 最大值 |
| --- | --- | --- | --- | --- | --- |
| physiass | 实物资产 | 568936 | 2638846 | 0 | 3.33e+08 |
| growfiass | 增长型金融资产 | 22515.62 | 179374.8 | 0 | 1.10e+07 |
| survfiass | 生存安全型金融资产 | 57612.76 | 180473.6 | 0 | 1.26e+07 |
| finass | 金融资产 | 80128.39 | 288304.8 | 0 | 1.27e+07 |
| asset | 总资产 | 649098.7 | 2698848 | 0 | 3.33e+08 |

表5-3　　　　　　　　　　家庭资产子类的分布描述

| 变量名 | 定义 | 均值 | 标准差 | 最小值 | 最大值 |
| --- | --- | --- | --- | --- | --- |
| opera_asset | 生产性实物资产 | 45450.41 | 369225.7 | 0 | 1.60e+07 |
| hou_asset | 房地产 | 492820.6 | 2574612 | 0 | 3.32e+08 |
| dura_asset | 耐用品 | 39983.68 | 141489.4 | 0 | 8340000 |
| stock | 股票 | 12115.6 | 135220 | 0 | 1.10e+07 |
| bond | 债券 | 664.0784 | 19225.12 | 0 | 2000000 |
| fund | 基金 | 2400.779 | 29778.74 | 0 | 2000000 |
| derivative | 衍生品 | 118.1498 | 10203.3 | 0 | 2000000 |
| finanprod | 金融理财产品 | 6736.087 | 70381.59 | 0 | 6000000 |
| nonrmb_asset | 非人民币资产 | 678.5845 | 41761.62 | 0 | 7000000 |
| deposit | 活期与定期存款 | 36529.71 | 136027.5 | 0 | 1.25e+07 |
| gold | 黄金 | 489.1771 | 21846.05 | 0 | 3000000 |
| cash | 现金 | 5168.254 | 30013.29 | 0 | 3000000 |
| lending | 借出款 | 8476.616 | 82802.52 | 0 | 8000000 |
| socinsura | 社保账户余额 | 7154.426 | 31343.47 | 0 | 2520002 |
| otherfin | 其他金融资产 | 34.26514 | 4526.648 | 0 | 1000000 |

## 三 实证研究设计及回归结果

### （一）计量模型的设定

Kahneman 和 Tversky（1979）在他们的前景理论中认为投资者会随着环境的变化倾向于产生不同的行为。若投资者认为一项资产相关于一项具体的需求且其他资产是为了满足另外的需求，那么他们从储蓄转向其他可替代资产的支出将改变。该理论指出投资者的效用函数或者是凹的或者是凸的，这依赖于投资者所处的环境。若安全需要与风险规避相关且增长需要与风险偏好相关，那么生存需要将指向无风险，这意味着消费者在满足他们的生存需要时无法承担任何金融风险。本书依据 Xiao 和 Anderson（1997）的研究思路，认为投资者存在风险规避与风险偏好两种情形，对应两种不同需要类型的资产。同时居民金融能力是家庭金融资源的重要体现，而金融资源是使得家庭金融资产由较低需求向较高需求变换的重要决定因素，因此引入金融能力因素。依据前述研究假设二，采用面板数据的双向固定效应模型，考察面向家庭的信贷支持和居民金融能力对家庭分类资产份额的影响，具体模型如下：

$$AS_{itj} = \beta_0 + \beta_1 * falev_{it} + \beta_2 * finan\_capab_{it} + \beta_3 * X_{it} + \theta_i + \mu_t + \varepsilon_{it}$$

(5-1)

其中，$AS_{itj}$ 表示第 i 个家庭在 t 年第 j 类需要（j 包含生存安全和增长）的资产份额，$falev_{it}$ 表示第 i 个家庭在 t 年的杠杆率，$finan\_capab_{it}$ 表示第 i 个家庭的户主在 t 年的金融能力，$X_{it}$ 表示家庭 i 随时间变化的相关控制变量，包含人口统计特征变量和家庭特征变量，它们代表了家庭生命周期的不同阶段，此时对各种资产存在不同的需求。$\theta_i$ 表示家庭固定效应，控制了家庭中不随时间而变化的因素，$\mu_t$ 表示年份固定效应。由于同一省份内不同家庭随机扰动项 $\varepsilon_{it}$ 之间的相关性，将回归标准误聚集在省份层面。

### （二）回归结果

由表 5-4 的结果可以看出，一方面，家庭杠杆率显著正向作用于实物资产份额，同时对两类金融资产份额产生了显著的负向影响。另一方面，金融能力对实物资产份额产生了显著的负向影响，而对增长型和生存安全型金融资产份额均形成了显著的正向效应。就金融资产而言，金融能力对生存安全型金融资产份额的影响程度明显大于对增长型金融资产份额的影响程度。居民的金融能力水平越高，会较少地配置实物资产，却会更多地配置金融资产，尤其是生存安全型金融资产。此外，持有房产将会挤出家庭的两类金融资产份额，家庭的人均收入显著负向作用于实物资产份额，但显著正向作用于两类金融资产份额，而家庭财富的作用与人均收入正好相反，这些结论验证了理论部分的研究假设二。

表 5-4　　　　　家庭杠杆率和居民金融能力对分类资产份额的影响

|  | physiass_ra | growfiass_ra | survfiass_ra |
| --- | --- | --- | --- |
| falev | 0.2598*** | -0.0080* | -0.2508*** |
|  | (0.01) | (0.00) | (0.01) |
| finan_capab | -0.1928*** | 0.0423*** | 0.1508*** |
|  | (0.02) | (0.01) | (0.01) |
| dum_hou | 0.1014*** | -0.0136*** | -0.0885*** |
|  | (0.01) | (0.00) | (0.01) |
| lnper_inc | -0.0134*** | 0.0018*** | 0.0115*** |
|  | (0.00) | (0.00) | (0.00) |
| lnwealth | 0.0809*** | -0.0030** | -0.0774*** |
|  | (0.00) | (0.00) | (0.00) |
| houass_ra |  | -0.0000 | 0.0001* |
|  |  | (0.00) | (0.00) |
| fsize | 0.0111*** | -0.0019 | -0.0094*** |
|  | (0.00) | (0.00) | (0.00) |
| gender | -0.0245*** | 0.0030 | 0.0214*** |
|  | (0.01) | (0.00) | (0.01) |
| age | -0.0021 | 0.0007 | 0.0014 |
|  | (0.00) | (0.00) | (0.00) |
| age2 | 0.0014 | -0.0008 | -0.0007 |
|  | (0.00) | (0.00) | (0.00) |

续表

|  | physiass_ra | growfiass_ra | survfiass_ra |
| --- | --- | --- | --- |
| *edu* | -0.0017 | -0.0006** | 0.0022** |
|  | (0.00) | (0.00) | (0.00) |
| *health* | -0.0078** | -0.0017 | 0.0095*** |
|  | (0.00) | (0.00) | (0.00) |
| *married* | 0.0033 | -0.0005 | -0.0030 |
|  | (0.01) | (0.00) | (0.01) |
| *child* | -0.0023 | -0.0091** | 0.0115 |
|  | (0.01) | (0.00) | (0.01) |
| *politics* | -0.0281** | 0.0032 | 0.0248*** |
|  | (0.01) | (0.01) | (0.01) |
| *_cons* | 0.1066* | 0.0102 | 0.8791*** |
|  | (0.06) | (0.02) | (0.06) |
| 家庭固定效应 | Y | Y | Y |
| 时间固定效应 | Y | Y | Y |
| $N$ | 27065 | 27065 | 27065 |
| $R^2$ | 0.3772 | 0.0525 | 0.3550 |
| $R^2\_a$ | 0.3769 | 0.0519 | 0.3546 |
| $F$ | 61.2263 | 12.4567 | 211.8250 |

注：***、**、*分别代表在1%、5%和10%的显著性水平下显著，括号内为省份层面的聚类稳健标准误。下同。

## 第三节 信贷支持与金融能力影响分类资产配置的分样本分析

**一 城乡家庭的信贷支持与金融能力作用于分类资产配置的效应**

由表5-5的实证结果可以看出，城乡家庭杠杆率显著正向作用于实物资产份额，同时对生存安全型金融资产份额产生了显著的负向影响。另外，杠杆率对实物资产份额的正向影响程度与对生存安全型金融资产份额的负向影响程度相差不大。具体地，城镇家庭杠杆率对实物资产份额的正向影响程度大于农村家庭，同样城镇家庭杠杆率对生存安全型金融资产份额的负向影响程度也大于农村家庭。另一方面，首先，城乡家庭的居民金融能力对实物资产份额产生了显著的负向影响，而对增长型金融资产和生存安全型金融资产份额均形成了显著的正向影响。其次，就具体的分类资产而言，金融能力对城镇家庭实物资产份额的负向效应明显大于对农村家庭的效应；金融能力对增长型金融资产份额的正向效应在城镇家庭明显大于农村家庭，而对生存安全型金融资产份额的正向效应在农村家庭大于城镇家庭。最后，针对两类金融资产，房产自有和家庭财富对增长型金融资产份额的负向效应只在城镇家庭显著，同时只有城镇家庭的人均收入将显著促进增长型金融资产的配置，仅农村家庭的房产资产占比将提升生存安全型金融资产的配置，但这种作用程度较小。

表 5-5　　城乡家庭杠杆率和居民金融能力对分类资产份额的影响

|  | physiass_ra Urban | physiass_ra Rural | growfiass_ra Urban | growfiass_ra Rural | survfiass_ra Urban | survfiass_ra Rural |
| --- | --- | --- | --- | --- | --- | --- |
| $falev$ | 0.2874*** (0.02) | 0.2164*** (0.02) | -0.0120 (0.01) | -0.0017 (0.00) | -0.2746*** (0.02) | -0.2116*** (0.02) |
| $finan\_capab$ | -0.1947*** (0.02) | -0.1494*** (0.02) | 0.0580*** (0.01) | 0.0039** (0.00) | 0.1371*** (0.02) | 0.1446*** (0.02) |
| $dum\_hou$ | 0.1090*** (0.01) | 0.0896*** (0.02) | -0.0208*** (0.01) | -0.0029 (0.00) | -0.0888*** (0.01) | -0.0891*** (0.02) |
| $lnper\_inc$ | -0.0125*** (0.00) | -0.0094*** (0.00) | 0.0020** (0.00) | 0.0003 (0.00) | 0.0105*** (0.00) | 0.0088*** (0.00) |
| $lnwealth$ | 0.0851*** (0.00) | 0.0644*** (0.00) | -0.0030* (0.00) | -0.0000 (0.00) | -0.0817*** (0.00) | -0.0629*** (0.00) |
| $houass\_ra$ |  |  | -0.0000 (0.00) | -0.0000 (0.00) | 0.0001 (0.00) | 0.0006*** (0.00) |
| $fsize$ | 0.0172*** (0.01) | 0.0022 (0.00) | -0.0034 (0.00) | 0.0006 (0.00) | -0.0141** (0.01) | -0.0028 (0.00) |
| $gender$ | -0.0205** (0.01) | -0.0182** (0.01) | 0.0020 (0.00) | 0.0007 (0.00) | 0.0186** (0.01) | 0.0160** (0.01) |

续表

|  | physiass_ra | | growfiass_ra | | survfiass_ra | |
| --- | --- | --- | --- | --- | --- | --- |
|  | Urban | Rural | Urban | Rural | Urban | Rural |
| age | -0.0024 (0.00) | 0.0006 (0.00) | 0.0006 (0.00) | -0.0001 (0.00) | 0.0018 (0.00) | -0.0005 (0.00) |
| age2 | 0.0018 (0.00) | -0.0014 (0.00) | -0.0007 (0.00) | 0.0001 (0.00) | -0.0012 (0.00) | 0.0014 (0.00) |
| edu | -0.0003 (0.00) | -0.0043*** (0.00) | -0.0009* (0.00) | 0.0002 (0.00) | 0.0011 (0.00) | 0.0040*** (0.00) |
| health | -0.0057 (0.01) | -0.0129*** (0.00) | -0.0016 (0.00) | -0.0006 (0.00) | 0.0073 (0.00) | 0.0134*** (0.00) |
| married | 0.0009 (0.01) | -0.0004 (0.01) | 0.0015 (0.01) | -0.0003 (0.00) | -0.0026 (0.01) | 0.0004 (0.01) |
| child | -0.0096 (0.01) | -0.0168 (0.01) | -0.0096 (0.01) | -0.0005 (0.00) | 0.0191 (0.01) | 0.0186 (0.01) |
| politics | -0.0428*** (0.01) | -0.0030 (0.01) | 0.0044 (0.01) | 0.0010 (0.01) | 0.0385*** (0.01) | -0.0008 (0.01) |
| _cons | -0.0071 (0.09) | 0.2713*** (0.09) | 0.0142 (0.03) | -0.0036 (0.01) | 0.9891*** (0.08) | 0.7215*** (0.09) |
| 家庭固定效应 | Y | Y | Y | Y | Y | Y |
| 时间固定效应 | Y | Y | Y | Y | Y | Y |
| N | 16554 | 10511 | 16554 | 10511 | 16554 | 10511 |
| $R^2$ | 0.4494 | 0.2434 | 0.0787 | 0.0043 | 0.4143 | 0.2475 |
| $R^2\_a$ | 0.4489 | 0.2423 | 0.0777 | 0.0027 | 0.4137 | 0.2463 |
| F | 180.6603 | 123.6761 | 12.6532 | 3.3781 | 449.8565 | 90.2110 |

## 二 不同地区的信贷支持与金融能力作用于分类资产配置的效应

从表5-6的结果可知，在东、中、西部地区，家庭杠杆率显著正向作用于实物资产份额，同时对生存安全型金融资产份额形成了显著的负向影响。杠杆率对实物资产份额的正向影响程度与对生存安全型金融资产份额的负向影响程度相差不大。具体来说，一方面，东部地区家庭杠杆率对实物资产份额的正向影响程度大于中、西部地区，同时东部地区家庭杠杆率对生存安全型金融资产份额的负向影响程度也大于中部和西部地区。另一方面，居民金融能力对东、中、西部地区家庭的实物资产份额产生了显著的负向影响，而对增长型金融资产和生存安全型金融资产份额均形成了显著的正向影响。就具体的资产而言，居民金融能力对实物资产份额的负向影响程度中，中部地区大于东部和西部地区；居民金融能力对增长型金融资产份额的作用程度表现为东部地区大于中、西部地区，而金融能力对生存安全型金融资产份额的作用程度则是中部地区大于东、西部地区。房产自有和家庭财富对三个地区的实物资产份额产生了显著的正向影响，而对生存安全型金融资产份额形成了显著的负向效应，家庭的人均收入显著负向作用于三个地区的实物资产配置，却正向作用于增长型和生存安全型金融资产的配置，东、中部地区家庭的房产资产占比将提升生存安全型金融资产的配置，但这种作用较小。

## 三 内生性检验

基于第四章的分析，此处同样采用中国各省上一年度住宅商品房的平均价格作为家庭杠杆率的工具变量，同时选取"经济金融信息的关注度"作为居民金融能力的工具变量。由于面板数据的特性，当存在自相关或异方差时，两阶段回归的效率将下降，因此采用最优广义矩估计（GMM）进行回归。表5-7中第（1）—（2）列分别列示了家庭杠杆率对上一年住宅商品房平均价格的对数以及居民金融能力对经济金融信息关注度的第一阶段回归结果，可以看出，上一年住宅商品房平均价格的对数值对家庭杠杆率以及经济金融信息关注度对居民金融能力均存在显著的正向效应。第（3）—（5）列显示了家庭杠杆率和居民金融能力对实物资产以及两类金融资产份额的 GMM 回归结果，可以发现家庭杠杆率对实物资产份额产生了显著的正向影响，对两类金融资产份额产生了显著的负向影响；居民金融能力对实物资产份额形成了显著的负向影响，而对两类金融资产份额形成了显著的正向影响，且金融能力对生存安全型金融资产份额的作用程度明显大于对增长型金融资产份额的作用。

## 第五章 信贷支持与金融能力对资产配置行为的效应

**表5-6 不同地区家庭杠杆率和居民金融能力对分类资产份额的影响**

| | physiass_ra | | | growfiass_ra | | | survfiass_ra | | |
|---|---|---|---|---|---|---|---|---|---|
| | East | Central | West | East | Central | West | East | Central | West |
| falev | 0.2883*** (0.03) | 0.2358*** (0.02) | 0.2295*** (0.02) | −0.0071 (0.01) | −0.0004 (0.01) | −0.0054 (0.00) | −0.2792*** (0.02) | −0.2341*** (0.02) | −0.2239*** (0.02) |
| finan_capab | −0.2103*** (0.02) | −0.2125*** (0.02) | −0.1488*** (0.02) | 0.0646*** (0.01) | 0.0309*** (0.01) | 0.0163*** (0.01) | 0.1438*** (0.02) | 0.1828*** (0.02) | 0.1324*** (0.02) |
| dum_hou | 0.1062*** (0.01) | 0.1130*** (0.02) | 0.0891*** (0.02) | −0.0235*** (0.01) | −0.0078 (0.01) | −0.0075 (0.01) | −0.0863*** (0.01) | −0.1053*** (0.02) | −0.0818*** (0.02) |
| lnper_inc | −0.0171*** (0.00) | −0.0092*** (0.00) | −0.0110*** (0.00) | 0.0020* (0.00) | 0.0019** (0.00) | 0.0013* (0.00) | 0.0149*** (0.01) | 0.0071*** (0.00) | 0.0097*** (0.00) |
| lnwealth | 0.0909*** (0.00) | 0.0636*** (0.00) | 0.0760*** (0.00) | −0.0050*** (0.00) | −0.0004 (0.00) | 0.0000 (0.00) | −0.0846*** (0.00) | −0.0625*** (0.00) | −0.0759*** (0.00) |
| houass_ra | | | | −0.0000 (0.00) | −0.0000 (0.00) | 0.0000*** (0.00) | 0.0006** (0.00) | 0.0001** (0.00) | 0.0000 (0.00) |
| fsize | 0.0109** (0.01) | 0.0126** (0.01) | 0.0102* (0.01) | −0.0029 (0.00) | −0.0007 (0.00) | −0.0019 (0.00) | −0.0079 (0.01) | −0.0118** (0.01) | −0.0085 (0.01) |
| gender | −0.0285*** (0.01) | −0.0203* (0.01) | −0.0216** (0.01) | 0.0033 (0.00) | −0.0001 (0.00) | 0.0060** (0.00) | 0.0245** (0.01) | 0.0202* (0.01) | 0.0156 (0.01) |
| age | −0.0009 (0.00) | −0.0016 (0.00) | −0.0048* (0.00) | 0.0014 (0.00) | 0.0007 (0.00) | −0.0002 (0.00) | −0.0004 (0.00) | 0.0008 (0.00) | 0.0050* (0.00) |
| age2 | −0.0003 (0.00) | 0.0011 (0.00) | 0.0043 (0.00) | −0.0016 (0.00) | −0.0008 (0.00) | 0.0004 (0.00) | 0.0017 (0.00) | −0.0003 (0.00) | −0.0047* (0.00) |

· 121 ·

续表

|  | physiass_ra ||| growfiass_ra ||| survfiass_ra |||
|---|---|---|---|---|---|---|---|---|---|
|  | East | Central | West | East | Central | West | East | Central | West |
| edu | -0.0023<br>(0.00) | 0.0003<br>(0.00) | -0.0029<br>(0.00) | -0.0010<br>(0.00) | -0.0003<br>(0.00) | -0.0005<br>(0.00) | 0.0033*<br>(0.00) | -0.0001<br>(0.00) | 0.0033*<br>(0.00) |
| health | -0.0043<br>(0.01) | -0.0114*<br>(0.01) | -0.0086*<br>(0.01) | -0.0012<br>(0.00) | -0.0045**<br>(0.00) | -0.0005<br>(0.00) | 0.0057<br>(0.00) | 0.0155***<br>(0.01) | 0.0091*<br>(0.00) |
| married | -0.0067<br>(0.01) | 0.0426**<br>(0.02) | -0.0038<br>(0.02) | 0.0025<br>(0.01) | 0.0030<br>(0.01) | -0.0094*<br>(0.01) | 0.0037<br>(0.01) | -0.0456**<br>(0.02) | 0.0131<br>(0.02) |
| child | 0.0047<br>(0.01) | 0.0046<br>(0.02) | -0.0182<br>(0.02) | -0.0111<br>(0.01) | -0.0038<br>(0.01) | -0.0101*<br>(0.01) | 0.0079<br>(0.01) | -0.0004<br>(0.02) | 0.0283<br>(0.02) |
| politics | -0.0416***<br>(0.02) | -0.0090<br>(0.02) | -0.0290*<br>(0.02) | 0.0056<br>(0.01) | -0.0027<br>(0.01) | 0.0042<br>(0.01) | 0.0366**<br>(0.01) | 0.0109<br>(0.02) | 0.0248<br>(0.02) |
| _cons | -0.0059<br>(0.08) | 0.2186**<br>(0.09) | 0.2193***<br>(0.08) | 0.0216<br>(0.04) | -0.0268<br>(0.02) | 0.0041<br>(0.02) | 0.9658***<br>(0.07) | 0.8043***<br>(0.09) | 0.7757***<br>(0.08) |
| 家固效应 | Y | Y | Y | Y | Y | Y | Y | Y | Y |
| 时固效应 | Y | Y | Y | Y | Y | Y | Y | Y | YY |
| N | 11677 | 7193 | 8195 | 11677 | 7193 | 8195 | 11677 | 7193 | 8195 |
| $R^2$ | 0.4380 | 0.3064 | 0.3373 | 0.0761 | 0.0384 | 0.0341 | 0.4066 | 0.2919 | 0.3313 |
| $R^2\_a$ | 0.4372 | 0.3048 | 0.3360 | 0.0747 | 0.0362 | 0.0321 | 0.4057 | 0.2902 | 0.3299 |
| F | 243.0638 | 83.3244 | 107.5643 | 21.2113 | 6.2267 | 6.2170 | 198.7693 | 72.2107 | 95.4631 |

注：显著性同上，括号内为个体层面的聚类稳健标准误。

表 5-7　　　　　　　家庭分类资产份额对工具变量的两阶段回归

| | (1) falev | (2) finan_capab | (3) physiass_ra | (4) growfiass_ra | (5) survfiass_ra |
|---|---|---|---|---|---|
| falev | | | 3.1184*** (0.36) | -0.3869*** (0.11) | -2.7324*** (0.31) |
| finan_capab | | | -0.9955*** (0.10) | 0.4231*** (0.03) | 0.5726*** (0.09) |
| lnhou_pri | 0.0128*** (0.00) | | | | |
| mess_foc | | 0.0424*** (0.00) | | | |
| dum_hou | 0.0294*** (0.00) | -0.0266*** (0.00) | -0.0048 (0.02) | 0.0075 (0.00) | -0.0026 (0.01) |
| lnper_inc | 0.0070*** (0.00) | 0.0453*** (0.00) | -0.0111** (0.01) | -0.0108*** (0.00) | 0.0219*** (0.00) |
| lnwealth | -0.0205*** (0.00) | 0.0170*** (0.00) | 0.1407*** (0.01) | -0.0145*** (0.00) | -0.1263*** (0.01) |
| houass_ra | -0.0001*** (0.00) | -0.0000 (0.00) | | -0.0000* (0.00) | 0.0000 (0.00) |
| fsize | 0.0043*** (0.00) | -0.0016* (0.00) | -0.0112*** (0.00) | 0.0009 (0.00) | 0.0104*** (0.00) |
| gender | 0.0025 (0.00) | -0.0073*** (0.00) | -0.0095 (0.01) | -0.0046*** (0.00) | 0.0141*** (0.01) |
| age | -0.0005 (0.00) | 0.0032*** (0.00) | -0.0030** (0.00) | 0.0019*** (0.00) | 0.0011 (0.00) |
| age2 | -0.0013*** (0.00) | 0.0013** (0.00) | 0.0061*** (0.00) | -0.0014*** (0.00) | -0.0047*** (0.00) |
| health | -0.0110*** (0.00) | 0.0126*** (0.00) | 0.0266*** (0.01) | -0.0104*** (0.00) | -0.0162*** (0.01) |
| married | 0.0118*** (0.00) | 0.0161*** (0.00) | -0.0406*** (0.01) | -0.0013 (0.00) | 0.0419*** (0.01) |

续表

|  | (1) falev | (2) finan_capab | (3) physiass_ra | (4) growfiass_ra | (5) survfiass_ra |
|---|---|---|---|---|---|
| *child* | -0.0237*** | -0.0076** | 0.0472*** | -0.0071** | -0.0401*** |
|  | (0.00) | (0.00) | (0.01) | (0.00) | (0.01) |
| *politics* | 0.0086*** | 0.0369*** | -0.0167* | -0.0091*** | 0.0259*** |
|  | (0.00) | (0.00) | (0.01) | (0.00) | (0.01) |
| *edu* | 0.0004* | 0.0310*** | 0.0177*** | -0.0094*** | -0.0083*** |
|  | (0.00) | (0.00) | (0.00) | (0.00) | (0.00) |
| _cons | 0.3849*** | -0.1912*** | -0.3325*** | 0.0124 | 1.3206*** |
|  | (0.02) | (0.03) | (0.12) | (0.03) | (0.10) |
| N | 30429 | 30429 | 30429 | 30429 | 30429 |
| $R^2$ | 0.0913 | 0.5085 | 0.3012 | 0.1419 | 0.1713 |
| $R^2\_a$ | 0.0909 | 0.5083 | 0.3019 | 0.1416 | 0.1718 |
| F | 152.46 | 2434.30 |  |  |  |

注：显著性同上。括号内为稳健标准误。

## 四 稳健性检验

为了检验实证结果的稳健性，接下来选取家庭实物资产中的生产经营性资产，增长型金融资产中的股票，以及生存安全型金融资产中的活期与定期存款作为分类资产的代表资产，以生产经营性资产占实物资产的比重，股票占金融资产的比重和活期与定期存款占金融资产的比重作为因变量，探讨家庭杠杆率和居民金融能力对子类资产配置的影响。

表5-8　　　　　　杠杆率和金融能力对子类资产份额的影响

|  | operass_ra | stock_ra | deposit_ra |
|---|---|---|---|
| *falev* | 0.0459*** | -0.0087* | -0.0741*** |
|  | (0.01) | (0.01) | (0.02) |
| *finan_capab* | -0.0053** | 0.0656*** | 0.2826*** |
|  | (0.01) | (0.01) | (0.02) |

续表

| | operass_ra | stock_ra | deposit_ra |
|---|---|---|---|
| dum_hou | -0.0011 | 0.0001 | -0.0276* |
| | (0.00) | (0.00) | (0.01) |
| lnper_inc | 0.0079*** | -0.0004 | -0.0006 |
| | (0.00) | (0.00) | (0.00) |
| lnwealth | 0.0086*** | 0.0023*** | 0.0233*** |
| | (0.00) | (0.00) | (0.00) |
| houass_ra | -0.0831*** | 0.0000*** | -0.0000 |
| | (0.01) | (0.00) | (0.00) |
| fsize | 0.0012 | -0.0014 | 0.0004 |
| | (0.00) | (0.00) | (0.01) |
| gender | 0.0052 | 0.0005 | 0.0066 |
| | (0.00) | (0.00) | (0.01) |
| age | -0.0021** | 0.0019** | -0.0041 |
| | (0.00) | (0.00) | (0.00) |
| age2 | 0.0017* | -0.0019** | 0.0040 |
| | (0.00) | (0.00) | (0.00) |
| edu | -0.0007 | -0.0004 | -0.0022 |
| | (0.00) | (0.00) | (0.00) |
| health | 0.0028* | -0.0016 | 0.0166*** |
| | (0.00) | (0.00) | (0.01) |
| married | -0.0126*** | 0.0002 | -0.0260** |
| | (0.00) | (0.00) | (0.01) |
| child | -0.0008 | -0.0079 | -0.0036 |
| | (0.01) | (0.01) | (0.01) |
| politics | -0.0019 | 0.0020 | 0.0111 |
| | (0.00) | (0.00) | (0.02) |
| _cons | -0.0254 | -0.0805** | -0.0071 |
| | (0.04) | (0.03) | (0.11) |
| 家庭固定效应 | Y | Y | Y |
| 时间固定效应 | Y | Y | Y |

续表

|  | operass_ra | stock_ra | deposit_ra |
|---|---|---|---|
| $N$ | 26634 | 26352 | 26369 |
| $R^2$ | 0.0679 | 0.0163 | 0.0319 |
| $R^2\_a$ | 0.0673 | 0.0157 | 0.0313 |
| $F$ | 55.8511 | 7.4920 | 69.6469 |

注：显著性同上。括号内为省份层面的聚类稳健标准误。

由表5-8可知，家庭杠杆率对生产经营性资产份额产生了显著的正向影响，对股票资产份额和活期与定期存款份额产生了显著的负向影响。而居民金融能力对生产经营性资产份额形成了显著的负向影响，对股票资产份额和活期与定期存款份额形成了显著的正向影响，且金融能力对活期与定期存款份额的作用程度明显大于对股票资产份额的作用。变换模型的因变量后，实证结果的影响方向和显著性未发生明显改变，实证结果较为稳健。

## 第四节 本章小结

本章围绕家庭的资产配置行为，通过面板数据的双向固定效应模型探讨了面向家庭的信贷支持和居民金融能力对家庭分类资产配置的效应。

研究结果表明，家庭杠杆率显著正向作用于实物资产份额，同时对增长型和生存安全型金融资产份额产生了显著的负向影响。而居民金融能力显著负向作用于实物资产份额，同时对两类金融资产份额均形成了显著的正向影响。就金融资产而言，金融能力对生存安全型金融资产份额的影响程度明显大于对增长型金融资产份额的影响程度。划分城乡和地区家庭样本，城镇家庭杠杆率对实物资产份额的正向影响程度以及对生存安全型金融资产份额的负向影响程度都大于农村家庭。另外，东部地区家庭杠杆率对实物资产份额的正向影响程度和对生存安全型金融资产份额的负向影响程度均大于中部和西部地区。最后，考虑两类金融资产，无论在城乡还是各个地区,居民的金融能力对生存安全型金融资产份额的提升效应明显大于对增长型金融资产份额的效应。金融机构面向家庭的信贷支持有助于促进实物资产的配置,而相比于信贷支持的作用,居民金融能力能够更有效地提高两类金融资产的配置比例,满足家庭更高质量的投资需求,促进财富积累,同时信贷支持与居民金融能力在优化家庭资产配置的过程中发挥了互补性的作用。

# 第六章 家庭金融行为的地区间和城乡差异分析

中国的东、中、西部地区间在经济发展水平、文化风俗习惯等方面都存在较大差异。另外，各地区的家庭具有不同的消费水平及结构，即地区差异和家庭异质性都成了不容忽视的问题。韩立岩、杜春越（2011）的分析发现房贷支出对消费的影响存在地区差异，同时中、西部地区的房贷支出和教育水平均显著促进消费。

在第四、第五章研究的基础上，本章围绕家庭金融行为效应的地区间和城乡差异，通过运用自助抽样方法的费舍尔组合检验，探讨信贷支持和金融能力影响分类消费和资产份额效应地区间和城乡差异，同时进一步分析差异形成的原因。从现实意义讲，本章的研究能够为实现消费升级和资产配置优化的区域金融政策制定提供参考。同时从理论方面，本章的研究也有助于了解家庭金融行为效应地区差异形成的深层次原因，拓展了家庭金融行为的差异化研究。

## 第一节 地区间消费行为效应的差异

### 一 信贷支持影响质量型消费的地区差异

首先，为进一步分析地区间的差异，分别对东部和中部地区，中部和西部地区以及东部和西部地区家庭的信贷支持影响质量型消费的效应进行了比较。从内容上说，比较这三组地区能更清晰地看到杠杆率影响质量型消费程度的差异；实证方法方面，分地区家庭杠杆率影响质量型消费的绝对数值的大小由于置信区间的重合并不能完全精确地反映地区间影响的差异，因此本书运用自助抽样方法的费舍尔组合检验，将两个地区质量型消费处于同一分位的家庭，其杠杆率对质量型消费影响的系数做差值，并检验其显著性。回归结果如表6-1所示。

表6-1 地区间家庭质量型消费不同分位效应的系数差异（杠杆率的作用）

| lnquacons | Central and West q_75 b0-b1 | Freq | East and West q_25 b0-b1 | Freq | East and West q_75 b0-b1 | Freq |
|---|---|---|---|---|---|---|
| falev | -0.187* | 94 | -0.110* | 92 | -0.233** | 98 |
| dum_hou | -0.007 | 68 | -0.128** | 98 | 0.002 | 42 |
| lnper_inc | 0.014 | 13 | 0.047** | 4 | 0.022** | 2 |
| lnwealth | -0.034* | 91 | -0.012 | 78 | -0.030** | 96 |
| houass_ra | -0.002 | 71 | -0.003 | 74 | 0.007 | 27 |
| fsize | 0.023 | 30 | 0.024 | 23 | -0.031 | 71 |
| gender | -0.009 | 81 | 0.004 | 33 | -0.008 | 74 |
| age | 0.006 | 25 | 0.008 | 24 | 0.000 | 57 |
| age2 | 0.006 | 13 | 0.010 | 14 | 0.003 | 33 |
| edu | 0.003 | 23 | 0.001 | 48 | -0.003 | 67 |
| health | 0.033** | 1 | -0.011 | 76 | -0.003 | 64 |
| married | -0.058** | 98 | 0.055 | 15 | 0.005 | 31 |
| child | -0.081 | 81 | -0.019 | 89 | -0.060 | 84 |
| politics | -0.073** | 98 | -0.010 | 71 | -0.106*** | 100 |

注：b0-b1表示两个地区相关解释变量影响被解释变量系数的差异，Freq显示系数差异的显著性。在比较东部与中部地区影响的差异时，设置中部地区为1的地区间虚拟变量；当比较中部与西部地区影响的差异时，设置西部地区为1的地区间虚拟变量；在比较东部与西部地区影响的差异时，设置西部地区为1的地区间虚拟变量。下同。

由表6-1可知，在高质量型消费水平下，杠杆率对质量型消费的影响在中部和西部地区家庭存在显著差异，西部地区家庭杠杆率的正向影响显著大于中部地区，同时该地区家庭财富的正向影响也显著大于中部地区。另外，在质量型消费处于低和高水平的家庭，杠杆率和家庭的人均收入对质量型消费的影响差异在东、西部地区显著，西部地区家庭杠杆率的正向影响显著大于东部地区。在东部和中部地区质量型消费水平处于各个分位的家庭，杠杆率对质量型消费的影响并不存在显著的地区差异。

## 二 居民金融能力影响质量型消费的地区差异

接下来分析居民金融能力作用于质量型消费的地区差异，同样划分三组地区进行地区差异比较并检验其显著性。实证结果如表6-2所示。

表6-2 地区间家庭质量型消费不同分位效应的系数差异（金融能力的作用）

| lnquacons | Central and West q_25 b0-b1 | Freq | East and West q_50 b0-b1 | Freq | q_75 b0-b1 | Freq |
|---|---|---|---|---|---|---|
| finan_capab | -0.010 | 45 | 0.028* | 9 | 0.021 | 26 |
| dum_hou | -0.121** | 98 | -0.053** | 99 | -0.006 | 69 |
| lnper_inc | 0.021 | 29 | 0.021 | 10 | 0.016 | 22 |
| lnwealth | -0.003 | 54 | -0.004 | 51 | -0.011 | 59 |
| fsize | -0.001 | 29 | -0.062 | 69 | -0.031 | 72 |
| gender | -0.002 | 65 | 0.002 | 55 | 0.026 | 33 |
| age | 0.011 | 35 | 0.007 | 37 | 0.023 | 14 |
| age2 | 0.002 | 41 | -0.003 | 55 | -0.026 | 89 |
| edu | 0.008 | 34 | -0.001 | 47 | -0.014 | 76 |
| health | 0.007 | 42 | -0.010 | 81 | -0.006 | 69 |
| married | 0.039 | 34 | -0.005 | 48 | 0.011 | 31 |
| child | -0.016 | 75 | -0.083*** | 100 | -0.057 | 86 |
| politics | -0.047 | 87 | -0.057* | 95 | -0.043 | 88 |

从表6-2中可以看出，在质量型消费处于中等水平时，居民金融能力和家庭房产持有状况影响质量型消费的东、西部地区差异显著，东部地区

金融能力的正向作用显著大于西部地区。即在质量型消费处于平均水平时，东部地区金融能力越高，拥有房产的家庭，其质量型消费水平明显高于西部地区。而在东部和中部地区以及中部和西部地区质量型消费水平处于不同水平的家庭，金融能力对质量型消费的影响并未存在显著的地区差异。

## 第二节 地区间资产配置行为效应的差异

### 一 信贷支持影响分类资产份额的地区差异

为深入分析家庭信贷支持影响资产配置份额的地区差异，本节同样运用自助抽样方法的费舍尔组合检验，分别对东部和中部，中部和西部以及东部和西部地区家庭杠杆率影响分类资产份额的程度进行了比较，表6-3清晰地呈现了影响系数的差值及其显著性。

表6-3　　　　东部和西部地区家庭杠杆率影响资产配置的系数差异

|  | physiass_ra | | survfiass_ra | |
| --- | --- | --- | --- | --- |
|  | b0-b1 | Freq | b0-b1 | Freq |
| falev | 0.054* | 7 | -0.055** | 96 |
| 1.dum_hou | 0.041* | 7 | -0.021 | 85 |
| lnper_inc | -0.007 | 90 | 0.003 | 32 |
| lnwealth | 0.014*** | 0 | -0.009** | 99 |
| houass_ra |  |  | 0.000 | 17 |
| fsize | -0.000 | 57 | 0.002 | 29 |
| 1.gender | -0.017 | 83 | 0.019 | 14 |
| age | 0.005* | 8 | -0.007** | 97 |
| age2 | -0.006* | 94 | 0.008** | 2 |
| edu | -0.000 | 54 | 0.000 | 47 |
| 1.health | -0.002 | 59 | 0.001 | 49 |

续表

|  | physiass_ra | | survfiass_ra | |
|---|---|---|---|---|
|  | b0-b1 | Freq | b0-b1 | Freq |
| 2. health | 0.006 | 26 | -0.005 | 68 |
| 1. married | 0.004 | 42 | -0.014 | 69 |
| 1. child | 0.020 | 32 | -0.026 | 78 |
| 1. politics | -0.019 | 84 | 0.010 | 25 |
| _cons | -0.305*** | 100 | 0.277*** | 0 |

表6-3的结果表明,在东部和西部地区,家庭杠杆率和财富对实物资产份额和生存安全型金融资产份额的影响在这两个地区存在显著差异。具体来说,就杠杆率作用于实物资产份额的程度而言,东部地区显著大于西部地区,同时对作用于生存安全型金融资产份额的负向影响程度来说,东部地区明显大于西部地区。持有房产的状况仅对实物资产份额的正向影响程度存在显著的东、西部地区差异且这种影响程度在东部地区明显大于西部地区。在东、中部地区以及中、西部地区家庭,杠杆率对实物资产份额和两类金融资产份额的影响并未存在显著的地区差异。

## 二 居民金融能力影响分类资产份额的地区差异

接下来分析居民金融能力作用于分类资产份额的地区差异,同样划分三组地区进行地区差异比较并检验其显著性。结果见表6-4。

表6-4　　　三个地区间居民金融能力影响资产配置的系数差异

|  | East and Central | | | | East and West | | | |
|---|---|---|---|---|---|---|---|---|
|  | physiass_ra | | growfiass_ra | | physiass_ra | | growfiass_ra | |
|  | b0-b1 | Freq | b0-b1 | Freq | b0-b1 | Freq | b0-b1 | Freq |
| finan_capab | -0.039** | 98 | 0.033*** | 0 | -0.068*** | 100 | 0.042*** | 0 |
| 1. dum_hou | -0.014 | 72 | -0.014* | 93 | 0.012 | 19 | -0.016** | 99 |

续表

|  | East and Central |  |  |  | East and West |  |  |  |
| --- | --- | --- | --- | --- | --- | --- | --- | --- |
|  | physiass_ra |  | growfiass_ra |  | physiass_ra |  | growfiass_ra |  |
|  | b0−b1 | Freq | b0−b1 | Freq | b0−b1 | Freq | b0−b1 | Freq |
| lnper_inc | −0.004 | 86 | −0.000 | 52 | −0.002 | 79 | 0.001 | 16 |
| lnwealth | 0.029*** | 0 | −0.004*** | 100 | 0.017*** | 0 | −0.004*** | 100 |
| houass_ra |  |  | 0.000 | 44 |  |  | −0.000 | 64 |
| fsize | −0.006 | 84 | −0.002 | 83 | −0.005 | 71 | −0.001 | 77 |
| 1.gender | −0.022 | 89 | 0.003 | 22 | −0.012 | 84 | −0.004 | 81 |
| age | 0.001 | 33 | −0.000 | 49 | 0.005 | 11 | 0.001 | 27 |
| age2 | −0.002 | 76 | −0.000 | 54 | −0.006** | 96 | −0.002 | 82 |
| edu | −0.001 | 73 | −0.001 | 80 | 0.000 | 43 | −0.000 | 70 |
| 1.health | −0.010 | 73 | −0.002 | 72 | −0.003 | 61 | 0.001 | 51 |
| 2.health | 0.004 | 28 | 0.004 | 15 | 0.002 | 49 | −0.000 | 70 |
| 1.married | −0.039** | 96 | 0.003 | 37 | −0.012 | 67 | 0.011* | 7 |
| 1.child | 0.001 | 49 | −0.008 | 84 | 0.011 | 31 | 0.001 | 45 |
| 1.politics | −0.026 | 88 | 0.006 | 30 | −0.026 | 86 | 0.003 | 38 |
| _cons | −0.238** | 96 | 0.050 | 15 | −0.226** | 98 | 0.015 | 26 |

由表6-4可知，在东、中部地区家庭，居民金融能力和家庭财富对实物资产和增长型金融资产份额的影响存在显著的地区差异。就金融能力对实物资产份额的负向影响程度而言，东部地区明显大于中部地区；而增长型金融资产份额的正向效应方面，东部地区仍然明显大于中部地区。另外，对于东部和西部地区家庭，居民金融能力对实物资产和增长型金融资产份额的影响同样具有显著的地区差异，且实物资产份额的负向作用差异大于增长型金融资产份额的正向作用差异。地区间家庭持有房产仅对增长型金融资产份额的影响存在显著的地区差异，同时家庭财富对实物资产和增长型金融资产份额的影响存在明显的东、中部差异和东、西部差异。就中、西部地区家庭而言，居民金融能力对实物资产和两类金融资产份额的作用均无显著的地区差异，仅家庭财富对实物资产和生存安全型金融资产份额的影响存在明显的地区差异。

## 第三节 地区间家庭金融行为效应差异的原因

由前两节的实证检验结果可知，金融机构面向家庭的信贷支持和居民金融能力对分类消费和资产配置的作用在地区间存在显著差异，表现为不同地区以促进消费升级和优化资产配置的效果不尽相同，因此需重视这种差异并分析其产生的原因。结合前述分析结论以及学者的相关研究，家庭的房产资产以及户主的教育程度等可以部分解释这种差异，因此接下来重点分析这两项因素。

### 一 家庭房产

随着资本市场的迅速发展和中国各个地区居民可支配收入水平的提高，收入和财富的差距成为地区发展不平衡的重要体现。家庭财富包括金融资产、房产净值、动产与耐用消费品、生产经营性资产、非住房负债以及土地等。家庭人均财富的增长，一方面是收入累积的作用，另一方面则源于财产价值的增值。

2015—2017年，东、西部地区家庭的人均财富均逐年增加，而中部地区家庭的人均财富水平在经历了2016年的小幅下降后开始回升，在2017年达到了人均16万元左右。其次就东、中、西部地区家庭的人均财富水平而言，东部地区明显高于中、西部地区，且东、西部和东、中部地区家庭人均财富的差异明显大于中、西部地区家庭的差异。《中国家庭财富调查报告》显示，较2015年，2016年全国居民房产净值增长幅度达17.95%，房产净值的增长额占家庭人均财富增长额的68.24%，成为家庭人均财富增长最重要的因素。由此试图从房产净值的角度探讨地区差异形成的原因。

第一，本书梳理了东、中、西部地区部分主要省市有关房产的金融政策，以考察不同地区房产金融政策影响房产发展的地区性差异。

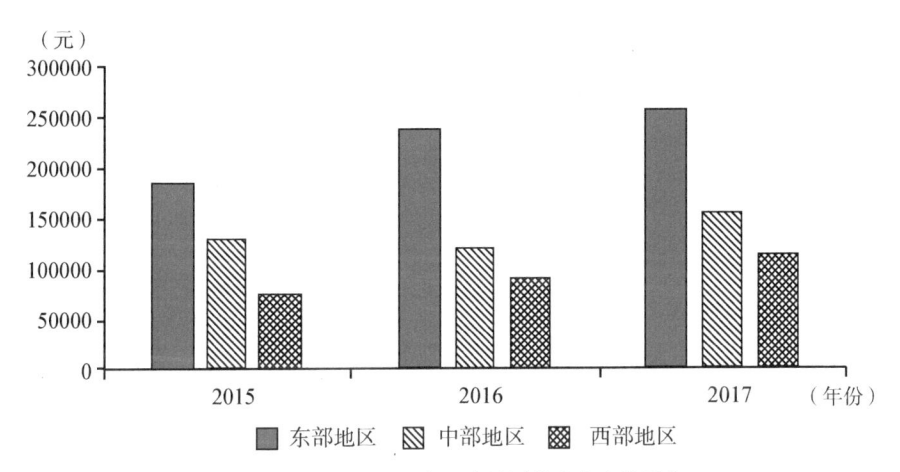

# 第六章 家庭金融行为的地区间和城乡差异分析

**图6-1　2015—2017年三个地区的家庭人均财富**

资料来源：2015年、2016年、2017年《中国家庭财富调查报告》。

**表6-5　2013—2017年三个地区部分省市住房相关金融政策措施**

| 年份 | 东部地区 | 中部地区 | 西部地区 |
|---|---|---|---|
| 2013 | 杭州市政府落实房地产调控政策，按照其要求，人民银行杭州中心支行发布《关于调整杭州市区差别化住房信贷政策的通知》，对差别化住房信贷政策做出调整。《通知》调整了第二套住房贷款的首付款比例，要求对贷款购买第二套住房的家庭，首付款比例不得低于70%。重申了国家有关差别化住房信贷政策，对贷款购买首套自住住房的家庭，继续执行最低首付款比例30%的规定；继续暂停发放家庭购买第三套及以上住房贷款 | 南昌市政府下发《关于进一步做好房地产市场调控工作的意见》，提出六条住房调控措施。"昌六条"明确提出，要抑制不合理住房消费。其中，人民银行南昌中心支行在国家统一信贷政策基础上，根据本市房价控制目标和政策要求，进一步提高第二套住房贷款的首付比例；在继续执行原有住房限购政策基础上，调整非本市户籍居民家庭购房的条件，即提供缴纳个人所得税或社会保险缴纳证明的年限，由连续1年调整为2年。严禁未成年人购买住房 | 南宁市各大银行的首套房贷利率优惠普遍都上浮。部分银行已经开始执行基准利率。从放贷时间看，目前南宁各大银行基本上相差不大，仍正常放贷，不过月底贷款时间要额外增加两周，所以放贷时间相对会延长 |

续表

| 年份 | 东部地区 | 中部地区 | 西部地区 |
| --- | --- | --- | --- |
| 2014 |  | 央行、银监会等多部门联合下发房贷新政。工、农、中、建四大行南充分行已按新政实行首套房认定，落实房贷新政。目前建行、农行已经出台了落地政策，对于贷款购买首套自住房的家庭，贷款最低首付款比例为30%，贷款利率下限为贷款基准利率的0.7倍。具体根据借款人购房情况及其信用记录、还款能力等因素等区别确定 | 2014年上半年，受全国房地产市场投资下行趋势的影响，全区房地产开发投资趋于谨慎，增速有所回落；在此大环境下，新疆银行业房地产贷款仍保持较高增速。房地产贷款发展呈现四大特点：一是住房开发投资增速回落，住房开发贷款快速增长；二是房地产市场销售低迷，个人购房贷款增速放缓；三是受经济社会发展水平影响，区内房地产市场发展地域性、差异性日益凸显；四是房地产不良贷款"双降"，但部分领域房地产贷款风险需引起关注 |
| 2015 | 人民银行、住建部、银监会发布《关于个人住房贷款政策有关问题的通知》，为进一步完善个人住房信贷政策，支持居民自住和改善性住房需求，促进房地产市场平稳健康发展，经国务院批准，现就有关事项通知如下：一、继续做好住房金融服务工作，满足居民家庭改善性住房需求；二、进一步发挥住房公积金对合理性住房消费的支持作用；三、加强政策指导，做好贯彻落实、监督和政策评估工作 |  |  |

续表

| 年份 | 东部地区 | 中部地区 | 西部地区 |
|---|---|---|---|
| 2016 | 根据银发〔2015〕305号和银发〔2016〕26号文件规定以及杭州市政府的相关要求,为进一步促进杭州市房地产市场平稳健康发展,浙江省市场利率定价自律机制决议进一步调整杭州部分区域差别化住房信贷政策 | 安徽银监局强化合肥银行业全口径监管,持续提升服务实体经济质效。组织合肥地区房地产业务专项检查,进行房地产贷款压力测试,进一步加大房地产领域风险防控力度 | |
| 2017 | 为促进房地产市场平稳健康发展,北京市发布《关于完善商品住房销售和差别化信贷政策的通知》,涉及商品住房销售和居民家庭申请商业性个人住房贷款的规定 | 武汉市房管局下发通知,进一步规范全市商品房预售管理,设置选房购房限制条件等5类行为将被认定为违规,相应开发商会面临暂停项目网签等严厉处罚。其中,在销售商品房时,开发商不得以要求购房人一次性付款,或采取一次性付款优先选房等方式,拒绝购房人正常使用住房公积金个人贷款购房。保障购房者公平选房的权利 | 西安市房地产金融方面,突出的表现是房地产开发贷款增速放缓,而个人住房贷款增速加快。由于调控政策较为温和,部分区域房价仍有上涨趋势 |

资料来源:中国银行保险监督管理委员会(现国家金融监督管理总局)网站,中国人民银行网站。

第二,房产这类特殊的大额耐用资产本身无法迁移流动,因此具备了鲜明的地区性特征,异质性家庭持有房产的状况不同,将会对质量型消费和分类资产份额产生差异化的作用。借助前述的实证分析结果,同时结合其他经济数据进一步验证差异存在的原因。

图6-2显示,东、中、西部三个地区住宅商品房销售额环比增长率在2013—2014年经历了急剧下降,之后到2016年快速回升,尤其是东部和中部地区。东部地区2017—2018年的住宅商品房销售额环比增长率在经历了2016年以来的急剧下降后开始较快回升,该地区家庭对住宅类房产配置

的环比增加挤出了质量型消费和其他类型资产的配置,而中部和西部地区2017—2018 年住宅商品房销售额环比增长率趋于平稳,即家庭对房产的有效需求较为平稳,房产对质量型消费和其他类型资产配置的挤出作用较小。因此房产资产形成了家庭质量型消费和分类资产份额存在地区差异的一个重要原因。

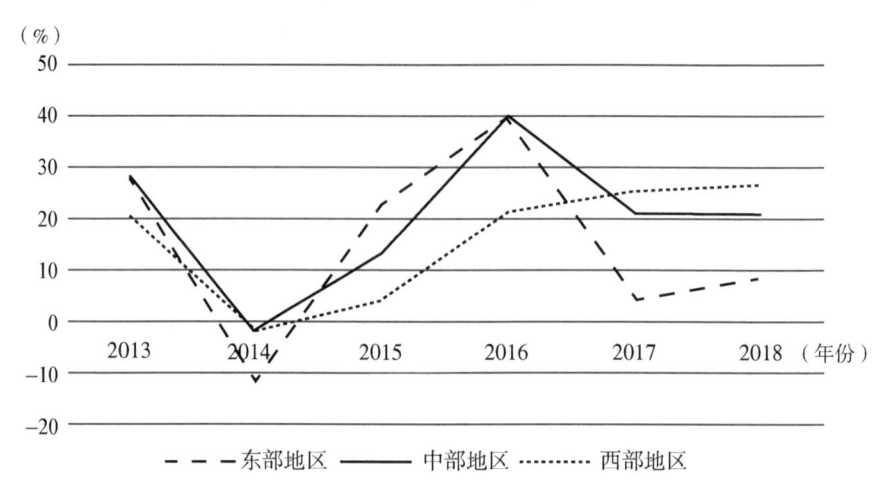

图 6-2　三个地区住宅商品房销售额环比增长率

资料来源:国家统计局网站。

## 二　分样本分析

接下来,根据住房资产价值的高低划分了三类家庭,以进一步验证不同地区间信贷支持和金融能力影响质量型消费和分类资产份额的差异。

表 6-6　　　　　　　　不同住房价值下质量型消费效应的地区差异

| 房产值 | 高房产值 | | 低房产值 | |
|---|---|---|---|---|
| 地区 | 中、西 | 东、西 | 中、西 | 东、西 |
| q_25 | 是 | 是 | 否 | 否 |
| q_50 | 否 | 否 | 否 | 否 |
| q_75 | 否 | 否 | 是 | 是 |

注:表中"是"表示存在明显的地区间差异,"否"表示不存在地区间的明显差异。下同。

从表6-6中可以看出，在高房产值且质量型消费处于低水平的家庭，杠杆率和金融能力对质量型消费的影响在中部和西部、东部和西部地区之间存在显著的地区差异，同时在低房产值且质量型消费处于高水平的家庭，杠杆率和金融能力对质量型消费的影响同样在中、西部和东、西部之间存在显著的地区差异。

表6-7　　　　　不同住房价值下分类资产份额效应的地区差异

| 房产值 | 高房产值 | | | 中等房产值 | | | 低房产值 | |
|---|---|---|---|---|---|---|---|---|
| 地区 | 东、中 | 中、西 | 东、西 | 东、中 | 中、西 | 东、西 | 东、中 | 东、西 |
| *physiass_ra* | 是 | 是 | 是 | 否 | 是 | 是 | 否 | 是 |
| *growfiass_ra* | 是 | 否 | 是 | 否 | 否 | 否 | 是 | 是 |
| *survfiass_ra* | 否 | 是 | 是 | 是 | 是 | 是 | 是 | 是 |

由表6-7可知，在高房产值的家庭，杠杆率和金融能力对实物资产份额的影响在三个地区间都存在显著的地区差异，对增长型金融资产份额的影响在东、中部和东、西部间存在显著的地区差异，而对生存安全型金融资产份额的影响在中、西部和东、西部间存在显著的地区差异；在中等房产值的家庭，杠杆率和金融能力对实物资产份额的影响在中、西部和东、西部间存在显著的地区差异，对增长型金融资产份额的影响不存在显著的地区差异，同时对生存安全型金融资产份额的影响在三个地区间均存在显著的地区差异；最后在低房产值的家庭，杠杆率和金融能力对实物资产份额的影响只在东、西部间存在显著的地区差异，对增长型和生存安全型金融资产份额的影响则在东、中部和东、西部间存在显著的地区差异。

由此可见，家庭拥有的房产价值会影响信贷支持和居民金融能力对分类消费和资产份额的作用效果，并体现在地区差异上。

## 第四节　消费行为效应的城乡差异

中国存在二元经济结构，同时城乡家庭在消费水平及结构方面存在不同，因此研究消费效应需考虑城乡差异。在第四、第五章研究的基础上，本节围绕不同地区家庭金融行为效应的城乡差异，通过运用自助抽样方法的费舍尔组合检验，探讨东、中、西部地区金融机构的信贷支持和居民金融能力影响分类消费的城乡差异，同时进一步分析差异形成的原因。从现实意义角度，本节的研究能够为实现消费升级的城乡金融政策制定提供参考。从理论方面，本节的研究也有助于了解城乡家庭金融行为效应差异形成的深层次原因，拓展了家庭金融行为差异化的研究。

## 一　不同地区信贷支持影响质量型消费的城乡差异

在上一节检验了地区间不同质量型消费水平的家庭，其杠杆率和居民金融能力影响质量型消费的系数差异及其显著性之后，现重点分析东、中、西部地区质量型消费处于不同水平的家庭，其杠杆率和居民金融能力作用于质量型消费的效应在城乡间的差异。

表 6-8　　三个地区家庭杠杆率影响质量型消费的城乡差异

| lnquacons | East | | West | |
|---|---|---|---|---|
| | q_50 | | q_50 | |
| | b0-b1 | Freq | b0-b1 | Freq |
| falev | -0.242*** | 100 | -0.263* | 94 |
| dum_hou | -0.035 | 88 | 0.033 | 23 |
| lnper_inc | 0.006 | 37 | 0.038 | 13 |
| lnwealth | -0.040* | 95 | -0.001 | 59 |
| houass_ra | 0.002 | 43 | 0.204** | 4 |
| fsize | -0.010 | 64 | 0.064 | 26 |
| gender | 0.016 | 15 | -0.032 | 77 |
| age | 0.009 | 34 | -0.010 | 86 |
| age2 | 0.007 | 37 | 0.012 | 29 |
| edu | 0.015 | 17 | 0.028 | 11 |
| health | 0.015 | 29 | -0.015 | 69 |
| married | -0.030 | 74 | -0.024 | 74 |

续表

|  | East |  | West |  |
|---|---|---|---|---|
| *lnquacons* | q_50 |  | q_50 |  |
|  | b0-b1 | Freq | b0-b1 | Freq |
| *child* | 0.075 | 11 | -0.075* | 91 |
| *politics* | -0.041 | 89 | -0.022 | 71 |

注：b0-b1 表示城乡相关解释变量影响被解释变量系数的差异，Freq 显示系数差异的显著性。在比较城乡影响的差异时，设置农村地区为1的城乡间虚拟变量。下同。

表6-8的实证结果显示，在东部和西部地区，质量型消费处于平均水平的家庭，杠杆率对质量型消费的影响存在显著的城乡差异。在这两个地区，农村家庭杠杆率对质量型消费的影响明显大于城镇家庭。东部地区家庭财富作用于质量型消费的效应存在显著的城乡差异，而在西部地区，家庭的房产价值占比对质量型消费的影响存在显著的城乡差异。①

## 第五节　资产配置行为效应的城乡差异

### 一　不同地区信贷支持影响分类资产份额的城乡差异

前文呈现了地区间金融机构面向家庭的信贷支持和居民金融能力影响分类资产份额的系数差异及其显著性，现重点分析东、中、西部三个地区的城镇和农村家庭，其杠杆率作用于分类资产份额的效应在城乡间的差异。

表6-9　　　三个地区家庭杠杆率影响分类资产份额的城乡差异

|  | Central |  | West |  |
|---|---|---|---|---|
|  | physiass_ra | survfiass_ra | physiass_ra | survfiass_ra |
|  | b0-b1 | b0-b1 | b0-b1 | b0-b1 |
| *falev* | 0.086** | -0.090* | 0.059* | -0.058** |

---

① 三个地区居民金融能力影响质量型消费的城乡系数差异不显著，因此未列示。

续表

|  | Central |  | West |  |
| --- | --- | --- | --- | --- |
|  | physiass_ra | survfiass_ra | physiass_ra | survfiass_ra |
|  | b0-b1 | b0-b1 | b0-b1 | b0-b1 |
| 1. dum_hou | 0.036 | −0.018 | 0.033 | −0.015 |
| lnper_inc | −0.000 | −0.003 | −0.005 | 0.003 |
| lnwealth | 0.022*** | −0.024*** | 0.011*** | −0.014*** |
| houass_ra |  | 0.000 |  | −0.002 |
| fsize | 0.017 | −0.016 | 0.030** | −0.024** |
| 1. gender | 0.003 | 0.001 | −0.011 | 0.009 |
| age | −0.006 | 0.007 | 0.005 | −0.004 |
| age2 | 0.006 | −0.006 | −0.001 | 0.000 |
| edu | 0.001 | −0.002 | 0.002 | −0.002 |
| 1. health | 0.019 | −0.022 | 0.020 | −0.021 |
| 2. health | 0.033 | −0.027 | 0.011 | −0.011 |
| 1. married | −0.029 | 0.027 | −0.000 | 0.015 |
| 1. child | −0.032 | 0.032 | 0.002 | 0.016 |
| 1. politics | −0.011 | 0.017 | −0.043* | 0.043 |
| _cons | −0.257* | 0.258** | −0.498*** | 0.495*** |

从表6-9可知，在中部和西部地区家庭，杠杆率和家庭财富对实物资产和生存安全型金融资产份额的影响存在显著的城乡差异。就杠杆率对实物资产份额的正向影响程度而言，城镇家庭大于农村家庭，同时杠杆率对生存安全型金融资产份额的负向影响程度而言，同样为城镇家庭大于农村家庭。另外，西部地区家庭规模对实物资产份额和生存安全型金融资产份额的作用存在明显的城乡差异。东部地区家庭杠杆率对实物资产份额和两类金融资产份额的影响并未存在显著的城乡差异。

## 二 不同地区居民金融能力影响分类资产份额的城乡差异

接下来分析东、中、西部地区家庭的居民金融能力作用于分类资产份额的城乡差异，同样进行城乡差异比较并检验其显著性。实证结果如

表 6-10 所示。

表 6-10　三个地区居民金融能力影响分类资产份额的城乡差异

|  | East | Central |  |  | West |
|---|---|---|---|---|---|
|  | growfiass_ra | physiass_ra | growfiass_ra | survfiass_ra | growfiass_ra |
|  | b0-b1 | b0-b1 | b0-b1 | b0-b1 | b0-b1 |
| finan_capab | 0.069*** | -0.120*** | 0.039*** | 0.079* | 0.020** |
| 1.dum_hou | -0.020 | 0.021 | -0.015** | -0.004 | -0.009 |
| lnper_inc | 0.001 | 0.003 | 0.002 | -0.005 | 0.001 |
| lnwealth | -0.005 | 0.023*** | 0.000 | -0.024*** | 0.001* |
| houass_ra | 0.000 |  | -0.000 | -0.000 | 0.000 |
| fsize | -0.005 | 0.014* | -0.001 | -0.014 | -0.007** |
| 1.gender | 0.004 | -0.001 | -0.002 | 0.004 | 0.006* |
| age | 0.001 | -0.013** | 0.002 | 0.011** | 0.000 |
| age2 | -0.001 | 0.013** | -0.002 | -0.012** | 0.000 |
| edu | -0.001 | 0.005 | -0.000 | -0.004 | -0.001** |
| 1.health | -0.003 | 0.003 | 0.006 | -0.008 | 0.003 |
| 2.health | -0.003 | 0.020 | -0.007 | -0.013 | 0.005* |
| 1.married | 0.012 | -0.011 | 0.002 | 0.010 | -0.009 |
| 1.child | -0.008 | 0.011 | 0.000 | -0.011 | -0.017** |
| 1.politics | 0.005 | 0.003 | -0.005 | 0.008 | 0.006 |
| _cons | 0.039 | -0.053 | -0.062* | 0.118 | -0.002 |

由表 6-10 可知，就居民金融能力作用于家庭增长型金融资产份额的效应而言，东、中、西部三个地区都存在显著的城乡差异且城镇家庭的正向效应明显大于农村家庭。而在中部地区，居民金融能力对实物资产份额和生存安全型金融资产份额的影响也存在显著的城乡差异，就金融能力作用于实物资产份额的负向影响而言，城镇家庭大于农村家庭，就作用于生存安全型金融资产份额的正向影响而言，城镇家庭同样大于农村家庭，同时房产持有对增长型金融资产份额的影响存在显著的城乡差异。针对分类消费和分类资产份额的实证结论验证了本书的研究假设三。

## 第六节 城乡家庭金融行为效应差异的原因

整个家庭的资产状况和家庭内部的个体特征影响城乡家庭的消费资产配置行为效应，前文已详细阐述了金融机构面向家庭的信贷支持和居民金融能力影响分类消费和资产份额的地区差异及其原因，接下来进一步探究户主教育程度对城乡差异的影响。

### 一 家庭成员的教育程度

家庭主要成员的教育程度是家庭特征的重要体现，也是影响家庭经济金融决策的重要因素。依据前文的实证分析结果，并结合相关微观数据验证家庭户主的教育程度对城乡金融行为效应差异的作用。

2013—2018年，中国城乡家庭的平均人口规模变化平稳，存量方面，农村家庭的人口规模显著大于城镇家庭，即城乡家庭间存在显著的家庭人口规模差异，且这种差异变化较小（见图6-3）。而在年末总人口逐年增加的基础上，城镇人口逐年增加，而农村人口逐年下降。总体来看，城镇家庭0—14岁的未成年孩子数量在逐年增加，而农村家庭中这一群体的数量在逐年平稳下降，且城镇家庭0—14岁孩子的数量明显多于农村家庭（见图6-4），其中6—14岁的未成年人构成了接受九年义务教育的主要群体。

另外，由图6-5和图6-6所示，2013—2018年中国城镇家庭接受九年义务教育和高中及以上文化程度的个体数量相差不大，不同于城镇家庭，农村家庭接受九年义务教育的比例高于城镇家庭，但高中及以上文化程度的个体比例远低于城镇家庭。较少接受高中及以上"提升式"的教育，使得农村家庭户主更厌恶风险，因此较多地配置以存款为主的生存安全型金融资产，而城镇家庭在九年义务教育之后更多地接受了高中及以上的文化教育，这种"提升式"教育使得城镇家庭较多接触经济金融类知识与信息，倾向于配置更多的增长型金融资产。

第六章 家庭金融行为的地区间和城乡差异分析

**图 6-3 中国城乡的平均家庭人口规模**

注：表中数据为年度人口抽样调查推算得到。总人口和按性别分人口中包括现役军人，按城乡分人口中现役军人计入城镇人口。

资料来源：《中国人口和就业统计年鉴》，国家统计局。

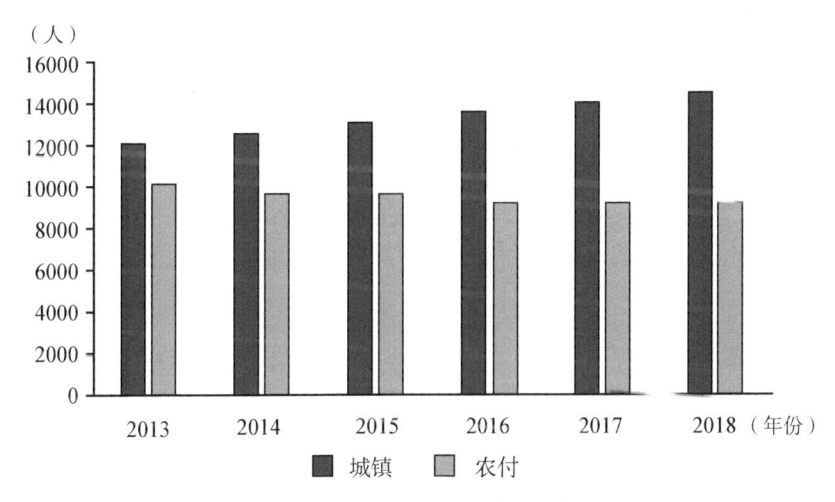

**图 6-4 城乡家庭 0—4 岁人口数**

注：表中数据为年度人口抽样调查推算得到。总人口和按性别分人口中包括现役军人，按城乡分人口中现役军人计入城镇人口。

资料来源：《中国人口和就业统计年鉴》，国家统计局。

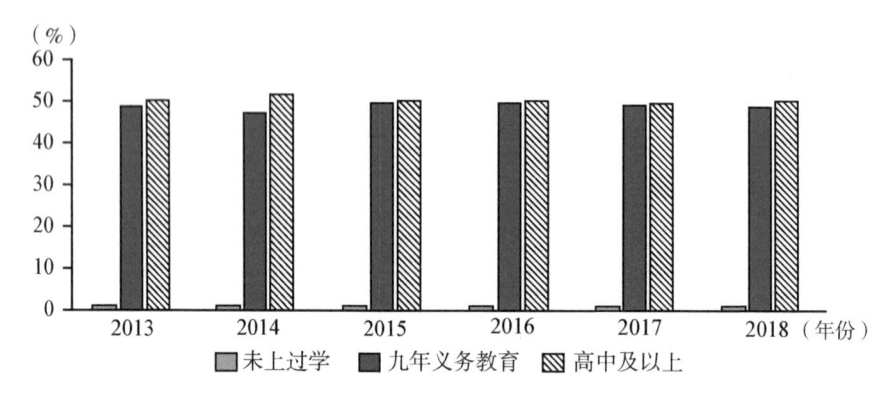

**图 6-5　不同教育程度城镇就业人员占比**

资料来源：《中国人口和就业统计年鉴》《中国农村统计年鉴》。

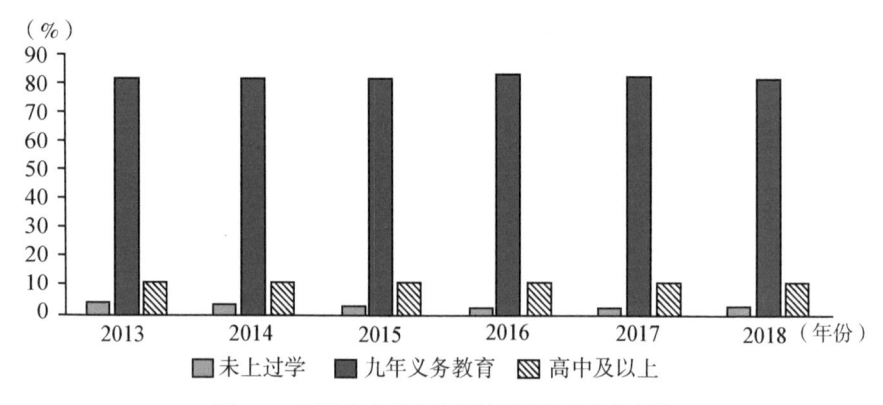

**图 6-6　不同文化程度的农村居民家庭户主占比**

资料来源：《中国人口和就业统计年鉴》《中国农村统计年鉴》。

## 二　分样本分析

接下来，根据户主教育程度的高低划分了三类家庭，探讨城乡金融机构面向家庭的信贷支持和居民金融能力影响质量型消费和分类资产份额的差异。

由表 6-11 的实证结果表明，当户主属于高教育水平时，在质量型消费处于低水平的家庭，杠杆率和金融能力对质量型消费的影响只在东部地区存在明显的城乡差异；在质量型消费处于中等水平的家庭，对质量型消费的影响只在西部地区存在明显的城乡差异；同时在质量型消费处于高水平的家庭，杠杆率和金融能力对质量型消费的影响在东部和西部地区均存在明显的城乡差异。当户主属于中等教育水平时,在质量型消费处于高水平的家庭,杠杆率和金融能力对质量型消费的影响在东部和西部地区都存在明显的城乡差异。另外,当户主属于低教育程度时,在质量型消费处于低水平的家庭,杠杆率和金融能力对质量型消费的影响只在东部地区存在明显的城乡差异;同时在质量型消费处于高水平的家庭,杠杆率和金融能力对质量型消费的影响只在中部地区存在明显的城乡差异。

表6-11　　不同教育程度下质量型消费效应的城乡差异

| 教育程度 | 高教育程度 | | 中等教育程度 | | 低教育程度 | |
| --- | --- | --- | --- | --- | --- | --- |
| 地区 | 东部 | 西部 | 东部 | 西部 | 东部 | 中部 |
| q_25 | 是 | 否 | 否 | 否 | 是 | 否 |
| q_50 | 否 | 是 | 否 | 否 | 否 | 否 |
| q_75 | 是 | 是 | 是 | 是 | 否 | 是 |

注:表中"是"表示存在明显的城乡间差异,"否"表示不存在城乡间的明显差异。下同。"低教育程度"指户主教育年限为0—6年,"中等教育程度"指户主教育年限为7—12年,"高教育程度"指户主教育年限为13年及以上。

由表6-12可知,当户主属于中、高教育程度时,杠杆率和金融能力对实物资产份额以及两类金融资产份额的影响在东部和中部地区均存在明显的城乡差异。同时,户主高教育水平的家庭,杠杆率和金融能力对实物资产份额和生存安全型金融资产份额的影响在西部地区存在明显的城乡差异;同样在西部地区户主中等教育水平的家庭,杠杆率和金融能力对实物资产份额和增长型金融资产份额的影响存在明显的城乡差异;当户主属于低教育程度时,杠杆率和金融能力对实物资产份额的影响只在东部地区存在明显的城乡差异,而对增长型金融资产份额的影响在中部和西部地区均存在明显的城乡差异。

表6-12　　不同教育程度下分类资产份额效应的城乡差异

| 教育程度 | 高教育程度 | | | 中等教育程度 | | | 低教育程度 | | |
| --- | --- | --- | --- | --- | --- | --- | --- | --- | --- |
| 地区 | 东部 | 中部 | 西部 | 东部 | 中部 | 西部 | 东部 | 中部 | 西部 |
| *physiass_ra* | 是 | 是 | 是 | 是 | 是 | 是 | 是 | 否 | 否 |

续表

| 教育程度 | 高教育程度 | | | 中等教育程度 | | | 低教育程度 | | |
|---|---|---|---|---|---|---|---|---|---|
| *growfiass_ra* | 是 | 是 | 否 | 是 | 是 | 是 | 否 | 是 | 是 |
| *survfiass_ra* | 是 | 是 | 是 | 是 | 是 | 否 | 否 | 否 | 否 |

综上可得，家庭主要成员的教育程度将会在一定程度上解释金融机构面向家庭的信贷支持和居民金融能力影响分类消费和资产份额的城乡差异，这与前述的研究假设一致。

## 第七节　本章小结

本章运用自助抽样方法的费舍尔组合检验，分析了不同地区以及城乡的金融机构面向家庭的信贷支持和居民金融能力作用于消费和资产配置效应的差异及其显著性，发现杠杆率和金融能力对质量型消费和分类资产份额的影响均存在显著的地区间和城乡差异。主要结论如下。

第一，对质量型消费的作用而言，在不同的消费水平下，各个地区家庭的杠杆率以及居民金融能力对质量型消费的影响存在显著的地区间差异；另外，对分类资产份额的效应而言，各个地区家庭的杠杆率以及居民金融能力对实物资产份额和两类金融资产份额的影响同样存在显著的地区间差异。进一步分析地区间的差异可以发现，家庭拥有的房产价值可以部分解释东、中、西部地区间的金融行为效应差异。

第二，东、中、西部地区家庭的杠杆率和金融能力对质量型消费和分类资产份额的影响存在明显的城乡差异。进一步分析城乡差异可以发现，家庭户主的教育程度可以部分解释城乡金融行为效应的差异。因此，针对不同地区和城乡的金融支持政策或金融服务应考虑金融机构的信贷支持和金融教育差异化的作用效果，做到因地施策。促进家庭消费升级和优化资产配置的措施应考虑地区间家庭的房产等财务状况以及城乡居民的受教育程度，通过缩小地区间和城乡家庭消费以及资产配置形成的财富积累差距，从而促进地区、城乡的共同富裕，提升乡村振兴水平。

# 第七章 中国数字普惠金融发展对家庭金融行为的影响

中国金融市场持续发展与演进，金融产品与服务不断更新，呈现复杂化与数字化并行的趋势，在数字金融不断发展的当下，家庭获取金融资源的限制或金融排斥将随着数字普惠金融的推广而弱化，因此数字普惠金融发展对家庭金融行为决策的影响至关重要。"十四五"时期，中国数字经济转向深化应用、规范发展、普惠共享的新阶段。《"十四五"国家信息化规划》提出"数字普惠金融服务"优先行动，为促进共同富裕背景下，全面推进数字普惠金融服务建设与发展明确了重点方向。

在前面章节研究的基础上，本章围绕数字普惠金融优化家庭金融行为展开研究，探讨数字普惠金融对消费和资产配置决策的影响，同时进一步分析其内在机理。从现实意义角度，本章的研究能够为释放消费潜力和优化资产配置的金融政策制定提供参考。同时从理论方面，本章的研究有助于了解数字普惠金融作用于家庭金融行为效应的深层次作用机制，拓展了家庭金融行为的研究。

## 第一节 数字普惠金融的内涵及其在中国的发展

### 一 数字普惠金融的内涵

数字普惠金融源于数字金融的发展，是传统普惠金融与互联网信息技术相结合的新型金融服务模式。黄益平和黄卓（2018）指出数字金融是指互联网公司与传统金融机构依托数字技术实现支付、融资、投资及其他新型金融业务的新一代金融服务模式。它的发展对实体经济、传统金融市场以及中国P2P网络借贷市场产生了深远影响。与传统金融相比，数字金融能够满足低收入和弱势群体的金融服务需求，体现普惠金融的本质属性（郭峰，2016）。2016年在中国杭州举办的二十国集团峰会上，《G20数字普惠金融高级原则》作为主要议题之一，旨在促进G20领导人采取行动运用数字方法实现普惠金融目标。数字普惠金融尚处于不断发展的阶段，并未有统一的定义。该原则采用同年G20普惠金融全球合作伙伴（GPFI）报告《全球标准制定机构与普惠金融——演变中的格局》中的概念，即"数字普惠金融泛指一切通过使用数字金融服务以促进普惠金融的行动。包括运用数字技术为无法获得金融服务或缺乏金融服务的群体提供一系列正规金融服务，其所提供的金融服务能够满足他们的需要，并且是以负责任的、成本可负担的方式提供，同时对服务提供商而言是可持续的。"它涵盖各类金融产品和服务（如支付、转账、储蓄、信贷、保险、证券、财务规划和银行对账单服务等），通过数字化或电子化技术进行交易，如电子货币（通过线上或移动电话发起）、支付卡和常规银行账户。重要的是，该原则意识到了仅靠金融服务的可得性不足以达成普惠目标，而且要促进负责任的数字金融服务的广泛使用和理解，同时必须认识到并且积极地平衡好数字创新与快速发展的技术所带来的新风险。理论上，与传统普惠金融相比，数字普惠金融的优势体现在：有利于拓宽融资渠道，提高融资可得性；独特的信息收集和处理能力，有助于降低交易成本；有效利用现代信息技术，降低银行线下信用评估、审查和风险管理的成本（Berger，2003；Li et al.，2020）。

## 二 数字普惠金融在中国的发展

### （一）宏观层面的规划安排

中国数字普惠金融发展的宏观规划见表7-1。

表 7-1 中国数字普惠金融发展宏观规划

| 年份 | 提出部门或文件 | 主要内容 |
| --- | --- | --- |
| 2015 年 12 月 31 日 | 《推进普惠金融发展规划（2016—2020 年）》（国务院） | 作为中国首个发展普惠金融的国家级战略规划，确立了推进普惠金融发展的指导思想、基本原则和发展目标，从普惠金融服务机构、产品创新、基础设施和法律法规等方面提出了一系列政策措施和保障手段，对推进普惠金融实施、加强领导协调、试点示范工程等方面做出了相关安排 |
| 2016 年 9 月 5 日 | 《G20 数字普惠金融高级原则》 | 国际社会首次在普惠金融领域推出高级别的指引性文件，提出倡导利用数字技术推动普惠金融发展、构建恰当的数字普惠金融法律和监管框架、重视消费者数字技术基础知识和金融素养等 8 项高级原则和 66 条行动建议 |
| 2019 年 8 月 | 《金融科技（FinTech）发展规划（2019—2021 年）》（中国人民银行） | （首轮金融科技发展规划）这份纲领性文件的出台，明确了金融科技发展方向、任务和路径，有力推动了金融科技良性有序发展。强调要增强金融惠民服务能力，发挥移动互联网泛在优势，面向"三农"和偏远地区尤其是深度贫困地区提供安全、便捷、高效的特色化金融科技服务，延伸金融服务半径，突破金融服务"最后一公里"制约，推动数字普惠金融发展 |
| 2019 年 12 月 | 《中国金融科技与数字普惠金融发展报告（2018）》 | 首次明确指出：通过发展数字普惠产业金融有效措施来助推中国农村经济振兴、精准产业扶贫、小微个体企业招商融资等 |
| 2021 年 12 月 12 日 | 《"十四五"数字经济发展规划》（国务院） | 明确了"十四五"时期推动数字经济健康发展的指导思想、基本原则（创新引领、融合发展，应用牵引、数据赋能，公平竞争、安全有序，系统推进、协同高效）、发展目标等八方面重点任务和保障措施 |
| 2022 年 1 月 | 《金融科技发展规划（2022—2025 年）》（中国人民银行） | 从内容看，8 项重点任务是本轮《规划》的主体部分，从治理体系、数据要素、基础设施、核心技术、激活动能、智慧再造、审慎监管、发展基础等方面明确目标，具有较强的针对性和可行性；5 项保障措施从试点示范、支撑保障、监测评估、营造环境、组织统筹方面提出要求，为重点任务实施奠定基础、提供支持 |

资料来源：国务院政策文件库。

**（二）研究进展**

随着普惠金融数字化发展的持续深入，学者开始研究数字普惠金融发展的度量及其特征（郭峰等，2020），其影响因素如地区经济发展情况、人口密度、金融意识、互联网使用以及城乡收入差距、人均收入、城镇化水平、教育水平、存贷款比例、少数民族人口占比等（葛和平和朱卉雯，2018；蒋庆正、李红和刘香甜，2019），数字普惠金融发展的风险及监管（吴善东，2019）等。进一步的研究则涵盖数字普惠金融发展对整个社会经济的影响，数字普惠金融发展促进经济增长依赖于企业和居民家庭的经济活动。

一方面，就企业的经济活动而言，数字普惠金融能够缓解中小企业的融资约束（任晓怡，2020），通过缓解融资约束提升企业科技创新及技术进步（梁榜和张建华，2019；赵晓鸽、钟世虎和郭晓欣，2021），最终，数字普惠金融发展通过技术创新促进产业升级推动经济增长（唐文进、李爽和陶云清，2019；杜金岷、韦施威和吴文洋，2020）。

另一方面，对于居民家庭的经济活动来说，数字普惠金融能够通过收入增长与收入分配（黄倩、李政和熊德平，2019）和促进互联网信贷与互联网保险发展（金融可得性）（刘锦怡和刘纯阳，2020）减缓贫困，也能够直接缩小城乡收入差距（张贺和白钦先，2018）。同时，数字普惠金融通过缩小城乡收入差距改善家庭消费及其结构（江红莉和蒋鹏程，2020）。之后，借由提升家庭的消费需求优化产业结构，从而促进经济发展（杜金岷、韦施威和吴文洋，2020）。

# 第二节 数字普惠金融发展对消费的影响

理顺普惠金融与消费的关系，不仅有助于推动普惠金融向纵深高质量发展，更有助于提高服务对象的消费能力。金融发展通过合理有效地分配资源，让受到流动性约束的消费者较为便利地利用金融市场平滑其消费，释放被压抑的消费需求（Levchenko，2005），金融机构在推进普惠金融实践的过程中，借助互联网金融进一步拓展服务范围和触达能力，降低了金融约束（郭峰，2016）。互联网金融带来的数字普惠金融已延伸到居民生活的各个方面（Chen，2016）。易行健和周利（2018）的分析发现，数字普惠金融的发展显著促进了居民消费。接下来详细分析数字普惠金融影响消费的内在机理。

## 一 普惠金融对消费的促进作用

普惠金融促进消费的效应体现在诸多方面，第一，普惠金融通过向居民提供信贷有助于增加收入，从而促进消费；另外，普惠金融为中小微企业提供信贷可显著增加就业，通过吸纳劳动力就业，间接提高了居民的收入和消费水平。第二，普惠金融通过调节收支波动以应对收入不稳定性，平滑支出。第三，线上汇款和线上购物便利性的提高，提升了居民的生活福祉，也促进了消费的增长。第四，普惠金融中发展最快的数字支付板块，一方面激发了消费欲望，增加了有效需求；另一方面，极大地便利了产品销售，对个体工商户而言，增加了他们的收入，提升了消费能力。第五，普惠金融将显著提升消费者的信心，有助于提高其消费水平。这主要体现在：自如利用金融工具，有效应对日常必要开支；普惠保险提高财务韧性，帮助有效应对冲击；改善金融可得性，开展投资规划，增加未来发展潜力；掌握更多金融知识，理性消费和投资，有效减少风险。第六，普惠金融通过提高低收入家庭的支付能力，提升教育消费水平。第七，长远来看，普惠金融有利于提高养老取现、保险的覆盖率，增加养老金额度，促进养老消费。

## 二 数字普惠金融影响消费的内在机制分析

### （一）边际成本递减效应

一方面，数字金融机构拥有强大的信息获取和加工能力，它不仅可以获得关于客户基本信息的静态数据，而且能够依托大数据技术获取客户的动态复杂数据，从而有效缓解金融机构与客户之间的信息不对称。获取消费者信息的边际成本不断下降，数字金融机构有动力为客户制定个性化的投融资方案，有助于他们进行精准营销，把适合的产品和服务推介给相应的客户。此外，可以有效防范因信息不对称导致的"逆向选择"或"道德风险"，促进金融服务的良性持续发展。另一方面，传统金融机构较难获得普通客户的有效信息，他们通常缺乏信用抵押物，单次交易额较低，使得针对他们的边际交易成本很高。由于收益微薄和成本高昂的不匹配，致使传统金融机构在分配金融资源时对这些客户的重视明显不足。而数字普惠金融借助信息技术的开放和共享，不仅可以将普通客户的微型化金融需求进行整合形成规模优势，而且凭借标准化的操作，在网络平台上实现供需双方的资金匹配、定价和交易，极大地节省了建立实体分支机构的运营成本，同时随着数字金融规模优势的显现，现有数字金融机构的运营边际成本也将下降，因此数字金融边际成本递减的优势使其能够深入居民的消费活动，进而有助于释放居民的消费潜力。

### （二）普惠网络效应

数字普惠金融改变了传统的金融服务模式，而且将普惠金融的理念渗透到服务市场和服务边界方面。传统金融机构依托营业网点、ATM等设备，在商业发达和人口密集的地区开展业务，其业务覆盖面和规模与分支机构数密切相关。但高额的开设成本使传统金融机构难以企及人口密度较低或经济发展薄弱的地区。而数字普惠金融使任何金融参与主体都可依托互联网随时随地参与金融活动，随着智能终端设备的加速普及，数字金融覆盖面进一步扩大，涉及传统金融机构没有覆盖的地区或人群，较大程度上缓解了消费者面临的金融排斥问题。

另外，传统金融机构难以搜寻到全面有效的客户信息，或者搜寻成本非常高，导致其与客户间信息不对称，进而很难有效满足潜在客户的投融资需要。而数字金融依托技术获得客户全面的动态信息，实现了资金支付、融通、投资和信息中介等服务。与此同时，较低的风险管理和交易成本，使得客户服务门槛持续下移，将以往被传统金融机构排斥的客户纳入其服务范围，使得"平民"客户都能在数字普惠金融服务平台上有效满足其投融资需求，充分体现出普惠特性，从而有助于为"平民"群体提供消费支持。

已有学者较为详细地分析了我国数字普惠金融的发展对家庭消费及其结构的影响（易行健和周利，2018；江红莉和蒋鹏程，2020），研究证实了中国数字普惠金融的发展将促进家庭消费并改善消费结构。因此，本章的研究重点放在数字普惠金融发展对家庭资产配置的影响。

## 第三节　数字普惠金融发展对家庭资产配置的影响

财富决定了家庭当前和未来的消费，而家庭资产是财富的重要组成部分。因此进一步向前延伸，探讨数字普惠金融发展与家庭资产的关系十分必要。数字普惠金融作为一种数字化"信息渠道"，低成本且有效地将金融资源的需求与供给相连接，基于此，本章探讨数字普惠金融发展是否能够满足家庭差异化的资产需求及其作用机制；其对哪些家庭的作用更明显及发挥作用的条件；是否促进了农村及中西部家庭的分类资产配置深度等问题。

廖婧琳和周利（2020）发现，数字普惠金融发展将促进家庭参与风险金融资产投资。侯冠宇、胡宁宁和熊金武（2022）也认为数字普惠金融会促进家庭配置风险金融资产，且表现出一定的城乡与年龄差异性。接下来分析数字普惠金融作用于金融资产配置的机制及其发挥作用的条件。家庭中户主受教育水平在数字普惠金融发展深度对风险金融资产投资的影响中起显著的调节作用（廖婧琳和周利，2020）。同样有学者发现教育水平（Campbell，2006），金融意识和知识（Cardak 和 Wilkins，2009），金融知识和投资经验（尹志超等，2014）等都会影响家庭的资产配置。基于此，构建模型探究数字普惠金融对家庭分类资产配置份额的影响。

### 一　模型与变量

#### （一）模型设定

1. 主效应模型

设定将分类资产份额对数字普惠金融指数等进行回归。实证方法上，增长型与生存安全型金融资产份额是截断的，于是通过固定效应的面板

Tobit 模型估计数字普惠金融发展对家庭分类资产配置的影响。模型如下：

$$AS_{ijt}^* = \beta_0 + \beta_1 index_{jt} + \beta_2 X_{ijt} + \beta_3 prov_j + \delta_t + \mu_{ijt}$$

$$AS_{ijt} = \max(0, AS_{ijt}^*) \tag{7-1}$$

其中，$AS_{ijt}$ 表示 j 省份 i 家庭在第 t 期的分类资产份额，$index_{jt}$ 为 j 省份在 t 期的数字普惠金融指数，$X_{ijt}$ 表示家庭和户主层面的控制变量，代表了生命周期的各个阶段，居民家庭对金融资产不同的需求。$prov_j$ 表示省份虚拟变量，用来控制省份层面的经济特征，$\delta_t$ 为控制时间趋势的虚拟变量。模型的显著性检验采用省份层面的聚类稳健标准误。

2. 调节效应模型

个体的金融能力是家庭金融资源的重要体现，而金融资源是使得家庭金融资产由较低需求向较高需求变换的重要决定因素（Xiao and Anderson，1997）。为检验居民金融能力发挥的调节作用，在主效应模型（7-1）中引入数字普惠金融及其子指标与居民金融能力的交互项，构建了如下的调节效应模型：

$$AS_{ijt}^* = \beta_0 + \beta_1 index_{jt} + \beta_2 finan\_capab_{it} + \beta_3 index_{jt} \times finan\_capab_{it} + \beta_4 X_{ijt} + \beta_5 prov_j + \delta_t + \mu_{ijt} \tag{7-2}$$

其中，$finan\_capab_{it}$ 表示 i 家庭的户主在 t 期的金融能力，其他变量的含义与（7-1）式完全相同。

3. 中介效应模型

为了探讨数字普惠金融发展促进家庭金融资产配置的可能原因，借鉴 BK 层级回归分析法进行中介效应检验。引入家庭对经济金融信息的关注度和金融可得性作为中介变量，中介效应模型设定如下：

$$Interm_{it} = \alpha_0 + \alpha_1 index_{jt} + \alpha_2 X_{ijt} + \alpha_3 prov_j + \delta_t + u_{ijt} \tag{7-3}$$

$$AS_{ijt}^* = \gamma_0 + \gamma_1 index_{jt} + \gamma_2 Interm_{it} + \gamma_3 X_{ijt} + \gamma_4 prov_j + \delta_t + \mu_{ijt} \tag{7-4}$$

计量模型式（7-3）检验了数字普惠金融指数对中介变量的影响，若系数显著，则数字普惠金融的发展会引起中介变量的改变。式（7-4）中，如果实证回归结果的 $\gamma_1$ 不显著，但 $\gamma_2$ 仍显著，说明中介变量发挥了完全中介的作用。若回归结果的 $\gamma_1$ 和 $\gamma_2$ 都显著且符号与预期一致，$\gamma_1$ 与（7-1）式中 $\beta_1$ 的数值相比有所下降，则表明以中介变量为影响路径存在部分中介效应。

## (二) 变量介绍

### 1. 数字普惠金融指数

中国数字普惠金融的发展状况采用各省（直辖市）层面的数字普惠金融指数加以衡量，选用了数字普惠金融发展指数的一级指标，即数字金融覆盖广度和使用深度以及普惠金融数字化程度（郭峰等，2020）。为了协调数据差异，在实证分析中均采用 Z-score 标准化方法处理数字普惠金融发展总指数及其一级指标。

### 2. 其他变量

这一部分的因变量实物资产份额、增长型和生存安全型金融资产份额以及控制变量都已在前文中进行了阐述，现详细列示了核心解释变量，具体内容见表 7-2。

表 7-2　　　　　　　　　　　　变量表

| 变量类型 | 变量名称 | 变量符号 | 变量描述 |
| --- | --- | --- | --- |
| 因变量 | 实物资产份额 | $physiass\_ra$ | 实物资产占总资产的比例 |
| | 增长型金融资产份额 | $growfiass\_ra$ | 增长型金融资产占总资产的比例 |
| | 生存安全型金融资产份额 | $survfiass\_ru$ | 生存安全型金融资产占总资产比例 |
| 核心解释变量 | 数字普惠金融指数 | $index$ | 文中有阐述 |
| | 数字金融覆盖广度 | $cover$ | 绑定银行卡的第三方支付账户覆盖率 |
| | 数字金融使用深度 | $use$ | 第三方支付实际使用总量和使用活跃度 |
| | 数字化程度 | $digital$ | 移动支付笔数、免押金支付占比等 |
| | 居民金融能力 | $finan\_capab$ | 文中有阐述 |
| | 经济金融信息的关注度 | $mess\_foc$ | 文中有阐述 |
| | 金融可得性 | $asset\_count$ | 配置金融资产的种类数 |
| | 距离杭州市的距离 | $distance$ | 个体所在的省会城市（直辖市）与杭州市的距离 |

续表

| 变量类型 | 变量名称 | 变量符号 | 变量描述 |
|---|---|---|---|
| 控制变量 | 家庭财富 | lnwealth | 家庭净资产的对数 |
| | 住房的所有权状况 | dum_hou | 家庭拥有住房所有权时赋值为1，其他状况赋值为0 |
| | 住房资产占比 | hou_ra | 住房资产占总资产的比例 |
| | 家庭人均纯收入 | lnper_inc | 家庭人均纯收入的对数 |
| | 家庭规模 | family_size | 家庭人口的绝对数 |
| | 性别 | gender | 男性取值为1，女性取值为0 |
| | 年龄 | age | 年龄的绝对数 |
| | 年龄的平方 | age2 | 年龄绝对数的平方再除以100 |
| | 婚姻状况 | married | 已婚取值为1，其他状况取值为0 |
| | 是否有孩子 | child | 家庭有孩子取值为1，没有取值为0 |
| | 健康状况 | health | 健康状况良好及以上取值为1，其他状况取值为0 |
| | 教育程度 | edu | 户主的受教育年限 |

## 二 实证结果及分析

### （一）数字普惠金融与分类资产配置

为深入考察数字普惠金融发展对家庭资产配置结构的影响，首先运用面板数据的双向固定效应模型分析数字普惠金融指数作用于实物资产份额的效应。

1. 数字普惠金融与实物资产配置

从表7-3中可以看出，数字普惠金融指数和覆盖广度以及使用深度均对实物资产份额产生了显著的正向影响，而数字化程度对实物资产份额的影响虽为正但不显著。其次，数字普惠金融指数对实物资产份额的影响程度最大。在分指标对实物资产份额的作用程度中，覆盖广度程度最大，即数字金融的覆盖越广，家庭实物资产配置份额越多。

表7-3　　　　　　　实物资产份额对数字普惠金融的回归

|  | (1) | (2) | (3) | (4) |
| --- | --- | --- | --- | --- |
|  | \multicolumn{4}{c}{physiass_ra} |
| $index$ | 0.2341*** <br> (0.05) | | | |
| $cover$ | | 0.1397*** <br> (0.02) | | |
| $use$ | | | 0.0434* <br> (0.03) | |
| $digital$ | | | | 0.1064 <br> (0.10) |
| $dum\_hou$ | 0.1164*** <br> (0.01) | 0.1165*** <br> (0.01) | 0.1161*** <br> (0.01) | 0.1166*** <br> (0.01) |
| $lnper\_inc$ | -0.0164*** <br> (0.00) | -0.0165*** <br> (0.00) | -0.0165*** <br> (0.00) | -0.0165*** <br> (0.00) |
| $lnwealth$ | 0.0700*** <br> (0.00) | 0.0701*** <br> (0.00) | 0.0701*** <br> (0.00) | 0.0699*** <br> (0.00) |
| $family\_size$ | 0.0092*** <br> (0.00) | 0.0091*** <br> (0.00) | 0.0095*** <br> (0.00) | 0.0099*** <br> (0.00) |
| $gender$ | -0.0294*** <br> (0.01) | -0.0294*** <br> (0.01) | -0.0295*** <br> (0.01) | 0.0295*** <br> (0.01) |
| $age$ | -0.0002 <br> (0.00) | -0.0002 <br> (0.00) | -0.0001 <br> (0.00) | -0.0001 <br> (0.00) |
| $age2$ | 0.0009 <br> (0.00) | 0.0008 <br> (0.00) | 0.0008 <br> (0.00) | 0.0007 <br> (0.00) |
| $edu$ | -0.0044*** <br> (0.00) | -0.0044*** <br> (0.00) | -0.0044*** <br> (0.00) | -0.0044*** <br> (0.00) |
| $health$ | -0.0102*** <br> (0.00) | -0.0101*** <br> (0.00) | -0.0102*** <br> (0.00) | -0.0100*** <br> (0.00) |
| $married$ | -0.0059 <br> (0.01) | -0.0061 <br> (0.01) | -0.0062 <br> (0.01) | -0.0064 <br> (0.01) |

续表

|  | （1） | （2） | （3） | （4） |
|---|---|---|---|---|
|  | \multicolumn{4}{c}{physiass_ra} |
| *child* | -0.0002 | -0.0003 | -0.0001 | 0.0001 |
|  | (0.01) | (0.01) | (0.01) | (0.01) |
| *_cons* | -1.1234*** | -0.6116*** | -0.1624 | -0.5193 |
|  | (0.29) | (0.12) | (0.14) | (0.57) |
| 省份固定效应 | Y | Y | Y | Y |
| 年份固定效应 | Y | Y | Y | Y |
| N | 50549 | 50549 | 50549 | 50549 |
| r2 | 0.3452 | 0.3447 | 0.3438 | 0.3440 |
| r2_a | 0.3450 | 0.3445 | 0.3437 | 0.3438 |
| F | 135.3055 | 138.0281 | 95.1468 | 69.2817 |

注：***、**、*分别代表在1%、5%和10%的显著性水平上显著。括号内为省份层面的聚类稳健标准误。

**2. 数字普惠金融与金融资产配置**

接下来探讨数字普惠金融发展对金融市场参与深度的影响。选用固定效应的面板Tobit回归分析数字普惠金融对生存安全型和增长型金融资产份额的效应。由表7-4可知，数字普惠金融指数对两类金融资产份额均形成了显著的正向影响，数字普惠金融发展明显促进了金融资产的配置比例，其对增长型金融资产份额的效应大于生存安全型金融资产份额。进一步划分子指标，覆盖广度和数字化程度同样显著正向作用于两类金融资产份额且数字化程度的正向效应明显大于数字金融覆盖广度。另外，数字金融使用深度负向作用于金融资产的配置比例，伴随数字金融的使用，仅会显著降低生存安全型金融资产的配置份额。

第七章 中国数字普惠金融发展对家庭金融行为的影响

表7-4 分类金融资产份额对数字普惠金融的回归

| | (1) growfiass_ra | | | | (2) survfiass_ra | | | |
|---|---|---|---|---|---|---|---|---|
| index | 0.0746***<br>(0.01) | | | | 0.0295***<br>(0.00) | | | |
| cover | | 0.0783***<br>(0.01) | | | | 0.0298***<br>(0.00) | | |
| use | | | -0.0105<br>(0.01) | | | | -0.0069***<br>(0.00) | |
| digital | | | | 0.1164***<br>(0.01) | | | | 0.0622***<br>(0.00) |
| dum_hou | -0.1667***<br>(0.02) | -0.1682***<br>(0.02) | -0.1782***<br>(0.02) | -0.2111***<br>(0.02) | -0.1304***<br>(0.01) | -0.1307***<br>(0.01) | -0.1329***<br>(0.01) | -0.1476***<br>(0.01) |
| hou_ra | -0.0006*<br>(0.00) | -0.0006*<br>(0.00) | -0.0005<br>(0.00) | -0.0004*<br>(0.00) | 0.0031***<br>(0.00) | 0.0031***<br>(0.00) | 0.0038***<br>(0.00) | 0.0043***<br>(0.00) |
| lnper_inc | 0.1038***<br>(0.01) | 0.1026***<br>(0.01) | 0.1217***<br>(0.01) | 0.0985***<br>(0.01) | 0.0627***<br>(0.00) | 0.0627***<br>(0.00) | 0.0665***<br>(0.00) | 0.0604***<br>(0.00) |
| lnwealth | -0.0008<br>(0.01) | -0.0005<br>(0.01) | 0.0045<br>(0.01) | 0.0185***<br>(0.01) | -0.1217***<br>(0.00) | -0.1216***<br>(0.00) | -0.1198***<br>(0.00) | -0.1125***<br>(0.00) |
| family_size | -0.0268***<br>(0.01) | -0.0272***<br>(0.01) | -0.0192***<br>(0.01) | -0.0311***<br>(0.01) | -0.0086***<br>(0.00) | -0.0087***<br>(0.00) | -0.0059***<br>(0.00) | -0.0116***<br>(0.00) |
| gender | -0.0758***<br>(0.02) | -0.0752***<br>(0.02) | -0.0791***<br>(0.02) | -0.0783***<br>(0.02) | 0.0169***<br>(0.00) | 0.0169***<br>(0.00) | 0.0147***<br>(0.00) | 0.0180***<br>(0.00) |

· 161 ·

普惠金融与家庭金融行为研究

续表

| | (1) growfiass_ra | | | | (2) survfiass_ra | | | |
|---|---|---|---|---|---|---|---|---|
| age | 0.0232*** (0.00) | 0.0232*** (0.00) | 0.0235*** (0.00) | 0.0232*** (0.00) | 0.0049*** (0.00) | 0.0049*** (0.00) | 0.0051*** (0.00) | 0.0045*** (0.00) |
| age2 | -0.0165*** (0.00) | -0.0165*** (0.00) | -0.0158*** (0.00) | -0.0163*** (0.00) | -0.0036*** (0.00) | -0.0036*** (0.00) | -0.0034*** (0.00) | -0.0031*** (0.00) |
| edu | 0.0591*** (0.00) | 0.0589*** (0.00) | 0.0582*** (0.00) | 0.0563*** (0.00) | 0.0196*** (0.00) | 0.0196*** (0.00) | 0.0195*** (0.00) | 0.0184*** (0.00) |
| health | 0.0081 (0.01) | 0.0082 (0.01) | 0.0066 (0.01) | 0.0039 (0.01) | 0.0383*** (0.00) | 0.0391*** (0.00) | 0.0391*** (0.00) | 0.0380*** (0.00) |
| married | 0.0403 (0.03) | 0.0414 (0.03) | 0.0356 (0.02) | 0.0449* (0.02) | 0.0492*** (0.01) | 0.0493*** (0.01) | 0.0453*** (0.01) | 0.0485*** (0.01) |
| child | 0.0034 (0.02) | 0.0027 (0.02) | 0.0031 (0.02) | -0.0085 (0.02) | 0.0163** (0.01) | 0.0160** (0.01) | 0.0184*** (0.01) | 0.0066 (0.01) |
| 省份固定效应 | Y | Y | Y | Y | Y | Y | Y | Y |
| 年份固定效应 | Y | Y | Y | Y | Y | Y | Y | Y |
| N | 50550 | 50550 | 50550 | 50550 | 50550 | 50550 | 50550 | 50550 |
| ChiSq | 1095.01 | 1103.14 | 1103.00 | 1156.55 | 6372.18 | 6381.32 | 6317.37 | 7036.66 |

注:***、**、*分别代表在1%、5%和10%的显著性水平上显著。括号内为标准误。下同。

## (二) 金融资产配置效应的异质性分析

### 1. 城乡的金融资产配置效应

中国二元经济结构下城镇和农村地区的数字普惠金融发展程度不同，数字普惠金融发展对城乡家庭资产配置结构的影响也将存在差异。

表7-5　城乡金融资产份额对数字普惠金融的回归

|  | growfiass_ra |  | survfiass_ra |  |
|---|---|---|---|---|
|  | 农村 | 城镇 | 农村 | 城镇 |
| index | 0.1829* | 0.0794*** | 0.0245*** | 0.0365*** |
|  | (0.22) | (0.01) | (0.00) | (0.00) |
|  | 控制 | 控制 | 控制 | 控制 |
| 省份固定效应 | Y | Y | Y | Y |
| 年份固定效应 | Y | Y | Y | Y |
| $N$ | 17248 | 33302 | 17248 | 33302 |
| ChiSq | 272.16 | 846.12 | 851.01 | 4196.90 |

划分城乡家庭样本后，从表7-5可以发现，无论在城乡，数字普惠金融发展对增长型金融资产份额的效应都大于生存安全型金融资产份额。就数字普惠金融发展促进增长型金融资产配置份额的程度而言，农村大于城市，而对生存安全型金融资产份额的效应，则表现出城镇大于农村，即在农村，数字普惠金融发展促进增长型金融资产配置的效果更明显，而在城镇，提高生存安全型金融资产配置的效果更为显著。

### 2. 不同地区的金融资产配置效应

中国幅员辽阔，地区间在经济发展水平、文化风俗习惯等方面都存在较大差异。借鉴学者的研究，将家庭样本划分为东、中、西部三个地区（韩立岩和杜春越，2011），分析数字普惠金融发展对家庭金融资产配置的影响，不同地区数字普惠金融发展对家庭金融资产配置结构的影响体现出地区差异。

由表7-6可知，首先在东部和西部地区，数字普惠金融发展对增长型金融资产份额的正向效应均大于生存安全型金融资产份额。其次对于两类金融资产份额效应的地区比较而言，东部地区数字普惠金融发展的促进效应大于西部地区，同时西部地区大于中部地区。数字普惠金融发展提高金融资产配置份额的程度在东部地区最为明显，其次是西部地区。

表7-6　不同地区金融资产份额对数字普惠金融的回归

|  | growfiass_ra |  |  | survfiass_ra |  |  |
| --- | --- | --- | --- | --- | --- | --- |
|  | 东部 | 中部 | 西部 | 东部 | 中部 | 西部 |
| index | 0.0953*** | -0.0124 | 0.0441* | 0.0266*** | 0.0146*** | 0.0170*** |
|  | (0.01) | (0.03) | (0.03) | (0.00) | (0.01) | (0.01) |
|  | 控制 | 控制 | 控制 | 控制 | 控制 | 控制 |
| 省份固定效应 | Y | Y | Y | Y | Y | Y |
| 年份固定效应 | Y | Y | Y | Y | Y | Y |
| N | 22415 | 14180 | 13955 | 22415 | 14180 | 13955 |
| ChiSq | 517.58 | 166.32 | 127.57 | 2732.29 | 975.62 | 710.43 |

3. 不同收入、财富、户主年龄家庭的金融资产配置效应

收入和财富是家庭做出金融决策的重要考量，家庭财富和收入水平（McCarthy,2004）直接影响资产配置。由表7-7可知，在不同人均收入的家庭，数字普惠金融发展对增长型金融资产份额的正向效应均大于生存安全型金融资产份额。划分不同收入水平，就生存安全型金融资产配置而言，相比于高收入家庭，中等收入家庭所在地区数字普惠金融发展的促进效应最大，其次是低收入家庭；而对于增长型金融资产配置，低收入家庭所在地区数字普惠金融发展的提升作用最强，其次是高收入家庭。另外从表7-8可以看出，不同于收入水平，相比于低和高财富水平的家庭，拥有中等财富水平的家庭，其所在地区的数字普惠金融发展对两类金融资产份额的促进作用最大。

表7-7　数字普惠金融对不同收入家庭金融资产份额的影响

|  | growfiass_ra |  |  | survfiass_ra |  |  |
| --- | --- | --- | --- | --- | --- | --- |
|  | 低收入 | 中等收入 | 高收入 | 低收入 | 中等收入 | 高收入 |
| index | 0.0905* | 0.0468* | 0.0625*** | 0.0307*** | 0.0368*** | 0.0186*** |
|  | (0.07) | (0.03) | (0.01) | (0.01) | (0.01) | (0.00) |

续表

|  | growfiass_ra ||| survfiass_ra |||
|---|---|---|---|---|---|---|
|  | 低收入 | 中等收入 | 高收入 | 低收入 | 中等收入 | 高收入 |
|  | 控制 | 控制 | 控制 | 控制 | 控制 | 控制 |
| 省份固定效应 | Y | Y | Y | Y | Y | Y |
| 年份固定效应 | Y | Y | Y | Y | Y | Y |
| N | 15799 | 17135 | 17616 | 15799 | 17135 | 17616 |
| ChiSq | 251.04 | 87.28 | 477.43 | 907.01 | 1380.74 | 2115.61 |

表 7-8　　数字普惠金融对不同财富家庭金融资产份额的影响

|  | growfiass_ra ||| survfiass_ra |||
|---|---|---|---|---|---|---|
|  | 低财富 | 中等财富 | 高财富 | 低财富 | 中等财富 | 高财富 |
| index | -0.0493<br>(0.04) | 0.0719***<br>(0.02) | 0.0481***<br>(0.01) | 0.0156***<br>(0.01) | 0.0311***<br>(0.00) | 0.0191***<br>(0.00) |
|  | 控制 | 控制 | 控制 | 控制 | 控制 | 控制 |
| 省份固定效应 | Y | Y | Y | Y | Y | Y |
| 年份固定效应 | Y | Y | Y | Y | Y | Y |
| N | 16634 | 16900 | 17016 | 16634 | 16900 | 17016 |
| ChiSq | 68.64 | 375.36 | 998.57 | 1056.66 | 6374.03 | 1936.02 |

表 7-9　　数字普惠金融对户主不同年龄家庭的金融资产份额的影响

|  | survfiass_ra |||| growfiass_ra ||||
|---|---|---|---|---|---|---|---|---|
|  | 16-30 | 30-45 | 45-60 | 60以上 | 16-30 | 30-45 | 45-60 | 60以上 |
| index | -0.0014<br>(0.01) | 0.0148**<br>(0.01) | 0.0234***<br>(0.00) | 0.0496***<br>(0.01) | 0.0932**<br>(0.05) | 0.0477***<br>(0.02) | 0.0265<br>(0.02) | 0.0223***<br>(0.02) |
|  | 控制 | 控制 | 控制 | 控制 | 控制 | 控制 | 控制 | 控制 |
| 省份固定效应 | Y | Y | Y | Y | Y | Y | Y | Y |
| 年份固定效应 | Y | Y | Y | Y | Y | Y | Y | Y |
| N | 4253 | 12864 | 17528 | 15905 | 4253 | 12864 | 17528 | 15905 |
| ChiSq | 614.62 | 890.67 | 1225.35 | 1261.73 | 75.80 | 388.60 | 262.77 | 224.69 |

投资者的年龄形成了差异化的资产配置需求（吴卫星和吕学梁，2013）。由表7-9可知，户主年龄处于45—60岁的中年家庭和60岁以上的退休后老年家庭，其所在地区数字普惠金融发展能够更大程度地促进生存安全型金融资产配置。而对于增长型金融资产配置，户主年龄处于16—30岁的年轻家庭和30—45岁的中青年家庭，其所在地区数字普惠金融发展的提升作用更强。地区数字普惠金融发展对两类金融资产结构的作用随户主年龄阶段有所差异，对应家庭不同的金融资产配置需求。

4. 内生性检验

家庭的各类金融服务需求无法直接影响我国各省的数字普惠金融发展状况，由此探讨各个省份的数字普惠金融发展水平对微观家庭资产配置行为的影响并不会构成反向因果形成内生性问题，但依然存在遗漏变量的可能。另外当地的经济金融环境、思想意识以及投资观念等不可观测因素都可能会影响被解释变量和关键解释变量。为克服可能的回归内生性，本书借鉴郭峰等（2020）的研究，选取"个体所在的省会城市（直辖市）与杭州市的距离"作为数字普惠金融发展水平的工具变量。相关性方面，数字普惠金融虽主要通过互联网实现，但其发展程度仍受地理空间因素的影响，相邻地区的数字普惠金融发展趋同，表现出以杭州为中心的扩散状态。外生性方面，地理区位因素不受任何主观因素的影响，不直接影响家庭的分类资产配置也不与其他的家庭和个人特征相关。另外对该变量的弱工具变量检验的F统计量超过10，该工具变量是有效的。

为了验证该工具变量对数字普惠金融指数的直接作用，表7-10的第（1）列呈现了数字普惠金融指数对调查者所在省会城市距杭州市距离的第一阶段回归结果，可以看出距数字金融开发中心的杭州市越远，数字普惠金融的发展程度越滞后。第（2）—（3）列列示了数字普惠金融发展对两类金融资产份额的回归结果，数字普惠金融发展显著正向作用于两类金融资产的配置份额，且对增长型金融资产份额的效应大于生存安全型金融资产份额。从内生性检验结果得知，数字普惠金融发展对家庭分类金融资产配置份额的影响具有稳健性。

表7-10　家庭分类金融资产份额对数字普惠金融的两阶段回归

|  | （1）<br>index | （2）<br>survfiass_ra | （3）<br>growfiass_ra |
| --- | --- | --- | --- |
| index |  | 0.0014*** | 0.0035*** |
|  |  | （0.00） | （0.00） |
| distance | -0.0196*** |  |  |
|  | （0.00） |  |  |
|  | 控制 | 控制 | 控制 |
| _cons | 131.2717*** | 0.3543*** | -2.6289*** |
|  | （3.13） | （0.02） | （0.05） |
| N | 50549 |  |  |
| r2 | 0.1150 |  |  |
| r2_a | 0.1148 |  |  |
| F | 547.43 |  |  |
| Wald chi2（12） |  | 12010.92 | 4449.88 |

## 三　进一步分析

### （一）居民金融能力的调节作用

为深入检验数字普惠金融发展对家庭金融资产配置份额的影响是否会随居民金融能力的提升而增加，运用调节效应模型分析居民金融能力的调节作用。为避免多重共线性问题，对调节变量、关键解释变量及交互项进行了中心化处理。由于数字普惠金融是一个多维度动态指标，其涵盖的金融服务覆盖广度和使用深度的作用目标存在明显差异，覆盖广度的增加意在增强金融服务的可得性，而使用深度主要测度家庭实际使用数字金融的程度。因此，进一步检验数字普惠金融不同子指标作用于家庭金融资产配置的过程中，居民金融能力是否存在调节效应及其效应程度。

表7-11 居民金融能力作为调节变量的回归

| | survfiass_ra | | | | growfiass_ra | | | |
|---|---|---|---|---|---|---|---|---|
| index | 0.0917*** (0.01) | | | | | | | |
| index * financa | -0.0716*** (0.01) | | | | | | | |
| cover | | 0.0887*** (0.01) | | | | 0.0554 (0.05) | | |
| cover * financa | | -0.0650*** (0.01) | | | | -0.0211 (0.05) | | |
| use | | | 0.0556*** (0.01) | | | | 0.0672* (0.04) | |
| use * financa | | | -0.0880*** (0.01) | | | | -0.1031*** (0.04) | |
| digital | | | | 0.0614*** (0.01) | 0.0608 (0.05) | | | -0.0456 (0.05) |
| digi * financa | | | | 0.0515*** (0.01) | -0.0337 (0.05) | | | 0.1665*** (0.05) |
| finan_capab | 0.3246*** (0.02) | 0.3202*** (0.02) | 0.3424*** (0.02) | 0.2137*** (0.02) | 1.0634*** (0.06) | 1.0487*** (0.06) | 1.1016*** (0.06) | 0.8124*** (0.06) |
| 省份固定效应 | 控制 | 控制 | 控制 | 控制 | 控制 | 控制 | 控制 | 控制 |
| 年份固定效应 | Y | Y | Y | Y | Y | Y | Y | Y |
| N | 31087 | 31087 | 31087 | 31087 | 31087 | 31087 | 31087 | 31087 |
| ChiSq | 3587.71 | 3592.09 | 3719.98 | 4335.95 | 661.87 | 695.08 | 618.73 | 780.64 |

由表7-11可知，就生存安全型金融资产而言，居民金融能力削弱了数字普惠金融发展及覆盖广度与使用深度两个子指标对生存安全型金融资产份额的正向影响，且在居民金融能力较低时，数字普惠金融所发挥的积极作用更为明显，但随着居民金融能力的提升，数字普惠金融的积极作用逐渐降低，这表明居民金融能力提升和数字普惠金融发展两者在促进生存安全型金融资产配置方面存在明显的替代关系，而对于数字化程度，居民金融能力则增强了普惠金融数字化程度对生存安全型金融资产配置的促进作用。

对于增长型金融资产，金融能力削弱了数字金融使用深度对增长型金融资产份额的促进作用，即金融能力与数字金融使用深度存在替代效应，但对于数字化程度，居民金融能力增强了数字化程度对增长型金融资产份额的促进效应。总之，在促进共同富裕的金融财富积累过程中，宏观的数字普惠金融发展水平、数字金融覆盖广度与使用深度和微观个体的金融能力发挥了替代作用，而普惠金融数字化程度与金融能力则发挥了相互促进的作用。

**（二）数字普惠金融促进金融资产配置的中介效应**

郭士祺和梁平汉（2014）指出，社会互动、网络信息等会影响家庭的资产配置，同时互联网渠道的理财信息会显著促进家庭参与股票市场（张旭阳和吴卫星，2020）。数字普惠金融便于家庭低成本且高效地获得经济、金融类的信息，家庭将根据自身对经济、金融信息的研判作出投资决策。

表7-12检验了家庭对经济、金融类信息的关注度是否为普惠金融数字化程度影响分类金融资产配置份额的中介变量。表中第（2）列和第（5）列的结果表明，普惠金融数字化程度显著提升了家庭对经济、金融信息的关注度，普惠金融服务的数字化程度越高，越有可能关注投资决策相关的经济金融类信息。从第（3）列和第（6）列的结果可知，加入经济、金融类信息关注度这一变量后，普惠金融数字化程度对两类金融资产配置份额的影响系数都变小了，且信息关注度变量的影响系数显著为正，这证明信息关注度是普惠金融数字化程度作用于分类金融资产份额的中介变量且发挥了部分中介的作用。

表 7-12　　　　　　　　　经济金融信息关注度的中介作用

|  | （1） survfiass_ra | （2） mess_foc | （3） survfiass_ra | （4） growfiass_ra | （5） mess_foc | （6） growfiass_ra |
|---|---|---|---|---|---|---|
| digital | 0.0622*** (0.00) | 0.0157** (0.01) | 0.0610*** (0.00) | 0.1164*** (0.01) | 0.0156** (0.01) | 0.1127*** (0.01) |
| mess_foc |  |  | 0.0096*** (0.00) |  |  | 0.1070*** (0.01) |
|  | 控制 | 控制 | 控制 | 控制 | 控制 | 控制 |
| 省份固定效应 | Y | Y | Y | Y | Y | Y |
| 时间固定效应 | Y | Y | Y | Y | Y | Y |
| N | 50550 | 50509 | 50509 | 50550 | 50509 | 50509 |
| Pseudo R2 |  | 0.0367 |  |  | 0.0379 |  |
| ChiSq | 7036.66 |  | 7001.41 | 1156.55 |  | 1336.55 |

表 7-13　　　　　　　　　金融可得性的中介作用

|  | （1） survfiass_ra | （2） asset_count | （3） survfiass_ra | （4） growfiass_ra | （5） asset_count | （6） growfiass_ra |
|---|---|---|---|---|---|---|
| digital | 0.0622*** (0.00) | 0.0179*** (0.00) | 0.0599*** (0.00) | 0.1164*** (0.01) | 0.0180*** (0.00) | 0.1092*** (0.01) |
| asset_count |  |  | 0.1642*** (0.00) |  |  | 0.4226*** (0.02) |
|  | 控制 | 控制 | 控制 | 控制 | 控制 | 控制 |
| 省份固定效应 | Y | Y | Y | Y | Y | Y |
| 时间固定效应 | Y | Y | Y | Y | Y | Y |
| N | 50550 | 50526 | 50526 | 50550 | 50526 | 50526 |
| Pseudo R2 |  | 0.0401 |  |  | 0.0413 |  |
| ChiSq | 7036.66 |  | 9469.48 | 1156.55 |  | 942.33 |

Guiso et al. （1996）发现预期未来的借款限制将影响家庭的投资选择，而金融可得性不但会促进家庭参与正规金融市场，而且会促进正规金融市

场参与的深度（尹志超等，2015）。数字普惠金融的发展强化了家庭实际使用金融服务的程度，家庭更多地参与到金融市场中，配置多样化的金融资产。表7-13验证了金融可得性是否为普惠金融数字化程度影响金融资产配置份额的中介变量。其中第（2）列和第（5）列的回归结果显示，普惠金融数字化程度显著增加了家庭对金融资产的配置种类。第（3）列和第（6）列的结果中，加入金融可得性变量后，普惠金融数字化程度对两类金融资产配置份额的影响系数都下降了，且金融可得性的影响系数显著为正。这表明金融可得性在普惠金融数字化程度促进分类金融资产配置份额中发挥了部分中介的作用。

## 第四节 本章小结

本章旨在探讨中国数字普惠金融发展对家庭差异化资产需求的影响及其作用机理。数字普惠金融显著促进了家庭实物资产以及增长型和生存安全型金融资产的配置份额，并且这种促进效应存在城乡和地区差异。首先，在农村地区，数字普惠金融发展促进增长型金融资产配置的效果更明显，而城镇提高生存安全型金融资产配置的效果更为明显；其次，对于两类金融资产份额而言，东部地区数字普惠金融发展的促进效应大于西部地区，同时西部地区大于中部地区。

接下来，划分不同收入水平，就生存安全型金融资产配置而言，中等收入家庭所在地区数字普惠金融发展的促进效应最大，其次是低收入家庭；而对于增长型金融资产配置，低收入家庭所在地区数字普惠金融发展的提升作用最强，其次是高收入家庭。划分财富水平，拥有中等财富水平的家庭，其所在地区的数字普惠金融发展对两类金融资产份额的促进作用最大。划分户主年龄，户主年龄处于45—60岁的中年家庭和60岁以上的退休后老年家庭，其所在地区数字普惠金融发展能够更大程度地促进生存安全型金融资产配置份额。而对于增长型金融资产配置，户主年龄处于16—30岁的年轻家庭和30—45岁的中青年家庭，其所在地区数字普惠金融发展的提升作用更强。

进一步分析可以发现,居民金融能力和数字普惠金融发展两者在促进家庭金融资产配置方面存在明显的替代关系。此外,家庭对经济、金融信息的关注度和金融可得性两个因素能够解释普惠金融数字化程度促进家庭差异化资产配置份额的原因。

# 第八章 结论、政策建议与研究展望

本章在第四章至第七章实证分析的基础上提出了本书的主要研究结论,对促进共同富裕、普惠金融创新发展及地区、城乡金融政策的制定提供了参考,最后提出了研究展望。

## 第一节 研究结论

本书以中国的家庭户作为研究对象,以严谨的理论与实证方法系统性分析了面向家庭的信贷支持和居民金融能力在促进家庭消费升级、优化资产配置中所发挥的关键作用,以及数字普惠金融发展对家庭消费和资产配置的影响。具体来说,本书的研究主要包括四个方面的内容:第一,分析了信贷支持和居民金融能力对分类消费的影响;第二,探讨了信贷支持和居民金融能力作用于分类资产配置的效应;第三,划分城乡和东、中、西部地区,检验消费和资产配置效应是否存在显著的地区间和城乡差异并从家庭房产和户主教育程度角度探究了消费和资产配置效应在城乡及地区间形成差异的原因;第四,考察了数字普惠金融发展对家庭消费以及资产配置需求的影响。本书的第四章至第七章依次研究了前述四个方面的内容,得到的研究结论如下。

### 一 金融机构的信贷支持与居民金融能力对消费行为的影响

在引入家庭信贷约束的基础上,首先验证了当家庭非受信贷约束时,信贷和消费之间的正相关关系。接下来探讨了金融机构面向家庭的信贷支持和居民金融能力对分类消费的影响以及金融能力促进家庭消费的机制。在家庭的总消费和质量型消费处于不同水平时，杠杆率和居民金融能力对总消费及质量型消费均产生了显著的正向影响。重要的是，在分类消费处于相同水平时，杠杆率对质量型消费的促进作用大于总消费，且当家庭总消费和质量型消费处于中低水平时，居民金融能力对质量型消费的影响程度同样大于总消费。分样本研究发现，杠杆率和居民金融能力对总消费和质量型消费的促进效应表现为：就家庭杠杆率的影响程度而言，农村家庭大于城镇家庭；西部地区明显大于东、中部地区；就不同消费而言，与中、西部地区家庭不同，东部地区家庭居民的金融能力对质量型消费的提升效应明显大于对总消费的效应。

综上所述，当家庭处于不同消费水平时，金融机构的信贷支持和居民金融能力能够促进家庭的总消费，尤其是总消费中的质量型消费。因此金融机构面向家庭的信贷支持和居民金融能力提升将促进家庭的消费升级，同时提高总消费水平。

进一步的机制分析发现，家庭的正规负债、财富以及社会资本中的亲缘关系三者能够解释金融能力对消费的促进作用。具体来说，金融能力的提高可以帮助居民实现低成本且高效合理的风险投资，通过合理选择风险资产，增加家庭的财富水平，从而促进消费；金融能力的提升增加了居民获得信贷的可能性，一定程度上缓解了家庭的信贷约束，金融机构的信贷支持形成的负债可以帮助家庭平滑消费；同时金融能力作为一种人力资本，能够增强居民的家庭生存能力，扩大自身家庭关系网络，在面对未来的不确定性时，居民会借助家庭网络的帮助，从而降低当前储蓄以增加消费。

## 二　金融机构的信贷支持与居民金融能力对资产配置行为的影响

金融机构面向家庭的信贷支持和居民金融能力将会影响家庭的分类资产配置决策。本书研究发现家庭杠杆率显著正向作用于实物资产份额，同时对增长型和生存安全型金融资产份额产生了负向影响。而居民金融能力显著负向作用于实物资产份额,同时对两类金融资产份额均形成了显著的正向影响。就分类金融资产而言,金融能力对生存安全型金融资产份额的影响程度明显大于对增长型金融资产份额的影响。

具体在城乡,城镇家庭杠杆率对实物资产份额的正向影响程度以及对生存安全型金融资产份额的负向影响程度都大于农村家庭。金融能力对增长型金融资产份额的效应在城镇家庭明显大于农村家庭,而对生存安全型金融资产份额的效应在农村家庭大于城镇家庭。另外,东部地区家庭杠杆率对实物资产份额的正向影响程度和对生存安全型金融资产份额的负向影响程度均大于中部和西部地区。居民金融能力对实物资产份额的负向影响程度中,中部地区大于东部和西部地区;对增长型金融资产份额的正向作用程度,表现为东部地区大于中、西部地区,而对生存安全型金融资产份额的作用程度则是中部地区大于东、西部地区。最后,考虑两类金融资产,无论在城乡还是不同地区,家庭居民的金融能力对生存安全型金融资产份额的提升效应明显大于对增长型金融资产份额的效应。

总体而言,金融机构面向家庭的信贷支持有助于促进实物资产的配置,而相比于信贷支持的作用,居民金融能力能够更有效地提高两类金融资产的配置比例,满足家庭更高质量的投资需求,促进财富积累。

### 三 消费和资产配置行为效应的地区间及城乡差异

运用自助抽样方法的费舍尔组合检验分析了信贷支持和居民金融能力作用于分类消费及分类资产配置效应的差异及其显著性,发现信贷支持和金融能力对质量型消费和分类资产份额的影响均存在显著的地区差异。对质量型消费的效应而言:(1)在高质量型消费水平下,西部地区家庭杠杆率的正向影响显著大于中部地区,另外,在质量型消费处于低和高水平的家庭,西部地区家庭杠杆率的正向影响显著大于东部地区;(2)当质量型消费处于中等水平时,东部地区家庭居民金融能力的正向作用显著大于西部地区。对分类资产份额的效应而言:(1)就杠杆率作用于实物资产份额的正向效应和对作用于生存安全型金融资产份额的负向效应来说,均表现出东部地区明显大于西部地区。(2)就居民金融能力对实物资产份额的负向影响程度而言，东部地区明显大于中部地区；而增长型金融资产份额的效应方面，东部地区仍然明显大于中部地区。另外，对于东部和西部地区家庭，居民金融能力对实物资产份额的负向作用差异大于增长型金融资产份额的正向作用差异。

信贷支持和金融能力对质量型消费和分类资产份额的影响同样存在明显的城乡差异，主要体现在：（1）在东部和西部地区，质量型消费处于平均水平的家庭，农村家庭杠杆率对质量型消费的影响程度明显大于城镇家庭；（2）在中部和西部地区家庭，杠杆率对实物资产份额的正向影响程度以及对生存安全型金融资产份额的负向影响程度均为城镇家庭显著大于农村家庭；（3）东、中、西部三个地区家庭的居民金融能力作用于增长型金融资产份额的正向效应都表现为城镇家庭明显大于农村家庭。在中部地区，金融能力对实物资产份额的负向作用和对生存安全型金融资产份额的正向作用程度都表现为城镇家庭大于农村家庭。

针对不同地区和城乡的金融支持政策或金融服务应考虑信贷支持和金融教育差异化的作用效果，做到因地施策。

考虑地区间及城乡差异的可能原因，中国不同地区居民可支配收入的增长和资本市场的迅速发展，使得收入和财富的差距成为地区发展不平衡的重要体现。从家庭对住房的拥有状况和住房资产价值角度探讨金融行为效应的地区间差异，房产这类特殊的大额耐用资产本身无法迁移流动，因此具备了鲜明的地区性特征。从家庭户主的教育程度方面分析金融行为效应的城乡间差异。户主教育程度这一家庭内部特征部分反映了家庭处于不同的生命周期阶段，其杠杆率和居民金融能力作用于消费和资产配置的效应也会形成差异。

## 四 数字普惠金融对家庭消费和资产配置的影响

就中国数字普惠金融发展对家庭消费的影响而言，数字普惠金融促进了家庭的消费。

关于数字普惠金融发展对家庭资产配置的影响，数字普惠金融显著促进了家庭实物资产以及增长型和生存安全型金融资产的配置份额，并且这种促进效应存在城乡和地区差异。另外，无论在城乡还是不同地区，数字普惠金融发展对增长型金融资产份额的提升效应明显大于对生存安全型金融资产份额的效应。进一步分析发现，居民金融能力和数字普惠金融发展两者在促进家庭金融资产配置方面存在明显的替代关系。同时，家庭对经济、金融信息的关注度和金融可得性两个因素能够解释普惠金融数字化程度促进家庭差异化资产配置的原因。

中国数字普惠金融发展促进家庭差异化的资产配置，从而增加财富积累，不但需要优化收入分配等经济政策的支持，而且需要普及金融教育，加强居民金融能力培养。考虑到影响家庭资产配置的宏观因素众多，而微观方面具有哪些特征的家庭通过金融能力培养从而在较大程度上增加金融资产配置份额，成为本书后续研究的突出方向，另外，对优化资产配置的地区性金融政策提出更高效且具有针对性的建议，还需要深入探讨数字普惠金融的具体服务形式。此外，本书并未实际研究老年人群的退休安排及养老金资产配置决策，老年家庭资产配置行为的可持续性是一个值得深入研究的问题。

总体而言，本书最主要的研究结论可描述为以下四点：第一，在家庭的总消费和质量型消费处于不同水平时，家庭杠杆率和居民金融能力对总消费及质量型消费均产生了显著的正向影响。重要的是，处于相同消费水平时，杠杆率对质量型消费的促进作用大于总消费，且当家庭总消费和质量型消费处于中低水平时，居民金融能力对质量型消费的影响程度大于总消费。第二，家庭杠杆率显著正向作用于实物资产份额，同时对增长型和生存安全型金融资产份额产生了负向影响。而居民金融能力显著负向作用于实物资产份额，同时对两类金融资产份额均形成了显著的正向影响。第三，在质量型消费处于一定水平的家庭，其杠杆率和居民金融能力对质量型消费和分类资产份额的影响存在显著的地区间和城乡差异；分析地区间与城乡影响的差异可以发现，家庭拥有的住房资产价值可以部分解释东、中、西部地区间的差异，而户主教育程度可以部分解释城乡差异。第四，数字普惠金融显著促进了家庭的消费，并且提升了实物资产以及增长型和生存安全型金融资产的配置份额，居民金融能力和数字普惠金融发展两者在促进家庭金融资产配置方面存在明显的替代关系。同时，家庭对经济、金融信息的关注度和金融可得性两个因素能够解释普惠金融数字化程度促进家庭差异化资产配置的原因。促进家庭消费和优化资产配置的措施应考虑地区间家庭的房产资产等财务状况以及城乡居民的个体特征，从而缩小地区间及城乡家庭消费水平以及资产配置形成的财富积累差距，有助于实现共同富裕目标。

# 第二节　政策建议

本书的研究结论能够在一定程度上为政府相关部门的决策制定提供一些有益的参考。

第一，本书研究对促进微观个体的消费升级和优化资产配置的相关政策制定和实施有一定参考价值。金融机构面向家庭的信贷支持和居民金融能力对分类消费和分类资产份额的影响存在明显的地区间和城乡差异，其中房产价值以及家庭户主的教育程度形成了消费和资产配置效应的地区间和城乡差异，因此在不同地区，针对不同家庭的促进消费升级和优化资产配置的信贷支持政策的作用效果存在差异，甚至在部分地区效果并不明显，应以家庭的财务状况和实际特征为依据。促进消费升级是经济结构转型中的重要任务之一，在实现居民家庭消费升级的过程中，不但需要地方性金融支持政策，而且需要教育以及收入分配改革等其他政策的配合。

第二，本书的研究使得投资者充分地利用金融机构提供的信贷支持和自身金融能力的提升，形成更加合理有效的资产配置规划。对政府相关部门而言，针对城乡和不同地区的信贷支持政策应考虑家庭内部的特征，同时相比于面向家庭的信贷支持，居民金融能力在提高增长型和生存安全型金融资产份额方面的作用更为有效，因此应强化居民的金融能力培养，政府相关部门及金融机构应进一步通过组织金融教育项目强化金融能力培育。

第三，本书突出了数字普惠金融发展助力实现家庭财富积累的贡献，在促进共同富裕的金融财富积累过程中，金融能力较低时，数字普惠金融发挥的积极作用更大，当普惠金融数字化程度发展到一定阶段时，同时需要提高居民的金融能力来达成家庭多元化的资产配置目标。另外，普惠金融高质量发展的核心在于焕发普惠金融活力，提升创新力和竞争力。创新力主要体现在普惠金融的数字化发展，金融供给侧结构性改革拓展重点服务对象的有效需求形成了竞争力。《"十四五"国家信息化规划》提出"数字普惠金融服务"优先行动，为全面推进数字普惠金融服务建设与发展明确了重点方向。在需求转弱和健全普惠性现代金融体系的高质量发展要求下，依靠数字普惠金融助力优化家庭金融行为势在必行。

## 第三节　研究展望

2006年美国金融学会（AFA）年会上，Campbell提出并在其研究文献中阐释了家庭金融这一新的研究方向，并把它与资产定价、公司金融认定为同等重要的研究方向。国内家庭金融行为的研究正在逐步深入，然而与国外相比，国内家庭金融行为研究在理论研究、微观数据的可得性、投资者成熟度等各方面仍存在差距。在此背景下，本书提出了今后研究的方向与展望。

### 一　消费行为

实现居民家庭的消费升级，促进经济结构转型，不但需要信贷支持政策的配合，而且需要加大金融教育普及力度，加强居民金融能力的培养。伴随着家庭消费习惯的变化，出现了多元化的消费需求及消费方式，促进消费升级的措施也应与时俱进。考虑到影响家庭消费的宏、微观因素众多，如何从不同地区经济金融发展环境结合家庭的异质性角度深入探究我国家庭的消费升级，是本书后续研究的重要方向，想要对促进消费升级的地区性金融政策提出更高效且具有针对性的建议，需要深入研究金融普惠的创新性产品和服务形式。另外，目前网络消费的重要性日益提升，商务部电子商务和信息化司发布的《中国电子商务报告2019》显示，2019年我国网上零售额达10.63万亿元，其中实物商品网上零售额8.52万亿元，占社会消费品零售总额的比重上升至 20.7%[①]。同时根据 CHFS 数据的测算，2013 年的人均网络消费额为 5374.07 元，到 2017 年人均网络消费额为 6192.50 元，增长率达到 15.23%。在线消费覆盖了居民生活的方方面面，在为生活提供便利的同时已经改变了居民的消费习惯与行为方式，成为研究居民及家庭消费行为不可或缺的内容。

## 二 金融市场的发展与完善

运行良好的金融市场为不同风险偏好的投资者提供多样化的金融产品，降低投资者与融资者之间的信息不对称程度，有助于居民有效配置金融资产，在投融资两端形成良性互动。金融市场发展水平一定程度上决定了居民的投资范围并影响居民的投资决策，因此，如何建设一个完备的金融市场至关重要。从现实情况看，中国金融市场已然取得长足发展，股市、债市等基础金融市场早已建立，交易规模日趋庞大。此外，各类金融市场制度逐步完善，股市由审批制向注册制过渡，城投债、企业债等债券种类逐步增多。但我国的金融市场仍然存在以下问题：（1）金融产品流通性相对较差；（2）投资难度较高，大量投资决策需要较为高深的金融知识与时间精力；（3）金融市场波动性较大，金融市场制度仍需完善等。

从发达经济体经验来看，金融衍生品市场是一个对接居民投资需求重要的突破口。本质上讲，金融衍生品是多种金融产品的打包和组合。一方面，金融衍生品可以组合兼顾高风险高收益、低风险低收益等各类金融产品，为不同的投资者提供符合其风险偏好的金融产品；另一方面，大量金融衍生品普遍具有高稳定性、低投资门槛的特征，投资方式相对友好。因此，大量资金甚至是养老基金流入金融衍生品市场，成为居民投资重要的组成部分。美式金融衍生品市场为投资者提供了更为广阔的投资空间，但我国金融衍生品市场的发展有别于美式金融衍生品市场，中国金融衍生品市场较少涉及资产证券化这一核心过程，更多通过制度创新创造新的融资渠道，为各类金融产品融资。

---

① 商务部电子商务和信息化司：《中国电子商务报告 2019》，中国商务出版社 2020 年版，第 2 页。

从中国金融市场的发展经验来看，以理财名义通过各类信托计划、资产管理计划对接各类底层金融资产是中国金融市场的一次大胆的尝试，这为居民提供了储蓄以外的投资选择。然而，以理财为代表的投资方式没有解决风险分担的问题，也未能通过资产证券化形成有效的风险隔离。一方面，理财的退出标志着中国宏观审慎监管的强化，但从另一方面看，理财的退出也减少了居民的投资选择，在利率水平不断降低的情形下，居民面临"资产荒"问题。党的二十大报告提出，积极拓展直接融资渠道，对此，金融市场应进一步探索资产证券化渠道，构建风险收益对等的标准化金融产品。另外，应逐步摆脱以商业银行为核心的投融资方式，探索货币市场共同基金等新型模式，为居民投资提供多样化选择。因此国内金融衍生品市场的发展与完善有其必要性。

### 三　养老安排

处于各个生命周期阶段的家庭具有不同的财富积累目标，Cocco et al.（2005）认为有限收入的年轻投资者面对内生的借入限制，将形成负的财富值且不会投资于股票，随着年龄的增加，劳动收入的重要性在下降，因此无风险资产持有代替了劳动收入，投资者通过变换金融投资组合为无风险资产做出最优反应。家庭配置资产的目标，从短期来看是为了获得流动性，或是增加即期收益，从长期看，人们预期寿命的延长成为当今社会的普遍现象。汪伟、刘玉飞和王文鹏（2018）认为长寿可能通过促进储蓄和物质资本积累、提高人力资本投资水平等机制有益于宏观经济发展，也可能通过减少就业、对养老金账户产生压力等方式不利于宏观经济。为了应对经济的不确定性，中老年人会据此进行退休投资安排。

退休储蓄方面，Murendo 和 Mutsonziwa（2017）认为金融素养正向影响城乡个体的正式和非正式的储蓄行为。周绍杰（2010）的研究显示，我国城市家庭具有较强的预防性储蓄动机，并且年老组群相对于年轻组群具有更强的预防性储蓄动机。Lusardi 和 Mitchell（2005）发现在研究的整个样本中，只有19%的个体做出了成功的退休计划，并且金融知识和计划显著相关。另外，记录支出和预算习惯有益于退休储蓄。Anderson、Baker 和

Robinson（2017）发现金融素养、预防性储蓄和退休计划是正相关的，但这主要是由感知而非实际的素养驱动的：控制自我认知，实际的素养具有较低的预测能力。Rooij、Lusardi 和 Alessie（2012）认为金融素养与退休计划呈正相关关系，而一项储蓄计划的发展已被证明能够增加财富。徐佳和龚六堂（2019）的研究显示，金融知识水平的提高可显著推动家庭对退休后的养老生活做出储蓄安排。

养老金资产配置方面，Banks 和 Oldfield（2007）的研究发现当控制认知能力维度和教育成就，计数水平与退休储蓄和投资资产组合强烈相关。计数能力同样与知识、理解养老金安排以及感知的金融安全相关。Niu，Zhou 和 Gan（2020）的分析发现金融素养对中国人退休准备的各个方面，包括确定退休金融需求、制定长期财务规划和购买个人养老保险，都有显著的正向影响。吴雨，杨超，尹志超（2017）指出我国家庭养老规划现状急需改善。金融知识水平的提高将显著促进家庭养老计划的改善，这种促进作用在非公务员（参公）家庭更为明显，金融知识有助于家庭养老计划的多样化，尤其是购买商业保险。Dolores et al.（2017）阐明对较低未来收入的预期和对金融风险以及教育的偏好将对参与私人养老金计划的可能性产生重要的正向影响。周弘（2015b）指出消费者接受金融教育的程度对家庭养老保障计划选择行为具有显著影响。

国家养老金制度的改变，加上私人养老金提供性质的变化，很可能在收入分配的不同阶段以不同方式影响微观个体的储蓄和退休决策。最贫穷者的选择无论如何都是有限的，不可能有任何重大的改变。最富有的人将会受到私人机构改革的影响，即使他们没有完全调整自己的退休计划，从他们自身的角度来看，其退休计划虽然可能不是最理想的，但仍可能在退休后过得相对舒适，因此不太可能成为其他纳税人的负担。最重要的群体是那些处于或预期处于中低收入水平的人——他们处于国家和私人体系的边界。他们将面临更长的工作时间和更晚退休时间的明显激励。另外，除了如最低养老金供款规则，金融能力培育不足以保证最优养老金决策。禁止交易成本过高、风险回报不佳的产品外，提供考虑个人行为偏好的精心设计的储蓄产品会更有效，通过这种方式，个人可以承诺将增加的收入的固定份额存起来，以备退休之用。由于这不会影响经常支出，愿意这样做的人要比直接存钱的人更多。因此在养老安排方面，应更加注重养老决策的可持续性，这成为后续研究的重要方向。

## 四 信贷支持与居民金融能力的协同作用

本书第三章在度量了金融机构面向家庭的信贷支持和居民金融能力后，探讨了家庭信贷支持与居民金融能力的关系。在普惠金融这一重要的金融体系下，信贷支持成为缓解资金约束的外部力量，而居民金融能力成为优化金融行为的重要内部动力。金融机构向居民家庭提供的金融教育服务，发挥了提升居民金融能力的作用，有助于丰富金融普惠的内涵，扩展了普惠金融的外延。在信贷支持与金融能力作用于促进消费升级与优化资产配置的方式与机制中，体现了两者的协同性。但文中并未深入地探究两者之间的协同作用，也并未有相关理论的支撑。后续研究中将进一步从理论和实证角度探讨信贷支持与金融能力在优化家庭金融行为中发挥的协同作用。

另外，普惠金融服务涉及金融机构和家庭，提升社会福利需要同时关注这两类主体，因此未来研究需要增加综合的社会福利视角，以探讨涵盖两类主体福利目标的运作和行为模式。本书在探讨金融行为的效应时只重点关注了普惠金融的发展程度，外部宏观因素包括诸多不同的方面，如教育环境、宏观经济政策、社会经济因素等，今后的研究将进一步探究这些外部因素对金融行为的重要作用。

# 参考文献

贝多广等：《包容、健康、负责任—中国普惠金融发展报告（2019）》，中国金融出版社 2019 年版。

陈洋林、张学勇、李波：《家庭加杠杆的资产配置效应研究》，《中央财经大学学报》2019 年第 3 期。

陈治国、李成友、李红：《农户信贷配给程度及其对家庭金融资产的影响》，《经济经纬》2016 年第 3 期。

丁嫚琪、张立：《金融素养对我国家庭金融资产配置的影响研究》，《上海金融》2019 年第 3 期。

董志勇、黄迈：《信贷约束与农户消费结构》，《经济科学》2010 年第 5 期。

杜金岷、韦施威、吴文洋：《数字普惠金融促进了产业结构优化吗？》，《经济社会体制比较》2020 年第 6 期。

高圆、田相辉：《网络消费信贷与城乡居民消费——基于山东地区的调查分析》，《农村金融》2020 年第 10 期。

葛和平、朱卉雯：《中国数字普惠金融的省域差异及影响因素研究》，《新金融》2018 年第 2 期。

郭峰：《网络昵称与 P2P 借贷的成功率和违约率》，《经济科学》2016 年第 6 期。

郭峰、王靖一、王芳、孔涛、张勋、程志云：《测度中国数字普惠金融发展：指数编制与空间特征》，《经济学》（季刊）2020 年第 4 期。

郭士祺、梁平汉：《社会互动、信息渠道与家庭股市参与——基于 2011 年中国家庭金融调查的实证研究》，《经济研究》2014 年第 1 期。

韩立岩、杜春越：《城镇家庭消费金融效应的地区差异研究》，《经济研究》2011年第1期。

杭斌、修磊：《收入不平等、信贷约束与家庭消费》，《统计研究》2016年第8期。

何丽芬、王萌：《家庭负债的期限结构与消费——基于中国家庭金融调查数据的分析》，《江淮论坛》2018年第3期。

侯冠宇、胡宁宁、熊金武：《数字普惠金融对家庭风险金融资产配置行为的影响研究》，《湖南社会科学》2022年第4期。

胡振、臧日宏：《金融素养过度自信影响股票市场参与吗？——基于中国城镇家庭的微观数据》，《北京工商大学学报》（社会科学版）2016年第6期。

胡振、臧日宏：《风险态度，金融教育与家庭金融资产选择》，《商业经济与管理》2016年第8期。

胡振、王亚平、石宝峰：《金融素养会影响家庭金融资产组合多样性吗？》，《投资研究》2018年第3期。

胡珺、高挺、常启国：《中国家庭金融投资行为与居民主观幸福感——基于CGSS的微观经验证据》，《金融论坛》2019年第9期。

黄静、屠梅曾：《房地产财富与消费：来自于家庭微观调查数据的证据》，《管理世界》2009年第7期。

黄倩、李政、熊德平：《数字普惠金融的减贫效应及其传导机制》，《改革》2019年第11期。

黄仟瑜、林良旭、范秀兰：《互联网金融下大学生消费行为研究》，《收藏》2016年第8期。

黄益平、黄卓：《中国的数字金融发展：现在与未来》，《经济学（季刊）》2018年第4期。

江红莉、蒋鹏程：《数字普惠金融的居民消费水平提升和结构优化效应研究》，《现代财经》（天津财经大学学报）2020年第10期。

蒋庆正、李红、刘香甜：《农村数字普惠金融发展水平测度及影响因素研究》，《金融经济学研究》2019年第4期。

姜正和、张典：《住房负债与中国城镇家庭异质性消费——基于住房财富效应的视角》,《消费经济》2015 年第 3 期。

焦瑾璞:《金融消费者教育:国际经验与我国实践探索》,《福建金融》2015 年第 2 期。

焦瑾璞、黄亭亭、汪天都、张韶华、王瑱:《中国普惠金融发展进程及实证研究》,《上海金融》2015 年第 4 期。

梁榜、张建华:《数字普惠金融发展能激励创新吗?——来自中国城市和中小企业的证据》,《当代经济科学》2019 年第 5 期。

廖婧琳、周利:《数字普惠金融、受教育水平与家庭风险金融资产投资》,《现代经济探讨》2020 年第 1 期。

李扬、张晓晶、常欣等:《中国国家资产负债表》,中国社会科学出版社 2018 年版。

李云峰、徐书林、白丽华:《金融知识,过度自信与金融行为》,《宏观经济研究》2018 年第 3 期。

李建军、韩珣:《普惠金融、收入分配和贫困减缓——推进效率和公平的政策框架选择》,《金融研究》2019 年第 3 期。

李建军、李俊成:《普惠金融与创业:"授人以鱼"还是"授人以渔"?》,《金融研究》2020 年第 1 期。

李建军、彭俞超、马思超:《普惠金融与中国经济发展:多维度内涵与实证分析》,《经济研究》2020 年第 4 期。

李涛、陈斌开:《家庭固定资产、财富效应与居民消费:来自中国城镇家庭的经验证据》,《经济研究》2014 年第 3 期。

李涛、郭杰:《风险态度与股票投资》,《经济研究》2009 年第 2 期。

李明贤、吴琦:《我国农村居民金融能力评价指标体系及其影响因素研究》,《金融改革》2018 年第 3 期。

李波:《中国城镇家庭金融风险资产配置对消费支出的影响—基于微观调查数据 CHFS 的实证分析》,《国际金融研究》2015 年第 1 期。

李聪、刘喜华、姜东晖:《居民家庭负债如何影响医疗支出?——基于门限效应模型的经验分析》,《东岳论丛》2020 年第 10 期。

刘锦怡、刘纯阳:《数字普惠金融的农村减贫效应:效果与机制》,《财经论丛》2020 年第 1 期。

罗娟、文琴：《城镇居民家庭金融资产配置影响居民消费的实证研究》，《消费经济》2016 年第 1 期。

路晓蒙、尹志超、张渝：《住房，负债与家庭股市参与——基于 CHFS 的实证研究》，《南方经济》2019 年第 4 期。

吕学梁、吴卫星：《金融排斥对于家庭投资组合的影响——基于中国数据的分析》，《上海金融》2017 年第 6 期。

雷晓燕、周月刚：《中国家庭的资产组合选择：健康状况与风险偏好》，《金融研究》2010 年第 1 期。

龙海明、钱浣秋：《消费信贷对城镇居民消费水平的平滑效应—基于 PSTR 模型的实证分析》，《南方金融》2018 年第 5 期。

卢建新：《农村家庭资产与消费：来自微观调查数据的证据》，《农业技术经济》2015 年第 1 期。

孟宏玮、闫新华：《金融素养对城镇家庭消费的影响—基于中国家庭金融调查数据的实证研究》，《调研报告》2020 年第 3 期。

潘敏、刘知琪：《居民家庭"加杠杆"能促进消费吗？——来自中国家庭微观调查的经验证据》，《金融研究》2018 年第 4 期。

彭志浩、杨珂、许子萌：《"蚂蚁花呗"对大学生消费行为影响的实证研究——基于对武汉市 7 所高校大学生的问卷调查》，《湖北经济学院学报》（人文社会科学版）2017 年第 2 期。

任晓怡：《数字普惠金融发展能否缓解企业融资约束》，《现代经济探讨》2020 年第 10 期。

史代敏、宋艳：《居民家庭金融资产选择的实证研究》，《统计研究》2005 年第 10 期。

石明明、江舟、周小焱：《消费升级还是消费降级》，《中国工业经济》2019 年第 7 期。

宋明月、臧旭恒：《异质性消费者、家庭债务与消费支出》，《经济学动态》2020 年第 6 期。

宋全云、吴雨、尹志超：《金融知识视角下的家庭信贷行为研究》，《金融研究》2017 年第 6 期。

宋全云、肖静娜、尹志超：《金融知识视角下中国居民消费问题研究》，

《经济评论》2019 年第 1 期。

孙国辉、梁渊、李季鹏：《社会排斥对地位消费行为倾向的影响》，《经济管理》2020 年第 4 期。

孙武军、林惠敏：《金融排斥、社会互动和家庭资产配置》，《中央财经大学学报》2018 年第 3 期。

谭燕芝、李维扬：《地区差异、子女性别偏好与农村家庭金融行为——来自 CGSS2013 数据的证据》，《湘潭大学学报》（哲学社会科学版）2018 年第 1 期。

唐文进、李爽、陶云清：《数字普惠金融发展与产业结构升级——来自 283 个城市的经验证据》，《广东财经大学学报》2019 年第 6 期。

田青、董晓宇：《我国城镇家庭资产对其消费行为影响的经验研究》，《财经问题研究》2017 年第 5 期。

汪红驹、张慧莲：《不确定性和流动性约束对我国居民消费行为的影响》，《经济科学》2002 年第 6 期。

吴龙龙：《消费信贷的消费挤出效应解析》，《消费经济》2010 年第 1 期。

吴善东：《数字普惠金融的风险问题、监管挑战及发展建议》，《技术经济与管理研究》2019 年第 1 期。

吴卫星、荣苹果、徐芊：《健康与家庭资产选择》，《经济研究》2011 年第 1 期。

吴卫星、吕学梁：《中国城镇家庭资产配置及国际比较——基于微观数据的分析》，《国际金融研究》2013 年第 10 期。

吴卫星、吴锟、张旭阳：《金融素养与家庭资产组合有效性》，《国际金融研究》2018 年第 5 期。

魏先华、张越艳、吴卫星等：《我国居民家庭金融资产配置影响因素研究》，《管理评论》2014 年第 7 期。

吴雨、彭嫦燕、尹志超：《金融知识、财富积累和家庭资产结构》，《当代经济科学》2016 年第 4 期。

吴雨、杨超、尹志超：《金融知识、养老计划与家庭保险决策》，《经济学动态》2017 年第 12 期。

汪伟、刘玉飞、王文鹏：《长寿的宏观经济效应研究进展》，《经济学动态》

2018 年第 9 期。

吴锟：《金融素养对中国居民家庭金融行为的影响研究》，博士学位论文，对外经济贸易大学，2016 年。

吴锟、吴卫星、王沈南：《信用卡使用提升了居民家庭消费支出吗?》，《经济学动态》2020 年第 7 期。

温雪：《社会资本、消费信贷与农户家庭消费》，《消费经济》2018 年第 4 期。

万广华、张茵、牛建高：《流动性约束、不确定性与中国居民消费》，《经济研究》2001 年第 11 期。

肖经建：《消费者金融行为、消费者金融教育和消费者福利》，《经济研究》2011 年第 1 期。

肖经建：《美国消费者金融教育对中国的启示》，《清华金融评论》2017 年第 6 期。

邢天才、张夕：《互联网消费金融对城镇居民消费升级与消费倾向变动的影响》，《当代经济研究》2019 年第 5 期。

徐佳、龚六堂：《金融知识会影响家庭退休安排吗？——基于中国居民家庭微观调查的分析》，《中国地质大学学报》（社会科学版）2019 年第 2 期。

徐新扩、尹志超：《消费贷款对家庭消费的异质性影响——基于我国城市家庭消费金融调查数据的实证研究》，《西南民族大学学报》（人文社会科学版）2017 年第 4 期。

徐哲：《我国的金融排斥：形成、影响及对策》，《金融经济》2008 年第 6 期。

杨丽、孙之淳：《基于熵值法的西部新型城镇化发展水平测评》，《经济问题》2015 年第 3 期。

叶德珠、周丽燕、乐涛：《幸福满意度与家庭金融资产选择》，《金融评论》2014 年第 4 期。

易行健、周利：《数字普惠金融发展是否显著影响了居民消费——来自中国家庭的微观证据》，《金融研究》2018 年第 11 期。

尹志超、宋全云、吴雨：《金融知识、投资经验与家庭资产选择》，《经济研究》2014 年第 4 期。

尹志超 a、宋全云、吴雨、彭嫦燕：《金融知识、创业决策和创业动机》，《管理世界》2015 年第 1 期。

尹志超 b、吴雨、甘犁：《金融可得性、金融市场参与和家庭资产选择》，《经济研究》2015 年第 3 期。

尹志超、岳鹏鹏、陈悉榕：《金融市场参与，风险异质性与家庭幸福》，《金融研究》2019 年第 4 期。

尹志超、耿梓瑜、潘北啸：《金融排斥与中国家庭贫困——基于 CHFS 数据的实证研究》，《财经问题研究》2019 年第 10 期。

曾志耕、何青、吴雨等：《金融知识与家庭投资组合多样性》，《经济学家》2015 年第 6 期。

张峰：《金融知识、风险态度与信用卡消费》，《消费经济》2017 年第 4 期。

张贺、白钦先：《数字普惠金融减小了城乡收入差距吗？——基于中国省级数据的面板门槛回归分析》，《经济问题探索》2018 年第 10 期。

张欢欢、熊学萍：《普惠金融视角下农村居民的金融素养特征与影响因素研究——基于三省的调查》，《农业现代化研究》2017 年第 6 期。

张旭阳、吴卫星：《媒体理财信息是否助推了家庭金融参与？——基于股票和保险的研究》，《金融论坛》2020 年第 2 期。

张雅淋、孙聪、姚玲珍：《越负债，越消费？——住房债务与一般债务对家庭消费的影响》，《经济管理》2019 年第 12 期。

赵晓鸽、钟世虎、郭晓欣：《数字普惠金融发展、金融错配缓解与企业创新》，《科研管理》2021 年第 4 期。

周弘：《风险态度，消费者金融教育与家庭金融市场参与》，《经济科学》2015 年第 1 期。

周弘：《消费者金融教育与家庭养老保障选择的多元化——基于 PSM 的实证分析》，《北京邮电大学学报》（社会科学版）2015 年第 5 期。

周绍杰：《中国城市居民的预防性储蓄行为研究》，《世界经济》2010 年第 8 期。

周雨晴、何广文：《数字普惠金融发展对农户家庭金融资产配置的影响》，

《当代经济科学》2020年第3期。

朱涛、吴宣文、李苏乔：《金融素养与风险态度——来自微观调查数据的实证研究》，《科技与经济》2016年第1期。

中国人民银行南京分行金融消费权益保护处课题组：《金融消费者教育现状、经验与对策》，《金融纵横》2019年第10期。

Abel, S., Muzvidziwa, V. N., and Mutasa, R. "The Development of Microfinance in Zimbabwe", *Journal of Economics and Behavioral Studies*, Vol. 10, No. 4, 2018.

Ando, A., and Modigliani, F. "The 'Life Cycle' Hypothesis of Saving: Aggregate Implications and Tests", *American Economic Review*, Vol. 53, No. 1, 1963.

Adamchik, V. A., and Bedi, A. S., "Wage Differentials between the Public and the Private Sectors: Evidence from An Economy in Transition", *Labour Economics*, Vol. 7, No. 5, 2000.

Atella, V., Brunetti, M., and Maestas, N., "Household Portfolio Choices, Health Status and Health Care Systems: A Cross-Country Analysis Based onSHARE.", *Journal of Banking & Finance*, Vol. 36, No. 5, 2010.

Ajzen, Icek., "The Theory of Planned Behavior.", *Organizational Behavior and Human Decision Processes*, Vol. 50, No. 2, 1991.

Allen, Franklin, et al., "The Foundations of Financial Inclusion: Understanding Ownership and Use of FormalAccounts.", *Journal of Financial Intermediation*, Vol. 27, 2016.

Allgood, Sam, and William B. Walstad., "Financial Literacy and Credit Card Behaviors: A Cross-Sectional Analysis byAge.", *Numeracy*, Vol. 6, No. 2, 2013.

Andersen, Asger Lau, et al. "Household Debt and Spending During the Financial Crisis: Evidence from Danish MicroData.", *European Economic Review*, Vol. 89, 2016.

Anderson, Anders, et al., "Precautionary Savings, Retirement Planning and Misperceptions of FinancialLiteracy.", *Journal of Financial Economics*,

Vol. 126, No. 2, 2017.

Abildgren, Kim, "Household Leverage and Consumption During the Great Depression.", *Journal of Financial Regulation and Compliance*, Vol. 24, No. 5, 2018.

Atkinson A, McKay S, Kempson E, Collard S., Levels of Financial Capability in the UK: Results of a Baseline Survey [R]. London: Financial Services Authority, 2006.

Atkinson A., Financial Capability amongst Adults with Literacy and Numeracy Needs [R]. Bristol: Personal Finance Research Centre, University of Bristol, 2007.

Atif, Muhammad, Kamalesh Raaj, and Amir Sufi, "Household Balance Sheets, Consumption, and the EconomicSlump.", *Quarterly Journal of Economics*, Vol. 128, No. 4, 2013.

Bacchetta, Philippe, and Stefan Gerlach. "Consumption and Credit Constraints: International Evidence.", *Journal of Monetary Economics*, Vol. 40, No. 2, 1997.

Banks, James, Richard Blundell, and Sarah Tanner, "Is There a Retirement-SavingsPuzzle?", *American Economic Review*, Vol. 88, No. 2, 1998.

Baron, Reuben M., and David A. Kenny, "The Moderator-Mediator Variable Distinction in Social Psychological Research: Conceptual, Strategic and Statistical Considerations.", *Journal of Personality and Social Psychology*, Vol. 51, No. 6, 1986.

Bernheim, B. Douglas, John Karl Scholz, and Steven N. Kaplan, "What Accounts for the Variation in Retirement Wealth Among U.S. Households?", *American Economic Review*, Vol. 91, No. 4, 2001.

Berger, Allen N., "The Economic Effects of Technological Progress: Evidence from the Banking Industry.", *Journal of Money, Credit and Banking*, Vol. 35, No. 2, 2003.

Browning, Martin, and Thomas F. Crossley, "The Life-Cycle Model of Consumption and Saving.", *Journal of Economic Perspectives*, Vol. 15,

No. 3, 2001.

Brown, Sarah, Karl Taylor, and Sukanya Waykhong, "Debt and Distress: Evaluating the Psychological Cost of Credit.", *Journal of Economic Psychology*, Vol. 26, No. 5, 2005.

Bertola, Giuseppe, Richard Disney, and Charles Grant, "The Economics of Consumer Credit Demand and Supply.", The Economics of Consumer Credit, edited by Giuseppe Bertola et al., MIT Press, 2006, p. 1-26.

Banks, James, and Zoë Oldfield, "Understanding Pensions: Cognitive Function, Numerical Ability and RetirementSaving.", *Fiscal Studies*, Vol. 28, No. 2, 2007.

Bertola, Giuseppe, and Stefan Hochguertel, "Household Debt and Credit: Economic Issues and Data Problems.", *Economic Notes*, Vol. 36, No. 2, 2007.

Barba, Aldo, and Marco Pivetti, "Rising Household Debt: Its Causes and Macroeconomic Implications—A Long-Period Analysis.", *Cambridge Journal of Economics*, Vol. 33, No. 1, 2009.

Bostic, Raphael, Stuart Gabriel, and Gary Painter, "Housing Wealth, Financial Wealth, and Consumption: New Evidence from MicroData.", *Regional Science and Urban Economics*, Vol. 39, No. 1, 2009.

Becker, Theresa A., and Ramin Shabani, "Outstanding Debt and the HouseholdPortfolio.", *The Review of Financial Studies*, Vol. 23, No. 7, 2010.

Beckmann, Elisabeth, "Financial Literacy and Household Savings inRomania.", *Numeracy*, Vol. 6, No. 2, 2013.

Baker, Scott R., "Debt and the Consumption Response to Household IncomeShocks.", *SSRN Research Paper*, No. 2541142, 2014.

Banerjee, Abhijit, Esther Duflo, Rachel Glennerster, and Cynthia Kinnan, "The Miracle of Microfinance? Evidence from a Randomized Evaluation.", *American Economic Journal: Applied Economics*, Vol. 7, No. 1, 2015.

Burrell, Arthur M., and Roy E. Banman, "The Influence of Psychological Factors inInvestment.", *Journal of Finance*, Vol. 6, No. 2, 1951.

Burgess, Robin, and Rohini Pande, "Do Rural Banks Matter? Evidence from the Indian Social Banking Experiment.", *American Economic Review*, Vol. 93, No. 4, 2003.

Bruhn, Miriam, and Inessa Love, "The Real Impact of Improved Access to Finance: Evidence fromMexico.", *Journal of Finance*, Vol. 69, No. 3, 2014.

Brune, Lasse, Xavier Gine, Jonathan Goldberg, and Dean Yang, "Commitments to Save: A Field Experiment in RuralMalawi.", *American Economic Journal: Applied Economics*, Vol. 8, No. 2, 2016.

Cox, Donald, and Tullio Jappelli, "Credit Rationing and Private Transfers: Evidence from Survey Data.", *The Review of Economics and Statistics*, Vol. 72, No. 3, 1990.

Cox, Donald, and Tullio Jappelli, "The Effect of Borrowing Constraints on Consumer Liabilities.", *Journal of Money, Credit and Banking*, Vol. 25, No. 2, 1993.

Crook, Jonathan, "The Demand for Household Debt in the USA: Evidence from the 1995 Survey of Consumer Finance.", *Applied Financial Economics*, Vol. 11, No. 1, 2001.

Cocco, João F., "Portfolio Choice in the Presence of Housing.", *The Review of Financial Studies*, Vol. 18, No. 2, 2005.

Cocco, João F., Francisco J. Gomes, and Pascal J. Maenhout, "Consumption and Portfolio Choice over the LifeCycle.", *The Review of Financial Studies*, Vol. 18, No. 2, 2005.

Campbell, John Y., "HouseholdFinance.", *The Journal of Finance*, Vol. 61, No. 4, 2006.

Chucherd, Teerawat., "The Effect of Household Debt on Consumption in Thailand.", Proceedings of the Eastern Asia Society for Transportation Studies, No. 2006-06, 2006.

Carroll, Christopher D., Misuzu Otsuka, and Jiri Slacalek, "How Large is the Housing Wealth Effect? A New Approach.", *Social Science Electronic Pub-

*lishing*, Vol. 33, No. 6, 2007.

Cardak, Buly A., and Roger Wilkins, "The Determinants of Household Risky Asset Holdings: Australian Evidence on Background Risk and Other Factors.", *Journal of Banking & Finance*, Vol. 33, No. 5, 2009.

Calvet, Laurent E., John Y. Campbell, and Paolo Sodini, "Measuring the Financial Sophistication of Households.", *American Economic Review*, Vol. 99, No. 2, 2009.

Calvet, Laurent E., John Y. Campbell, and Paolo Sodini, "Fight or Flight? Portfolio Rebalancing by Individual Investors.", *The Quarterly Journal of Economics*, Vol. 124, No. 1, 2009.

Cecchetti, Stephen G., Madhusudan S. Mohanty, and FabrizioZampolli, "The Real Effects of Debt.", *BIS Working Paper*, No. 352, 2011.

Caglayan, Ebru, and Mehmet AliAstar, "Microeconometric Analysis of Household Consumption Expenditure Determinants for Both Rural and Urban Areas in Turkey.", *American International Journal of Contemporary Research*, Vol. 2, No. 2, 2012.

Cámara, N., Garrido, L., and Yangüela, C., "Financial Inclusion and Poverty: The Case of Peru.", *Journal of Business Research*, Vol. 68, No. 3, 2015.

Calcagno, Riccardo, and CarloMonticone, "Financial Literacy and the Demand for Financial Advice.", *Journal of Banking and Finance*, Vol. 50, No. 6, 2015.

Chen, X., "Development and Prospects of Digital Inclusive Finance in Internet-Finance.", *Financial Market Research*, No. 3, 2016.

Clark, R., Lusardi, A., and Mitchell, O. S., "Financial Knowledge and 401 (k) Investment Performance: A CaseStudy.", *Journal of Pension Economics and Finance*, Vol. 16, No. 3, 2015.

Choi, W., "Households Debts and Financial Market Participation in Korea.", *보험금융연구*, Vol. 27, No. 2, 2016.

Chu, Z., Wang, Z., Xiao, J. J., and Zhang, W., "Financial Literacy, Portfolio Choice and Financial Well－being.", *Social Indicators Research*, Vol. 132, No. 2, 2017.

Davies, J. B., "Uncertain Lifetime, Consumption, and Dissaving inRetirement.", *Journal of Political Economy*, Vol. 89, No. 3, 1981.

Drentea, P., and Lavrakas, P. J., "Over the Limit: The Association Among Health, Race and Debt.", *Social Science & Medicine*, Vol. 50, No. 4, 2000.

Del-Río, A., and Young, G., "The Determinants of Unsecured Borrowing: Evidence from the British Household PanelSurvey.", *Bank of England's Working Paper*, No. 263, 2005.

Dolores, F., Smith, J., and Johnson, K., "The Impact of Expected Lower Future Income, Financial Risk, and Education Preferences on the Likelihood of Participating in Private PensionPlans.", *Journal of Retirement*, Vol. 4, No. 2, 2017.

Duesenberry, J. S., *Income, Saving, and the Theory of Consumer Behavior*. Harvard University Press, 1949.

Dutt, A. K., "Maturity, Stagnation and Consumer Debt: ASteindlian Approach.", *Metroeconomica*, Vol. 57, No. 3, 2006.

Dupas, Pascaline, and Jonathan Robinson., "Savings Constraints and Microenterprise Development: Evidence from a Field Experiment inKenya.", *American Economic Journal: Applied Economics*, Vol. 5, No. 1, 2013.

DeJuan, Joseph P., and John J. Seater., "Testing the Cross-Section Implications of Friedman's Permanent IncomeHypothesis.", *Journal of Monetary Economics*, Vol. 54, No. 3, 2007.

Dew, Jeffrey, and Jing Jian Xiao., "The Financial Management Behavior Scale: Development andValidation.", *Journal of Financial Counseling & Planning*, Vol. 22, No. 1, 2011.

Donnell, Niamh, and Michael Keeney., "Financial Capability: New Evidence forIreland.", Central Bank and Financial Services Authority of Ireland. Re-

*search Technical Paper*, 2009.

Dynan, Karen, Amir Sufi Mian, and Kieran M. Pence., "Is a Household Debt Overhang Holding Back Consumption?" *Brookings Papers on Economic Activity*, Vol. 2012, No. 1, 2012.

Dynan, Karen, and Wendy Edelberg, "The Relationship between Leverage and Household Spending Behavior: Evidence from the 2007 – 2009 Survey of Consumer Finances.", *Federal Reserve Bank of St. Louis Review*, Vol. 95, No. 5, 2013.

Dinkova, Mariya, Arie S. Kalwij, and Rob Alessie, "Know More, Spend More? The Impact of Financial Literacy on Household Consumption.", *USE Working Paper series*, 2019.

Easterlin, Richard A., "Life Cycle Happiness and Its Sources: Intersections of Psychology, Economics, and Demography.", *Journal of Economic Psychology*, Vol. 27, No. 4, 2006.

Fishbein, Martin, and Icek Ajzen., "Belief, Attitude, Intention, and Behavior: An Introduction to Theory andResearch.", *Journal of Marketing Research*, Vol. 12, No. 2, 1975.

Friedman, M., "The Quantity Theory of Money: A Restatement" *In Studies in the Quantity Theory of Money*, edited by M. Friedman. Chicago: University of Chicago Press, 1956.

Friedman M. The Permanent Income Hypothesis, *A Theory of the Consumption Function*. Princeton: Princeton University Press, 1957.

Fernández-Villaverde, Jesús, and Dirk Krueger, "Consumption over the Life Cycle: Facts from Consumer Expenditure SurveyData.", *The Review of Economics and Statistics*, Vol. 89, No. 3, 2007.

Fagereng, Andreas, LuigiGuiso, and Charles Gottlieb, "Asset Market Participation and Portfolio Choice over the Life-Cycle.", *The Journal of Finance*, Vol. 72, No. 2, 2017.

Gerick, William J., "The Family LifeCycle.", *Journal of Marriage and Family*, Vol. 9, No. 2, 1947.

Ghosh, Suman, and Deepa Vinod, "Gender and Financial Inclusion in India: An Empirical Analysis.", *Journal of International Development*, Vol. 29, No. 2, 2017.

Grohmann, Antonia, Robbert Kouwenberg, and Lukas Menkhoff, "Financial Literacy and Its Consequences in the Emerging Middle Class.", *Journal of Banking & Finance*, Vol. 97, 2018.

Guiso, Luigi, Tullio Jappelli, and Daniele Terlizzese, "Income Risk, Borrowing Constraints, and Portfolio Choice.", *American Economic Review*, Vol. 86, No. 5, 1996.

Gourinchas, Pierre-Olivier, and Jonathan A. Parker, "Consumption over the Life Cycle.", *Econometrica*, Vol. 70, No. 1, 2002.

Garman E T, Forgue R E. Personal Finance (7thed.), Boston: Houghton Mifflin, 2003.

Guven, Cahit, "Reversing the Question: Does Happiness Affect Consumption and Savings Behavior?" *Journal of Economic Psychology*, Vol. 33, No. 4, 2012.

Gutter, Michael, and Zeynep Copur, "Financial Behaviors and Financial Well-Being of College Students: Evidence from a NationalSurvey.", *Journal of Family and Economic Issues*, Vol. 32, No. 4, 2011.

Herendeen, John B., "The Role of Credit in the Theory of theHousehold.", *Journal of Consumer Affairs*, Vol. 8, No. 2, 1974.

Hendershott, Patric H., and Richard C. Lemmon, "The Financial Behavior of Households: Some Empirical Estimates.", *The Journal of Finance*, Vol. 30, No. 3, 1975.

Hall, Robert E., "Stochastic Implications of the Life Cycle-Permanent Income Hypothesis: Theory andEvidence.", *Journal of Political Economy*, Vol. 86, No. 6, 1978.

Hall, Robert E., and Frederic S. Mishkin., "The Sensitivity of Consumption to Transitory Income: Estimates from Panel Data onHouseholds.", *Journal of the Econometric Society*, Vol. 50, No. 2, 1982.

Hayashi, Fumio, "The Effect of Liquidity Constraints on Consumption: Cross-SectionalAnalysis.", *Journal of Money, Credit and Banking*, Vol. 27, No. 2, 1995.

Haliassos, Michael, and Charles C. Bertaut, "Why Do So Few Hold Stocks?", *The Economic Journal*, Vol. 105, No. 432, 1995.

Hicks, John R., "A Suggestion for Simplifying the Theory of Money.", *Economica*, Vol. 12, No. 48, 1935.

Hilgert, Marianne A., Jeanne M. Hogarth, and Sondra G. Beverly, "Household Financial Management: The Connection between Knowledge andBehavior.", *Federal Reserve Bulletin*, Vol. 89, 2003.

Hong, Harrison, Jeffrey D. Kubik, and Jeremy C. Stein, "Social Interaction and Stock-MarketParticipation.", *The Journal of Finance*, Vol. 59, No. 1, 2004.

Hira, Tahira K., andCäzilia Loibl, "Understanding the Impact of Employer-Provided Financial Education on Workplace Satisfaction.", *Journal of Consumer Affairs*, Vol. 39, No. 1, 2005.

Hu, Xiaojun, "Portfolio Choices forHomeowners.", *Journal of Urban Economics*, Vol. 58, No. 1, 2005.

Hastings, Justine and Lydia Tejeda-Ashton, "Financial Literacy, Information and Demand Elasticity: Survey and Experimental Evidence fromMexico.", *Journal of Development Economics*, Vol. 134, 2018.

Hira, Tahira K, "Promoting Sustainable Financial Behaviour: Implications for Education and Research.", *International Journal of Consumer Studies*, Vol. 36, No. 5, 2012.

Henager, Ronda, and Brenda J. Cude, "Financial Literacy and Long-and Short-Term Financial Behavior in Different AgeGroups.", *Journal of Financial Counseling and Planning*, Vol. 27, No. 1, 2016.

Herrerias, Renato, "Financial Inclusion and Household Financial Behavior.", *Journal of International Development*, Vol. 30, No. 1, 2018.

Hill, Ryan P., and Ekta Sharma, "ConsumerVulnerability.", *Journal of Consumer *Psychology*, Vol. 30, No. 3, 2020.

Hsee, Christopher K. , "Attribute Evaluability and Its Implications for Joint-Separate Evaluation Reversals and Beyond. ", *Psychological Bulletin*, Vol. 126, No. 5, 2000.

Izquierdo, Natalia C. , and Diego Tuesta, "Factors That Matter for Financial Inclusion: Evidence from Peru. ", *Aestimatio: The IEB International Journal of Finance*, No. 10, 2015.

Joo, So-Hyun, and John E. Grable, "An Exploratory Framework of the Determinants of Financial Satisfaction. ", *Journal of Family and Economic Issues*, Vol. 25, No. 1, 2004.

Johnson, Erik, and Michael Sherraden, "From Financial Literacy to Financial Capability among Youth. ", *Journal of Sociology and Social Welfare*, Vol. 34, 2007.

Jappelli, Tullio, and Luigi Pistaferri, "The Consumption Response to Income Changes. ", *American Economic Review*, Vol. 90, No. 5, 2000.

Jappelli, Tullio, and Mario Padula, "Consumption Growth, the Interest Rate, and Financial Sophistication. ", *Journal of Pension Economics & Finance*, Vol. 16, No. 3, 2017.

Kahneman, Daniel, and Amos Tversky. "Prospect Theory: An Analysis of Decision under Risk. ", *Econometrica*, Vol. 47, 1979.

Keynes, J. M. , *The General Theory of Employment, Interest, and Money*. Macmillan Cambridge University Press, 1936.

Kirchler, Erich, Elke Hoelzl, and Barbara Kamleitner, "Spending and Credit Use in the Private Household. ", *The Journal of Socio-Economics*, Vol. 37, No. 2, 2008.

Kim, Joohee, "Financial Literacy and Planning: Implications for Retirement Wellbeing. ", *Journal of Financial Counseling and Planning*, Vol. 12, No. 1, 2001.

Lancaster, Kelvin J. , "A New Approach to ConsumerTheory. ", *Journal of Political Economy*, Vol. 74, 1966.

Livingstone, Sonia M., and Peter K. Lunt, "Predicting Personal Debt and Debt Repayment: Psychological, Social and Economic Determinants.", *Journal of Economic Psychology*, Vol. 13, No. 1, 1992.

Ludvigson, Sydney, "Consumption and Credit: A Model of Time-Varying Liquidity Constraints.", *Review of Economics and Statistics*, Vol. 81, No. 3, 1999.

Lehnert, Andreas, "Housing, Consumption, and Credit Constraints.", *Journal of Housing Economics*, Vol. 13, No. 2, 2004.

Lusardi, Annamaria, and Olivia S. Mitchell, "Financial Literacy and Planning: Implications for Retirement Wellbeing.", *Journal of Pension Economics and Finance*, Vol. 10, No. 4, 2011.

Lusardi, Annamaria, and Olivia S. Mitchell, "Financial Literacy and Retirement Preparedness: Evidence and Implications for Financial Education.", *Business Economics*, Vol. 42, 2006.

Lee, Sanglim, Jaerim Lee, and Youngmi Chang, "Is Dual Income Costly for Married Couples? An Analysis of Household Expenditures.", *Journal of Family and Economic Issues*, Vol. 35, No. 2, 2014.

Levchenko, A. A., "Financial Liberalization and Consumption Volatility in DevelopingCountries.", *IMF Staff Papers*, Vol. 52, No. 2, 2005.

Lin, C., Hsiao, Y. J., & Yeh, C. Y., "Financial Literacy, Financial Advisors, and Information Sources on Demand for Life Insurance.", *Pacific-Basin Finance Journal*, Vol. 43, 2017.

Lintner, J., "The Investor's Dilemma: How Mutual Funds Are Betraying Your Trust and What to Do AboutIt.", *Journal of Portfolio Management*, Vol. 25, No. 4, 1999.

Lai, J. T., Yan, I. K., Yi, X., & Zhang, H., "Digital Financial Inclusion and Consumption Smoothing in China.", *China & World Economy*, Vol. 28, No. 1, 2020.

Li, J., Li, Q., & Wei, X., "Financial Literacy, Household Portfolio Choice and Investment Return.", *Pacific-Basin Finance Journal*, Vol. 62,

No. 10, 2020.

Li, J., Wu, Y., & Xiao, J. J., "The Impact of Digital Finance on Household Consumption: Evidence from China.", *Economic Modelling*, Vol. 86, 2020.

Marshall A., "Money, Credit & Commerce.", *Macmillan*, 1923.

Markowitz, Harry. "Portfolio Selection.", *The Journal of Finance*, Vol. 7, No. 1, 1952.

Maslow, Abraham H., "The Instinctoid Nature of Basic Needs.", *Journal of Personality*, Vol. 22, No. 3, 1954.

Modigliani, Franco and Richard Brumberg, "Utility Analysis and the Consumption Function: An Interpretation of Cross-Section Data.", *Franco Modigliani*, Vol. 1, No. 1, 1954.

Modigliani, Franco, "The Life Cycle Hypothesis of Saving, the Demand for Wealth and the Supply of Capital.", *Social Research*, 1966.

Merton, Robert C., "Lifetime Portfolio Selection under Uncertainty: The Continuous-TimeCase.", *The Review of Economics and Statistics*, Vol. 51, No. 3, 1969.

Merton, Robert C. "Optimum Consumption and Portfolio Rules in a Continuous-TimeModel.", *Journal of Economic Theory*, Vol. 3, No. 4, 1971.

Magri, S., "Italian Households′ Debt: Determinants of Demand andSupply.", Bank of Italy. *Economic Research and International Relations Area*, No. 454, 2002.

Meyer, Bruce D., and James X. Sullivan, "Measuring the Well-being of the Poor Using Income andConsumption.", *Journal of Human Resources*, Vol. 38, No. 1, 2003.

McCarthy, David, "Household Portfolio Allocation: A Review of theLiterature.", *Journal of Economic Surveys*, Vol. 17, No. 5, 2003.

Martin, Melissa, "A Literature Review on the Effectiveness of FinancialEducation.", *Journal of Financial Counseling and Planning*, Vol. 21, No. 1, 2010.

Mandell, Lewis, and Linda Schmid Klein, "The Impact of Financial Literacy Education on Subsequent Financial Behavior.", *Journal of Financial Counseling and Planning*, Vol. 20, No. 1, 2009.

Monticone, Chiara, "How Much Does Wealth Matter in the Acquisition of Financial Literacy?" *Journal of Consumer Affairs*, Vol. 44, 2010.

Marsden, Matthew, et al., "The Value of Seeking Financial Advice.", *Journal of Family and Economic Issues*, Vol. 32, No. 4, 2011.

Mian, Atif, Kamalesh Rao, and Amir Sufi, "Household Balance Sheets, Consumption, and the Economic Slump.", *The Quarterly Journal of Economics*, Vol. 128, No. 4, 2013.

Fiorillo, Damiano, et al., "Adult Financial Literacy and Households' Financial Assets: The Role of Bank InformationPolicies.", *Economic Policy*, Vol. 31, No. 88, 2016.

Murendo, Conrad, and Kudakwashe Mutsonziwa. "Financial Literacy and Savings Decisions by Adult Financial Consumers in Zimbabwe.", *International Journal of Consumer Studies*, Vol. 41, No. 1, 2017.

Moreno-Herrero, Dolores, Maria Salas-Velasco, and Juan Sánchez-Campillo, "Individual Pension Plans in Spain: How Expected Change in Future Income and Liquidity Constraints Shape the Behavior of Households.", *Journal of Family and Economic Issues*, Vol. 38, No. 4, 2017.

Morgan, Jillian, and Heather Long, "The Positive Impact of General Financial Literacy Covering Financial Knowledge, Behavior, and Attitudes on Financial Inclusion.", *Journal of Financial Services Research*, Vol. 57, No. 2, 2020.

Niu, Guannan, Yixiao Zhou, and Hong Gan, "Financial Literacy and Retirement Preparation in China.", *Pacific-Basin Finance Journal*, Vol. 59, 2020.

O'Neill, Barry. "Happiness and Economic Performance.", *Economic Journal*, Vol. 115, No. 506, 2005.

O'Neill, Barbara, et al., "Financially Distressed Consumers: Their Financial

Practices, Financial Well‐Being, and Health. ", *Journal of Financial Counseling and Planning*, Vol. 16, No. 1, 2005.

Ogawa, Kazuo, and Jian Wan, "Household Debt and Consumption: A Quantitative Analysis Based on Household Micro Data for Japan. ", *Journal of Housing Economics*, Vol. 16, No. 2, 2007.

Pastor, Lubos, "Portfolio Concentration and the Performance of Individual Investors. ", *The Journal of Finance*, Vol. 55, No. 1, 2000.

Pigou, Arthur C., "The Value ofMoney. ", *The Quarterly Journal of Economics*, Vol. 32, No. 1, 1917.

Palumbo, Michael G., "Uncertain Medical Expenses and Precautionary Saving Near the End of the Life Cycle. ", *The Review of Economic Studies*, Vol. 66, No. 2, 1999.

Pastrapa, Eleni, and Christos Apostolopoulos, "Estimating Determinants of Borrowing: Evidence from Greece. ", *Journal of Family and Economic Issues*, Vol. 36, No. 2, 2015.

Prochaska, James O., et al., "In Search of How People Change: Applications to Addictive Behaviors. ", *American Psychologist*, Vol. 47, No. 9, 1992.

Prina, Silvia, "Banking the Poor via Savings Accounts: Evidence from a Field-Experiment. ", *Journal of Development Economics*, Vol. 115, No. 27, 2015.

Prast, Henriette M., and Arthur Van Soest, "Financial Literacy and Preparation for Retirement. ", *Intereconomics*, Vol. 51, No. 3, 2016.

Rooij, Maarten van, Annamaria Lusardi, and Rob Alessie, "Financial Literacy and Stock Market Participation. ", *Journal of Financial Economics*, Vol. 101, 2011.

Ruiz, Carlos, "From Pawn Shops to Banks: The Impact of Formal Credit on Informal Households. ", *Journal of Development Economics*, Vol. 127, 2017.

Samuelson, P. A., and Merton, R. C., "Lifetime Portfolio Selection by Dynamic StochasticProgramming. ", *The Review of Economics and Statistics*, Vol. 51, No. 3, 1969.

Sharpe, W. F. , "Capital Asset Prices: A Theory of Market Equilibrium under Conditions of Risk. ", *The Journal of Finance*, Vol. 19, No. 3, 1964.

Sen A., Capability and Well-being. In M. Nussbaum and A. Sen, (Eds.) The Quality of Life, Oxford: Clarendon Press, 1993.

Sharma, Anjali. , "Inclusive Growth and Financial Inclusion in India: Linkages andImpact. ", *Journal of Financial Economic Policy*, Vol. 8, No. 1, 2016.

Shefrin, Hersh, and Meir Statman, "Behavioral Portfolio Theory. ", *Journal of Financial and Quantitative Analysis*, Vol. 35, No. 2, 2000.

Shim, Soyeon, et al. , "An Online Prepurchase Intentions Model: The Role of Intention to Search. ", *Journal of Retailing*, Vol. 77, No. 3, 2001.

Shim, Soyeon, et al. , "Financial Socialization of First-Year College Students: The Roles of Parents, Work, and Education. ", *Journal of Youth and Adolescence*, Vol. 39, No. 12, 2010.

Sherraden M., Building Blocks of Financial Capability, In: Birkenmaier J, Sherraden M., Curley J. (eds.), Financial Education and Capability: Research, Education, Policy, and Practice, Oxford University Press, 2013.

Shaar, Karam, and YaoYao, "Housing Leverage and Consumption Expenditure-Evidence from New Zealand Microdata. ", *Journal of Housing Economics*, Vol. 41, 2018.

Thaler, R. , "Mental Accounting and ConsumerChoice. ", *Marketing Science*, Vol. 4, No. 3, 1985.

Taylor, Mark, "Measuring Financial Capability and Its Determinants Using SurveyData. ", *Social Indication Research*, Vol. 102, 2005.

Taylor L D, Houthakker H S. , *The Stationarity of Consumer Preferences: Evidence from Twenty Countries*, in: Taylor L D, Houthakker H S. (eds. ), Consumer Demand in the United States, New York: Springer, 2010.

Tao, Rui, and Yanhui Yuan, "The Importance of Debt for Household Risky Asset Allocation and Portfolio Structure. ", *Financial Services Review*, Vol. 27, No. 4, 2018.

Thai-Ha Le, Thanh, Canh Nguyen, and Hoang Nguyen, "The Nexus between

Financial Inclusion and Financial Sustainability: Evidence from Emerging-Markets.", *Sustainability*, Vol. 11, No. 7, 2019.

Tobin, James, "Liquidity Preference as Behavior towardsRisk.", *The Review of Economic Studies*, Vol. 25, No. 2, 1958.

VanRooij, Maarten, Annamaria Lusardi, and Rob Alessie, "Financial Literacy, Retirement Planning and Household Wealth.", *The Economic Journal*, Vol. 122, No. 560, 2012.

VonGaudecker, Hans-Martin, "How Does Household Portfolio Diversification Vary with Financial Literacy and Financial Advice?" *Journal of Finance*, Vol. 70, No. 2, 2015.

Wall, David, "The Asset AllocationPyramid.", *Journal of Financial Planning*, Vol. 8, No. 4, 1995.

Willis, Lauren E., "Against Financial-LiteracyEducation.", *Iowa L. Rev.*, Vol. 94, No. 197, 2008.

Worthy, Suzanne L., et al., "Sensation – Seeking, Risk – Taking, and Problematic Financial Behaviors of CollegeStudents.", *Journal of Family and Economic Issues*, Vol. 31, No. 2, 2010.

World Bank. Financial Capability Surveys Around the World: Why Financial Capability is Important and How Surveys Can Help, *Working Paper*, No. 80767, 2013.

Xiao, Jing Jian, and Barbara M. Newman, "Ready to Change? Preparing Clients in Credit Counseling for Successful Debt Management.", *Journal of Financial Counseling and Planning*, Vol. 15, No. 1, 2004.

Xiao, Jing Jian, and James G. Anderson, "Hierarchical Financial Needs Reflected by Household Financial AssetShares.", *Journal of Family and Economic Issues*, Vol. 18, No. 4, 1997.

Xiao J J, Shim S, Barber B, Lyons A., "Academic Success and Well-being of College Students: Financial Behaviors Matter", *TCAI Report Paper*, No. 382, 2007.

Xiao J J., *Applying Behavior Theories to Financial Behavior*, in: Xiao J J. et al (eds.), Handbook of Consumer Finance Research, New York: Springer, 2008.

Xiao, Jing Jian, and Wu, J., "The Effects of Attitudes and Expectations on the Intention to Complete a Debt ManagementPlan.", *Journal of Consumer Affairs*, Vol. 42, No. 2, 2008.

Xiao, Jing Jian, Tang, C., and Shim, S., "Acting for Happiness: Financial Behavior and Life Satisfaction of College Students.", *Social Indicators Research*, Vol. 92, No. 1, 2009.

Xiao, Jing Jian, Chen, C., and Sun, L., "Age Differences in Consumer Financial Capability.", *International Journal of Consumer Studies*, Vol. 39, 2015.

Xiao, Jing Jian, and O'Neill, B., "Consumer Financial Education and FinancialCapability.", *International Journal of Consumer Studies*, Vol. 40, 2016.

Xiao, Jing Jian and Huang, Jin., "Financial Capability: A Conceptual Review, Extension, andSynthesis.", *SSRN Electronic Journal*, 2021.

Xue, R., Gepp, A., O'Neill, T. J., Stern, S., and Vanstone, B. J., "Financial Well-being Amongst Elderly Australians: The Role of Consumption Patterns and Financial Literacy.", *Accounting & Finance*, Vol. 34, No. 10, 2019.

Yao, R., and Zhang, H. H., "Optimal Consumption and Portfolio Choices with Risky Housing and Borrowing Constraints.", *The Review of Financial Studies*, Vol. 18, No. 1, 2004.

Yilmazer, T., and DeVaney, S. A., "Household Debt over The Life Cycle.", *Financial Services Review Greenwich*, Vol. 14, No. 4, 2005.

Yao J, Fagereng A, Natvik G., Housing, Debt and The Marginal Propensity to Consume, *Norges Bank Research Paper*, 2015.

Zeldes, Stephen, "Consumption and Liquidity Constraints: An Empirical Investigation.", *Journal of Political Economy*, Vol. 97, 1989.

Zeldes, Stephen P., "Optimal Consumption with Stochastic Income: Deviations from Certainty Equivalence.", *The Quarterly Journal of Economics*, Vol. 113, No. 5, 1989.

Zakaria, Rosmawati H., Norizan I. M. Jaafar, and Siti Marican, "Financial Behavior and Financial Position: A Structural Equation Modelling Approach.", *Middle - East Journal of Scientific Research*, Vol. 12, No. 10, 2012.

Zerquera D, Torres V, Park E, Ziskin, Higher Education Expenses: A Deeper Look at Debt and How Students Manage, *American Educational Research Association Working Paper*, 2013.

Zhang, Dandan, and Rui Guo, "The Consumption Response to Household Leverage in China: The Role of Investment at Household Level.", *International Review of Financial Analysis*, Vol. 71, 2020.

Zhang, Yifei, et al., "Risk Attitude, Financial Literacy and Household Consumption: Evidence from Stock Market Crash in China.", *Economic Modelling*, Vol. 34, No. 5, 2020.

# 后 记

在完成这本关于普惠金融发展与家庭金融行为的著作时，我们深感荣幸与责任。普惠金融发展作为一项全球性的重要议题，对于优化家庭金融行为、促进经济增长和共同富裕具有深远意义。我们希望本书能为读者提供有关普惠金融发展与家庭金融行为的全面了解，并激发更多关于这一领域的研究与探讨。

本书从信贷支持、金融能力与数字普惠金融的度量，信贷支持与金融能力对家庭金融行为的效应，家庭金融行为的地区间和城乡差异，数字普惠金融对家庭金融行为的影响，政策建议以及未来展望等方面进行了详细阐述。我们试图通过对国内外相关研究的梳理与总结，为读者呈现一个全面、系统的普惠金融发展与家庭金融行为的图景。

感谢导师韩复龄教授，书稿从题目的选择到写作主题的论证，再到全书的撰写，每一步都有其悉心的指导和认真详细的解析。写作过程中，拓宽了对不同问题的思考维度，撰写书稿的过程就是一个不断认识、分析、去伪存真、缜密求证的过程。同时感谢李健教授等给予的意见和建议，成为顺利完成书稿的有力支撑。

国内家庭金融行为的研究正在逐步深入，然而与国外相比，国内家庭金融行为研究在理论研究、微观数据的可得性、投资者成熟度等各方面仍存在差距。本书将进一步从网络消费行为、养老安排、信贷支持与金融能力的协同作用以及金融市场的发展与完善等方面进行研究，努力让读者更好地了解研究前沿并激励作者学术深耕。

2023 年 5 月